V&R

Forschungen zur systematischen und ökumenischen Theologie

Herausgegeben von
Christine Axt-Piscalar und Gunther Wenz

Band 105

Vandenhoeck & Ruprecht

Christoph Klein

Das grenzüberschreitende Gebet

Zugänge zum Beten in unserer Zeit

Vandenhoeck & Ruprecht

Für Gerda

Bibliografische Information Der Deutschen Bibliothek

Die Deutsche Bibliothek verzeichnet diese Publikation in der Deutschen Nationalbibliografie; detaillierte bibliografische Daten sind im Internet über <http://dnb.ddb.de> abrufbar.

ISBN 3-525-56334-5

 Printed in Germany.
Druck- und Bindearbeiten: Hubert & Co., Göttingen

Gedruckt auf alterungsbeständigem Papier.

Inhalt

Geleitwort

Zum Abschied nach einem Besuch in Siebenbürgen im Sommer 1993 gab mir Christoph Klein, damals seit drei Jahren Bischof der Evangelischen Kirche Augsburgischen Bekenntnisses in Rumänien, zwei Beiträge zu einem Thema, über das wir während des Besuchs ins Gespräch gekommen waren: „Ökumenische Überlegungen zum Gebet“, ein Vortrag auf einem Internationalen Wissenschaftlichen Symposion in Bad Alexandersbad, und „Das Gebet als Rede und als Geschehen. Berührungen zwischen ostkirchlichem und lutherischem Gebetsverständnis“, eine Gastvorlesung an der Evangelisch-Theologischen Fakultät der Ludwig Maximilians-Universität München, beide gehalten im Juni 1989, kurz vor der Wende oder, wie man in Siebenbürgen lieber sagt, vor „den Ereignissen“. Dazu ein Taschenbuch „Am Ende das Licht“, ein persönlicher Bericht über die Erkrankung und das Sterben seiner Frau Mitte der achtziger Jahre – auch das ein Beitrag zu Erfahrungen mit dem Gebet, wie sie in die wissenschaftlichen Erörterungen des Professors für Dogmatik eingegangen waren.

Diese Beiträge galten einem Thema, das mich seit der Zeit des Konfirmandenunterrichts beschäftigt und für das ich im Theologiestudium in Marburg und in Göttingen sehr viel weniger Anregungen empfangen habe als durch das Leben in der Evangelischen Michaelsbruderschaft und durch den Dienst als Pfarrer in zwei Kirchengemeinden bei und in Marburg. In ihnen entdeckte ich eine Art, Theologie zu treiben, wie ich sie mir inzwischen selbst zur Aufgabe gemacht hatte, kurz gesagt: Theologie als Reflexion von Glaubenserfahrungen, von Höhen und Tiefen, Stärken und Schwächen erlebter Spiritualität, und das in ökumenischer Weite, im interkonfessionellen, wo möglich sogar im interreligiösen Gespräch. Deshalb fand ich es spannend, wie Christoph Klein auf die Unterscheidung eines „mystischen“ und eines „prophetischen“ Gebetstypus bei Friedrich Heiler (Das Gebet, 1923) zurückgreift, wie er neuere Forschungen zur Bedeutung der „Mystik“ bei Luther auswertet und auf neuere Versuche einer Theologie des Gebets, vor allem von Hans-Martin Barth (Wohin – woher mein Ruf. Zur Theologie des Bittgebets, 1981) eingeht und schließlich auch – hierzulande leider immer noch fernliegend – das Gespräch mit orthodoxer Theologie, vor allem mit dem Rumänen Dumitru Stăniloaie aufnimmt. Ebenso spannend fand ich auch das Ergebnis, den Entwurf eines „koinonischen“ Verständnisses des Gebets, das Elemente evangelischer Worttheologie und recht verstandener Mystik und orthodoxe, römisch-katholische und evangelisch-lutherische Traditionen miteinander vermittelt, ja vereinigt.

Deshalb habe ich das Bemühen Christoph Kleins, diesen Entwurf eines „umfassenden", „ganzheitlichen" und „ökumenischen" Gebetsverständnisses zu entfalten, zu erweitern und zu vertiefen, mit intensiver Anteilnahme begleitet. Daß ein solcher Entwurf für das Miteinander der Traditionen, der Konfessionen, ja auch der Religionen von besonderer Wichtigkeit ist, in Deutschland ebenso wie in Rumänien und anderswo in der Welt, ist für mich keine Frage. Ich wünsche dieser einladenden Darstellung des „grenzüberschreitenden" Gebets viele aufgeschlossene und lernbereite, an der Reflexion ihrer geistlichen Erfahrungen interessierte Leserinnen und Leser. Und Gespräche, wenn möglich, verbunden mit praktischen Übungen im kleineren oder größeren Kreis, da sich Erfahrungen mit dem Gebet allein durch einsames Lesen schwer vermitteln, erweitern und vertiefen lassen.

Marburg, im März 2004 Bischof em. Dr. Christian Zippert

Vorwort

Die vorliegende Studie versteht sich als Arbeit eines Theologen, der einer schweren, vieldiskutierten und kontrovers behandelten Frage nachgehen möchte, die für die Theologie als Wissenschaft, aber auch für die Praxis des kirchlichen Lebens entscheidend ist. Sie will daher keine rein theoretische, wissenschaftlich konzipierte Monographie über das Gebet sein, aber auch nicht lediglich eine praktische „Schule des Gebets", die in das Beten einführt, indem sie auf die Erörterung der theologischen Problematik verzichtet. Es ist zwar unbestreitbar, daß es eine ins Unübersehbare angewachsene reichhaltige theologische Literatur über das Gebet gibt. Doch betrachtet man diese eingehender, wird man feststellen können, daß es sich um eine Reihe von wertvollen, gründlichen und ausführlichen Spezialuntersuchungen handelt, die sich auf Teilgebiete des Problems (wie biblische, dogmatische, geschichtliche und praktisch-theologische Themen) beschränken oder – und diese Literatur überwiegt – praktische Hinweise, Erfahrungen mit dem Gebet, erbauliche Anweisungen oder gar – besonders von der fernöstlichen Gebetstradition inspiriert – Außenseiterpraktiken vermitteln.

In dieser Arbeit soll schlicht versucht werden, dem sogenannten „modernen Menschen" des christlichen Abendlandes einen Zugang zum Gebet zu öffnen, indem die beiden großen theologisch-kirchlichen Traditionen des westlichen und des östlichen Christentums, die gerade auf diesem Gebiet in den vergangenen zwei Jahrtausenden recht unterschiedliche Wege beschritten haben, ausgewertet und gegenübergestellt werden. Dies geschieht mit dem Ziel, sie als Träger und Bewahrer zweier wesentlicher theologischer Richtungen begreiflich zu machen, die nur in ihrer Gesamtschau die eine ganze Wahrheit zum Ausdruck bringen, die für das Verständnis und die Akzeptanz des Gebets nötig sind. So geht es im folgenden demnach um den Versuch einer Vermittlung dieser „umfassenden" Auffassung vom Gebet. Von hier aus wird es dem Christen unserer Zeit, besonders dem durch intellektuelle Schwierigkeiten häufiger geplagten westlichen Menschen, eher möglich, das Gebet „grenzüberschreitend" zu verstehen und zu praktizieren. Das bedeutet gerade nicht, daß die Grenzen zwischen östlicher und westlicher Theologie und Kirche aufgehoben, aber daß sie, vor allem beim Beten, „überschritten" und überwunden werden können. Die Praxis des Gebetslebens der großen Kirchenväter und Theologen, der Heiligen und der vielen unbekannten schlichten Frommen in allen Kirchen hat das eigentlich schon längst bewiesen, doch ist dies noch zu wenig theologisch und ökumenisch relevant geworden, obgleich eben im gemeinsamen Gebet die Ökumene ihren Anfang genommen und auch später darin ihre verheißungvollsten Fortschritte gemacht hat. Die „versöhnte Verschiedenheit", von der hier gesprochen wird, kann sich gerade an dieser Stelle am besten bewähren. Und umgekehrt: das „grenzüberschreitende Gebet" ist die „Probe aufs Exempel", daß versöhnte Verschiedenheit überhaupt möglich ist, mit der sich die Theologie in ihren unterschiedlichsten Ausprägungen in der großen Kirche Jesu Christi sonst so schwer tut.

In diesem Sinne erhebt das vorliegende Buch keinen Anspruch darauf, das umfassende Problem des Gebets erschöpfend zu behandeln. Es geht lediglich um eine sowohl für Theologen als auch für Laien verständliche Hinführung zu dem Anliegen eines neuen Gebetsverständnisses, das bislang nur ansatz- und andeutungsweise im Schrifttum über das Gebet vorgetragen wurde. Um dieses entscheidenden Zieles willen wird auf Ausführlichkeit und Vollständigkeit sowohl in der Darstellung als auch in der Verwendung der reichen Literatur verzichtet, so daß bestimmte Fragen ausgeklammert bleiben müssen, über die der Leser gerne mehr gewußt hätte. Doch ermöglichen die Literaturhinweise dem interessierten und forschenden Geist, sich über die eine oder andere Frage ausführlicher zu informieren.

Meine Beschäftigung mit dem Gebet geht auf Studien zur Vorbereitung eines Seminars über diese Thematik zurück, das ich im Sommersemester 1987/88 an der Evangelisch-Theologischen Fakultät der Universität Wien gehalten habe. Daraus entstand eine Blockvorlesung für Studenten und Gäste an der deutschsprachigen Evangelischen Fakultät des Klausenburger Protestantisch-Theologischen Instituts in Hermannstadt im Wintersemester 1994. Die vielen Nachfragen und mein eigenes Bedürfnis, an dieser Stelle weiterzudenken, haben zu der Überarbeitung und Ausweitung dieser Vorlesung zur vorliegenden Schrift geführt. Den Teilnehmern und Teilnehmerinnen meines Seminars in Wien sowie den Hörern und Hörerinnen der Vorlesung in Hermannstadt bin ich für ihr Interesse und die eindringlichen Diskussionsbeiträge dankbar.

Daß ich jedoch dieses Thema als Grundlage eines Seminars bzw. einer Sondervorlesung gewählt habe, geht freilich auf meine eigene geistliche Entwicklung in den der Wiener Gastprofessur vorausgehenden Jahren persönlicher Trauerarbeit zurück, in denen ich selbst einen völlig neuen Zugang zum Gebet gefunden habe. Diesen verdanke ich der Begegnung mit geistlichen Lehrern des Gebets und ihren Büchern, mit bekannten und unbekannten Vätern und Müttern des Glaubens, die mir eine bis dahin unerschlossene Welt der Spiritualität eröffnet haben. Ihnen allen sowie meinen Eltern, den Pfarrern und Professoren, die schon das kindliche und jugendliche Gebet geprägt haben, gebührt an dieser Stelle mein herzlicher Dank.

Besonders danken möchte ich Bischof em. Prof. Dr. Christian Zippert, der diese Arbeit begleitet, mir mit wertvollen Hinweisen und fachkundigen Ratschlägen zur Seite gestanden und das Buch mit einem Geleitwort ausgezeichnet hat. Ein besonderer Dank gilt den Herrn Professoren Dr. Gunther Wenz und Dr. Reinhard Slenczka für die Aufnahme in die Reihe „Forschungen zur systematischen und ökumenischen Theologie". Prof. Dr. Gerhard Konnerth verdanke ich auch diesmal die gründliche Durchsicht des Manuskripts und Frau Karin Denghel die Erstellung der Druckvorlage. Für die freundliche Übernahme des Druckkostenzuschusses bin ich von Herzen dankbar: Herrn Bischof Dr. Martin Hein und der Evangelischen Kirche von Kurhessen-Waldeck, Herrn Dr. Rudolf Keller und der Arbeitsgemeinschaft der Diasporadienste e.V. Neuendettelsau sowie Herrn Dr. Rainer Stahl und dem Martin-Luther-Bund, Erlangen.

Das Buch ist meiner Frau Gerda Klein gewidmet, die mich in einer entscheidenden Wegstrecke meines Lebens – auch im Gebet – treu begleitet.

Hermannstadt, im August 2003 Christoph Klein

Einleitung

Ein Buch über das Gebet ist ein Wagnis. Und das nicht nur, weil darüber seit den ältesten Zeiten bis in unsere Gegenwart eine unübersehbare Literatur entstanden ist und man sich mit Recht fragt, was darüber hinaus noch gesagt werden könnte. Das Thema gehört – wie viele Autoren bezeugen – zu den grundlegenden Fragen im Bereich von Theologie, Kirche und Frömmigkeit. Dazu ist das Gebet nicht bloß ein theologisches Problem, sondern wie kaum ein anderes mit der Praxis und den Lebensäußerungen des Christen eng verbunden. Gerade das aber ist auch das Schwierige daran: es gehört zu den ganz intimen Fragen eines Menschen, über die zu sprechen oder gar zu schreiben, es eine gewisse Scheu zu überwinden gilt, insofern damit Außenstehenden das eigene Innere offengelegt und Einblick in das persönliche Denken, Glauben und Handeln gewährt wird. Denn eben an diesem Punkt treten die meisten Defizite eines Christen – selbst eines Theologen – besonders deutlich zutage, über die sich auszutauschen Verständnis, Vertrauen und eigene Erfahrung abverlangt wird. Die Spannung zwischen Sollen und Sein, zwischen Erwartung und Erfüllung, zwischen Möglichkeit und Wirklichkeit in unserem christlichen Leben macht sich an diesem Punkt schmerzlich bemerkbar. Grund hierfür sind Einwände, Schwierigkeiten und Hindernisse beim Beten, zu denen auch Inkonsequenz, Müdigkeit, Trägheit oder einfach Überforderung hinzukommen.

Andererseits steht für den Christen fest, daß das Gebet eine zentrale Bedeutung innerhalb der Theologie und Frömmigkeit hat. Beten ist dem Christen und besonders dem geistlichen Menschen zur Pflicht gemacht und erfordert seinen ganzen Einsatz an Zeit und Kraft, darüber nachzudenken, sich damit auseinanderzusetzen und vor allem es zu praktizieren.

Wie man mit diesem Konflikt fertigzuwerden versucht hat und welche unterschiedlichen Anschauungen und Traditionen in der Einstellung zum Gebet und bei dessen Ausübung entstanden sind, soll in der vorliegenden Studie ebenso aufgezeigt werden wie die Tatsache, daß nur ein „ganzheitliches Verständnis" des Gebets dem Menschen unserer Zeit wieder Zugang zu dieser unerläßlichen geistlichen Praxis verschaffen kann. Das Verständnis des Gebets als „Gespräch mit Gott als einem Gegenüber" – so sie meisten evangelischen Theologen zu diesem Thema – ist ebenso einseitig wie das von der Mystik her geprägte Verständnis des Gebets als „Vereinigung oder Einswerden mit Gott" , das vor allem in der orthodoxen Theologie anzutreffen ist. Der daraus entstehende unüberbrückbar scheinende Konflikt in dieser Frage ist nur zu überwinden, wenn die beiden Positionen zusammen gesehen werden.

In diesem Sinne möchte die vorliegende Arbeit eine Hilfe bieten, die engen Grenzen des eigenen – west- oder ostkirchlichen – Gebetsverständnisses zu überschreiten und Gebet als „Rede“ und gleichzeitig als „Verbindung“ mit Gott zu verstehen, als ein „ganzheitliches Geschehen“, für das weder die Kategorien des „Anrufens eines Partners“ oder des „Gesprächs mit Gott“ allein noch das Verständnis des Gebets lediglich als mystische „Versenkung“ oder „Vereinigung mit Gott“ ausreichen. Vielmehr zeigt ein gründliches Studium der Schrift und der trinitarischen Ansätze der Gebetslehre, daß man sich in der Gemeinde Jesu Christi die beiden entgegengesetzten Positionen, im Beten zu „Gott, dem Vater“, „durch unseren Herrn Jesus Christus“ und „im Heiligen Geist“, als gleichwertige Wesenselemente des Gebets zu eigen gemacht und damit eine Reihe von schwierigen Problemen im Zusammenhang mit dem christlichen Beten einer Lösung zugeführt hat. Die selbstauferlegten Grenzen zwischen einer rational aufgefaßten und konzipierten und einer mehr mystisch begriffenen Theologie können auf diese Weise „überschritten“ werden. Das Wort „Grenzüberschreitung" erinnert daran, daß Grenzen grundsätzlich bestehen bleiben, ihren Sinn haben und daß das Sein „auf der Grenze“ – nach Paul Tillich – „der eigentliche fruchtbare Ort der Erkenntnis“ ist, der ermöglicht, zwischen den Positionen zu stehen und damit beide in ein spannungsreiches, aber hilfreiches „Miteinander“ hineinzunehmen, durch das die Gegensätze überwunden werden können. Wie das Neue Testament in der Geschichte von der Syro-Phönizierin (Mt 15,21–28) zeigt, ist es dem Glauben gegeben, daß Grenzen, die durch das angestammte Denken, die gegebene Konvention oder festgefahrene Traditionen gesetzt sind, überwunden werden.

Doch vom „grenzüberschreitenden Gebet“ darf man auch sprechen, weil all unser Beten im Überschreiten der Grenzen unseres Daseins „Vorwegnahme des Endes“, also ein eschatologisches Handeln ist. Das wird an der Weise des urchristlichen Gemeindegebets als endzeitlichem Gottesdienst deutlich, wie es der Seher in der Offenbarung des Johannes im Himmel erlebt.

In zehn Kapiteln sollen in der vorliegenden Arbeit die wichtigsten Fragen dazu besprochen und dabei die beiden klassischen Positionen der christlichen Gebetstheologie in jeweils einem Abschnitt gegenübergestellt werden. Ein dritter Abschnitt jedes einzelnen Kapitels will dann versuchen, den „grenzüberschreitenden“ Weg aufzuzeigen. Dabei wird von der Problematik und dem „Menschen des Gebets“ ausgegangen, sodann von der Quelle, dem Gott und der Welt des Gebets gehandelt, um endlich die Weisen, die Typen und die Wege des Gebets aus dieser Sicht ins Auge zu fassen. Die Arbeit schließt mit Fragen der Praxis und der persönlichen bzw. gemeindlichen „Dimension“ des Gebets ab.

Vielleicht vermag die vorliegende Abhandlung Menschen unserer Zeit einen Zugang zum Gebet zu eröffnen, der es ihnen möglich macht, trotz aller intellektuellen und spirituellen Schwierigkeiten mit dem Beten, die Hilfe, die in der Praktizierung des Gebets besteht, zu erfahren und sich dadurch in ihrem Leben bereichern zu lassen.

I. Die Problematik des Gebets

Wir leben in einer Zeit, in der gegenüber früheren Jahrzehnten und Jahrhunderten, wieder ernster über das Gebet gesprochen und nach Hilfe zum Beten gefragt wird. Das hängt zunächst wohl damit zusammen, daß die Nöte in dieser Welt und im persönlichen Leben der Menschen nicht geringer, sondern eher größer geworden sind. Unheilbare Krankheiten, Todesopfer in Kriegen und Unfällen, Terrorismus und Naturkatastrophen, zunehmende Armut und soziale Ungerechtigkeit stellen den Menschen immer wieder vor die Rätselhaftigkeit dieses Lebens und lassen ihn nach Antworten fragen. Die Kompliziertheit des heutigen Daseins, das Gefühl der Sinn- und Lustlosigkeit, der inneren Leere und äußeren Aussichtslosigkeit im Leben lassen den Menschen Ausschau halten nach Hilfen und Auswegen. Sie werden dann häufig in einer bestimmten Betäubung gesucht: man kapselt sich ab, man sucht den Schmerz oder die bohrenden Fragen zu verdrängen, zu vergessen, beiseite zu schieben. Betäubung kann auch die Flucht in die Arbeit, in ein Hobby oder gar in Kunstgenuß sein. Und sie wird häufig im Alkohol, in Drogen, in „Ecstasy“ und anderen künstlichen Mitteln gesucht.

Doch es gibt auch ein neues Fragen nach Gott, nach einer überirdischen Wirklichkeit und „höheren“ Kräften. Weil die christliche Kirche möglicherweise diesem Bedürfnis zu wenig entgegenkommt oder ihm nicht in adäquater Weise entspricht, wenden sich darum viele, besonders junge Leute anderen religiösen Ideen und Praktiken zu. Sie suchen Zuflucht in fernöstlichen oder exotischen Methoden zur Bewältigung ihrer Probleme, die nicht selten dämonische Züge annehmen, orgiastische Phänomene aufweisen, magische Praktiken beinhalten und somit gefährlich werden können. Sie bringen schließlich alles Religiöse, ja selbst Kirchliche in Mißkredit und können mehr Schaden anrichten als Hilfe bedeuten. Heute kann man einen erschreckenden Mißbrauch dieses religiösen Bedürfnisses bei jungen Menschen feststellen, das mitunter zur totalen Katastrophe führt. Ein klassisches Beispiel dafür war das tragische Geschehen in Georgetown in Guyana, wo der Führer einer religiösen Sekte seine Schutzbefohlenen insgesamt in den Selbstmord trieb und ein unglaubliches Blutbad angerichtet wurde. Die tragischen Ereignisse vom 11. September in den USA haben die ganze Menschheit in einer nie dagewesenen Weise bis ins Innerste aufgewühlt und einen neuen Zugang zum Gebet eröffnet. Persönliche Belastungen durch eine fatale Krankheit, die Abnahme der Kräfte im Alter oder ein be-

bestimmtes Leiden, Berufsschwierigkeiten oder Eheprobleme, Unfälle oder Unglück in der Familie wie das Versagen der Kinder oder eines Familienmitgliedes können ebenso einen großen Schmerz auslösen, der zu einer „Lebenskrise" führt. Doch gerade dieses kann zur Folge haben, daß ein Mensch einen völlig neuen Anfang sucht, wobei es entscheidend ist, wie das geschieht.

Es kann dann mit einem Mal – wieder – die Frage nach Gott oder nach dem Gebet auftauchen. „Not lehrt beten", sagt man. Doch Not kann auch von Gott und Gebet wegführen. Es gibt unter den Theologen eine berechtigte Aversion dagegen, daß das Gebet lediglich ein „Notnagel" sein soll und nur gut ist für Krisensituationen, doch dann wieder vergessen wird, wenn die Gefahr vorübergeht. Dietrich Bonhoeffer war es, der sich gegen diesen Mißbrauch des Gebets gewandt und während seines Gefängnisaufenthaltes – wie wir aus seinen Aufzeichnungen aus der Haft wissen – jene Menschen verdächtigt hat, die in der Zelle bei einem Bombenangriff, von großer Angst überwältigt, zu beten anfingen. Nicht für Grenzsituationen ist Gott da, sondern für unser normales alltägliches Leben. „Gott ist mitten in unserem Leben jenseitig. Die Kirche steht nicht dort, wo das menschliche Vermögen versagt, an den Grenzen, sondern mitten im Dorf."[1] Gott als „Lückenbüßer" in Anspruch zu nehmen, an den man sich erinnert, wenn nichts anders mehr hilft, ist eine unwürdige Einstellung, in der Gott lediglich zum Exekutanten unserer Wünsche degradiert wird. Es erinnert an die Geschichte von dem Kapitän, der in höchste Seenot gerät und ausruft: „Jetzt hilft nur noch beten." Ironischerweise soll es der Pfarrer sein, der in dieser Situation antwortet: „Ist es wirklich so weit?"[2]

Aber in der Realität muß es gar nicht eine „Grenz-" oder „Krisensituation" sein, die das Problem des Gebets bei einem Menschen neu aufbrechen läßt. Es gibt in unserer Zeit eine Not, die sich nicht auf bestimmte Erfahrungen oder Situationen, sondern auf das Leben schlechthin bezieht. Die Sinnlosigkeit des Lebens überhaupt kann zur peinigenden Last werden, ebenso die Lebensangst, die Leere und das Überwältigtsein von Weltschmerz und der harten Wirklichkeit des Daseins. Das ist Thema in vielen modernen literarischen Werken, in denen eine Bedrohung beschrieben wird, die meist zu noch tieferen Krisen und Lebensproblemen führt als die akute, greifbare, konkrete Not, die jemanden betrifft. Sie hängt mit den Anforderungen unserer Zeit zusammen, in der die ungeheuren Fortschritte auf dem Gebiet der Technik und der Wirtschaft dazu führen, daß dem Menschen der Blick auf das Ganze, das „Leben in der Mitte" abgeht und er kaum noch Zeit findet, sich auf geistliche Fragen zu besinnen, und dann „Schaden

[1] Bonhoeffer: Widerstand und Ergebung, 182.
[2] Sölle: Gebet, in: Schultz, Theologie, 102.

nimmt an seiner Seele" (Mt 16,26). Besonders die Menschen des westlichen Kulturkreises werden auf das aufmerksam gemacht, was ein Forschungsreisender im Inneren Afrikas erfuhr, als er sah, wie die Eingeborenen sein Gepäck in regelmäßigen Abständen abstellten, Ruhepausen einlegten, so daß es dem Europäer nicht schnell genug ging und er die Träger, die sich niedergesetzt hatten, zum Weitergehen antrieb. Diese ließen sich jedoch von keinem Zureden und keiner Bedrohung beeindrucken. Nach dem Grund ihres Verhaltens gefragt, antworteten sie: „Wir müssen warten, bis unsere Seelen nachkommen." Ähnlich die arabische Anekdote von jenem Pilger, der nach Mekka reist, um am Heiligtum zu beten. Aber an der Kaaba, dem Heiligen Stein, kann er seine Gedanken nicht sammeln: Seine Lippen bewegen sich zwar beim Gebet und er spricht die langen Gebetsformeln, aber er entdeckt sich immer wieder mit seinen Gedanken bei anderen Dingen. Der Priester, den er um Rat bittet, fragt ihn, wann er denn hier angekommen sei. Und als jener sagt, er sei eben erst gestern angereist, und zwar in einem Flugzeug, antwortete der Priester: „Dann habe Geduld, und die Seele kommt nach. Sie geht lieber zu Fuß."

Das ist, was dem westlichen Menschen – gemeint ist der Europäer und Amerikaner – heute abgeht: er bewegt sich in der „äußeren Welt" rapide fort, aber seine „innere Welt", die Seele, der „inwendige Mensch" ist zurückgeblieben. Bestimmte notwendige, wichtige Aspekte seines Lebens sind vernachlässigt, und darum kommt er nicht mehr mit allem nach. Er ist wie ein Konfirmand, der in der Pubertätszeit äußerlich plötzlich wächst, aber seelisch noch nicht seinem Alter entsprechend entwickelt ist, sondern sich auf einem viel tieferen Stand befindet und dadurch die bekannten „Pubertätskrisen" sichtbar macht. Dies führt zu einer Gespaltenheit, einem inneren Konflikt, die Schwierigkeiten im Umgang mit sich selbst und der Umwelt mit sich bringen.[3] Dieses Phänomen, das sich in der Entwicklung eines Menschen zwischen Körper und Seele abspielt, gibt es auch in gewissem Sinne zwischen Geist und Seele in der ganzen sogenannten „zivilisierten Welt". Der Mensch unserer Zeit verkümmert seelisch und entwickelt seinen inneren Menschen nicht in genügendem Maße, weil er nur noch nach außen lebt. Früher wußte man das, und manche Völker haben sich dieses Wissen bis heute bewahrt. Der Zwiespalt, der entsteht, liegt darin, daß wir nicht mehr so leben, wie wir sollten, und doch wissen, daß wir anders sein könnten und müßten, und darum nicht zum Eigentlichen und Wesentlichen kommen.

Was bedeutet es, angesichts dieser Situation an das Gebet zu erinnern, zum Beten zu ermutigen, das Gebet ins Gespräch zu bringen? Gewiß: Es mag verständlich sein, daß es heute schwieriger denn je ist, zu beten. Aber

[3] Thielicke: Kleines Exercitium, 17.

beweist das Suchen vieler Menschen nach Spiritualität in unserer Zeit nicht, daß das Gebet daraufhin neu befragt werden sollte? Könnte die Erneuerung der Gebetspraxis nicht eine entscheidende Hilfe in der bedrohlichen Lage sein, in der sich die Menschheit heute befindet? Wenn ja, sollte ein Zugang zum Gebet gesucht werden, wie ihn auch der moderne Mensch finden kann und der für ihn eine reelle Hilfe bedeutet, um deretwillen es sich lohnt, sich auf das Wagnis des Betens einzulassen.

Um einen solchen Zugang will sich die vorliegende Studie bemühen. Darum sollen hier zunächst die Schwierigkeiten mit dem Beten und die Hindernisse seiner Praktizierung bewußt gemacht werden, um dann den Weg freizubekommen für das rechte Verständnis des christlichen Gebets, wie es in der Bibel zu finden ist und in der Kirchentradition entwickelt wurde. Die Problematik des Gebets liegt zunächst in objektiv-rationalen Einwänden gegenüber dem Bittgebet an sich (1). Dann aber gibt es auch subjektiv-emotionale Schwierigkeiten mit dem eigenen Beten (2). Schließlich müssen wir uns die allgemein-menschlichen Hindernisse im Gebetsleben vor Augen halten (3). Diese drei Aspekte sollen im Folgenden ausgeleuchtet werden, um die ganze Gewichtigkeit dieser Problematik bewußt zu machen.

1. Objektiv-rationale Einwände gegen das Gebet

Die schwerwiegendsten Einwände gegen das Gebet stellen sich im Zusammenhang mit der Vorstellung vom Beten als einer „Bitte um etwas“ ein. Das Bittgebet kann als etwas der Gottesvorstellung selbst Widersprechendes angesehen werden, wenn man als Mensch beim Beten versucht, auf das von Gott geschaffene und gewollte Naturgesetz einzuwirken. In diesem Sinn werden „irdische Bitten“ als unwürdig eingestuft und lediglich die Bitte um die Heiligung des Namens und das Kommen des Reiches Gottes als statthaft betrachtet. Das Gebet sollte zudem Lobpreis und Dank sein und im übrigen die Unterwerfung unter Gottes Willen zum Ausdruck bringen: „Nicht wie ich will, sondern wie du willst“ (Mt 26,39; vgl. Mk 14,36; Lk 22,42), wie Jesus im Sinne der dritten Bitte des Vaterunser „Dein Wille geschehe“ in Gethsemane betete.

Ein klassischer Vertreter dieser Anschauung war *Jean Jaques Rousseau* (1712–1778). Sein Gebetsverständnis ist eine bestimmte Weise der „Meditation“:

> Ich meditiere über die Ordnung des Weltalls, nicht um sie [...] zu erklären, sondern um sie ständig zu bewundern [...] und dann den weisen Schöpfer anzubeten, der sich darin spüren läßt [...], und ich preise ihn für seine Gaben, aber ich bete nicht zu ihm.

Was sollte ich von ihm erbitten? Daß er für mich den Lauf der Dinge ändere? Daß er zu meinen Gunsten Wunder vollbringe? Möchte ich, daß diese Ordnung für mich gestört werde? Nein, dieser verwegene Wunsch verdient eher bestraft als erhört zu werden [...] Quelle der Gerechtigkeit und der Wahrheit, gnädiger und gütiger Gott: In meinem Vertrauen in dich ist es der höchste Wunsch meines Herzens, daß dein Wille geschehe.[4]

Ähnlich, vielleicht nicht so explizit, hat es *Friedrich Schleiermacher* (1768–1834) gesehen. In seiner „Glaubenslehre" lehnt er zwar nicht das Bittgebet als solches ab, wohl aber dasjenige, das irdische, materielle Wünsche zum Gegenstand hat. Nachdem Religion für ihn „das schlechthinnige Gefühl der Abhängigkeit" ist, muß es widersinnig sein, auf Gottes Wille und das von ihm gewollte unveränderliche Naturgesetz einwirken zu wollen:

Ich suche nichts Irdisches, weder für mich noch für meine Brüder, sondern allein das liegt mir am Herzen, daß das Werk des Herrn immer mehr in Erfüllung gehe, und das allein ist Gegenstand meines Gebets, daß sein Reich immer mehr gebaut werden möge.[5]

Nach Schleiermacher müßte das vollkommenste Gebet im Schweigen enden. Gebet und Meditation sind praktisch identisch, denn schon die fromme Gemütshaltung ist Gebet.

Noch radikaler lehnt der große Theologe des 19. Jahrhunderts *Albrecht Ritschl* (1822–1889) das Bittgebet überhaupt als gottwidrig ab:

In dem allgemeinen Begriff des Betens sind die Bitte und der Dank nicht gleichgestellte Arten. Denn dadurch würde die Irrung begünstigt, als ob auch die selbstsüchtige Bitte zu der berechtigten Verehrung Gottes dient. Vielmehr ist das Gebet als Ganzes und unter allen Umständen auf Dank, Lob und Preis, Anerkennung, Anbetung Gottes gestellt.[6]

Aber auch das auf Lob und Dank reduzierte Gebet, das meditativ oder mystisch sein Daseinsrecht behauptet, kann Schwierigkeiten bereiten, und zwar darum, weil Gott dann überhaupt geleugnet und der Glaube an seine Existenz unnötig wird, wenn er nur als Projektion unserer eigenen Wünsche und Vorstellungen zu definieren ist. Das ist bei *Ludwig Feuerbach* (1804–1872) der Fall, der das Gebet als „Anbetung des eigenen Herzens" bezeichnet hat:

---

[4] Rousseau: Emile, bei Cullmann: Das Gebet, 20.

[5] Schleiermacher: Predigtband 4, 357, bei Cullmann: Das Gebet, 21.

[6] Ritschl: Unterricht in der christlichen Religion, bei Cullmann: Das Gebet, 21.

Die Religion, wenigstens die christliche, ist das Verhalten des Menschen zu sich selbst, oder richtiger: zu seinem Wesen, aber das Verhalten zu seinem Wesen als zu einem anderen Wesen. [...] Das Gebet ist Selbstteilung des Menschen in zwei Wesen – ein Gespräch des Menschen mit sich selbst, mit seinem Herzen. [...] Das Gebet ist [...] Sammlung – Beseitigung aller zerstreuenden Vorstellungen, aller störenden Einflüsse von außen, Einkehr in sich selbst, um sich nur zu seinem eigenen Wesen zu verhalten.[7]

Hier ist selbst Lob, Dank, Anbetung oder mystische Vereinigung als Gebet nur kaschiert und darum sinnlos geworden.

Klassisch kommt diese Haltung bei *Immanuel Kant* (1724–1804) zum Ausdruck. Kant geht durch allerhärteste Vorwürfe mit dem Gebet ins Gericht und bezeichnet dieses als „Anwandlung von Wahnsinn", „religiösen Wahn", „Afterdienst", „Fetischmachen", „religiöse Schwärmerei", „Heuchelei". Dazu interpretiert er die „Keuschheit" oder „Hemmung" des Betens als „Scham":

Weiß ein Mensch sich (beim Beten) entdeckt, wird er „in Verwirrung oder Verlegenheit" geraten wie „über einen Zustand, dessen er sich zu schämen habe"; denn er kommt „in Verdacht, daß er eine kleine Anwandlung von Wahnsinn habe".

Und weiter:

Der Beter unterhält sich mit einem imaginären Wesen, als ob es gegenwärtig wäre.

Kant meint, der Beter würde sich dafür entschuldigen, daß er seine Pflicht, moralisch zu handeln, nicht erfüllt. Wörtlich sagt Kant:

Das Beten, als ein innerer förmlicher Gottesdienst und darum als Gnadenmittel gedacht, ist ein abergläubischer Wahn (ein Fetischmachen); denn es ist ein bloß erklärtes Wünschen gegen ein Wesen, das keiner Erklärung der inneren Gesinnung des Wünschenden bedarf, wodurch also nichts getan und also keine von den Pflichten, die uns als Gebote Gottes obliegen, ausgeübt, mithin Gott wirklich nicht gedient wird.

Auch ist es ein ungereimter und zugleich vermessener Wahn, durch die pochende Zudringlichkeit des Bittens zu versuchen, ob Gott nicht von dem Plan seiner Weisheit (zum gegenwärtigen Vorteil für uns) abgebracht werden könne.

Folglich wird die Bedeutung des Gebets in der „Veränderung des Beters" gesehen: Es kann das „sittlich Gute" fördern, nämlich „es in uns selbst fest zu gründen und die Gesinnung desselbigen wiederholentlich im Gemüt zu erwecken." Kant meint jedoch:

[7] Feuerbach: Das Wesen des Christentums, 54; 200.

Die Gebete sind aber subjektiv nötig [...] Gebete sind demnach in moralischen Absichten nötig, wenn sie in uns eine moralische Gesinnung errichten sollen [...]. Sie dienen dazu, die Moralität in dem Innersten des Herzens anzufeuern. Sie sind Mittel der Andacht [...] Es ist eine Schwäche des Menschen, daß er seine Gedanken durch Worte ausdrücken muß, er redet alsdenn wenn er betet, mit sich selbst [...] Gemeine Menschen können oft nicht anders als laut beten, indem sie nicht im Stande sind, im Stillen nachzudenken [...], wer sich aber übt, seine Gesinnung im Stillen zu eröffnen, bedarf nicht laut zu beten.

Im Bittgebet sieht Kant eine unerlaubte Form der „Gunstbewerbung“.[8]

Ähnlich urteilt *Johann Gottlieb Fichte* (1762–1814) in seinem „Versuch einer Kritik aller Offenbarung“ (1792). Nachdem Religion für ihn bloß ein „Stärkungsmittel“ ist und „Trost, Stärke und Kraft zur Pflicht“ gibt, wird nur die dritte Bitte des Vaterunser von ihm akzeptiert als Ausdruck für „gänzliche Ergebung in den Willen Gottes“. Etwas anders verhält es sich in seinem Werk „Bestimmung des Menschen“, das als ein Durchbruch zur Religion verstanden werden kann, wo Fichte Gott im Gebet unmittelbar anspricht. Dort heißt es:

Du bist vom Endlichen nicht dem Grade, sondern der Art nach verschieden [...]. In dem Begriff der Persönlichkeit liegen Schranken. Wie könnte ich jenen auf dich übertragen, ohne diese?[9]

Allerdings bleiben auch diese in Gebetsform gekleideten Gedanken Monolog.

Diese Linie läßt sich weiterverfolgen bis in die Theologie des 20. Jahrhunderts. Bei *Herbert Braun* (1903–1991) ist Gebet grundsätzlich nicht unterscheidbar von der Meditation. Meditation heißt hier freilich nicht Selbstbetrachtung, sondern „Bedenken des mich anredenden Wortes“. Ähnlich bei *J.A.T. Robinson* (1919–1983), der die Fürbitte in den Vordergrund stellt: „Wer sich einem anderen Menschen vorbehaltlos in Liebe vertraut, der ist bereits mit ihm in der Gegenwart Gottes; und das ist das Herzstück der Fürbitte.“ Für *Gert Otto* (geb. 1927) ist Gebet „konkrete Besinnung auf die Situation, der man jeweils verhaftet ist.“ Und *Dorothee Sölle* (1929–2003) meint: „Im Gebet spricht sich der Mensch selber aus im Angesicht Gottes.“ Bei *Walter Bernet* (geb. 1925) ist Gebet dann schließlich nur noch „transzendentale Reflexion“.[10]

Auf die Fragen, die sich aus diesem Gebetsverständnis ergeben, wird weiter unten zurückzukommen sein. Hier sei lediglich vermerkt, daß diese

---

[8] Kant: Die Religion, 228–230.

[9] Reventlow: Das Gebet, 25ff.

[10] Bernet: Gebet, 115.

Ansichten über das Gebet unbiblisch sind. Schon *Martin Kähler* (1835–1912), der protestantische Kritiker der Theologie des 19. Jahrhunderts, sagt dazu:

> Wir halten denen, welche den Christen [...] lediglich den Dank statt die Bitte auf die Lippen legen wollen, das Urteil des Herzenskündigers entgegen: „Der Pharisäer dankt, der Zöllner bittet."[11]

Hinzu kommt das ganze Zeugnis des Neuen Testaments, in dem die Bitte eine entscheidende Rolle spielt, auch die Bitte um materielle Güter, um Hilfe in der Not, um Heilung u.a. Das Vaterunser und die Gleichnisse vom bittenden Freund und der bittenden Witwe (Lk 11,5ff) ergänzen dieses Bild überzeugend, wie auch die eindeutige Aufforderung Jesu in der Bergpredigt: „Bittet, so wird euch gegeben" (Mt 7,7) und die vielen neutestamentlichen Aufforderungen zum Gebet als Bitte.

Die Reduzierung des Gebets auf Dank und Lob, die gleichzeitig eine Reduzierung auf ein meditatives Verständnis des Gebetes ist, bedeutet – so betrachtet –eine unhaltbare Einschränkung des biblischen Verständnisses in dieser Frage, die aber darüber hinaus auch der Auffassung von Gottes Wirken am Menschen nicht gerecht wird. Die Theologie des Gebets hängt demnach eng mit der Auffassung von Gott zusammen, die in einem folgenden Kapitel ausführlich dargestellt werden wird.

2. Subjektiv-emotionale Schwierigkeiten mit dem Beten

Während die bisher besprochenen „Einwände" eine Sache des Verstandes waren, der sich gegen das Bittgebet sträubt und sich in seiner Gebetsanschauung in ein Verständnis flüchtet, das seiner verstandesmäßigen Vorstellung entspricht – dem Meditieren, Reflektieren, Situieren oder dem bloßen Anbeten, Loben und Danken – geht es bei den nun folgenden Erwägungen um eine Angelegenheit der Psyche, um den Menschen, der emotional und empfindungsmäßig seine Schwierigkeit mit dem Beten hat.

Da mögen in erster Reihe die Verletzungen der Kinderseele genannt werden, die sich durch die (religiöse) Erziehung von früh auf – meist unbewußt – ereignen und Folgen für das ganze spätere Glaubensleben haben. Das bedeutet ein gestörtes Verhältnis zu Glaube, Kirche, Gebet, vor allem wegen einer frühen Gottesvorstellung, die sich negativ eingeprägt hat. Dabei wird Gott entweder als der Tyrann, den man fürchten muß, oder als der „Vater", den zu lieben und zu ehren man gezwungen wird, verstanden – in

---

[11] Dogmatische Zeitfragen, Bd. 1, 186, bei Cullmann: Das Gebet, 32ff.

beiden Fällen zum Schaden des christlichen Glaubens und der eigenen religiösen Einstellung.

Klassisch ist diese negative Bewertung des Gebets bei *Tilmann Mosers* Auseinandersetzung mit dem Glauben seiner Kindheit in seiner „Gottesvergiftung“ beschrieben. Hier wird deutlich, wie ein Kind durch die Frömmigkeit seiner Mutter unbewußt in seinem Glauben und Gebetsverständnis geprägt wird. Er schreibt darüber:

> Soll ich dir (Gott) sagen, warum du in mir so groß werden konntest, so real, daß schließlich das Wort „Gottferne“ zum Schrecklichsten wurde, was ich mir denken konnte? Du bist in mir groß geworden, weil die Stimme meiner Mutter in den wenigen Sekunden des Tages, in denen sie mit mir gebetet hat, einen Klang annahm, der, um den Jargon deiner Diener zu verwenden, nicht von dieser Welt war, innig, warm schwingend, als ob etwas Kostbares, was ohne deine Gegenwart unzugänglich blieb, plötzlich im Raum wäre und das mit dem leise gesprochenen Amen wieder aus meinem Leben verschwand. Du hast eine Beziehung zu meiner Mutter gehabt, die ihre sonst so gefaßte Stimme in leichtes Beben brachte. Das hat mich ergriffen wie nichts sonst mehr im Leben; und dies war wohl der erste und einzige Gottesbeweis, dem ich, ohne zu wissen, wohin er mich führte, vertraut habe.[12]

Diese Reflexion über das Beten der Mutter mit dem Kind erscheint durchaus positiv und könnte im Normalfall als Hinweis darauf gelten, wie prägend und einprägsam das frühe Gebet der Mutter mit dem Kind auf das spätere Leben einwirkt und hier die erste Gottesbeziehung aufgebaut wird, die grundlegend für alles Nachherige in der religiösen Entwicklung ist. Doch in diesem Fall wirkt sich das positive Grunderlebnis, die Urerfahrung Gottes, negativ aus. Tilmann Moser schreibt weiter:

> Dieser Klang ihrer (der Mutter) Stimme hat mir einen imaginären Raum geöffnet, in dem ich zwar nicht Geborgenheit fand, sie aber erahnte. Und auf dieser Ahnung, was du geben oder sagen konntest, bin ich mein Leben lang sitzen geblieben, hoffend und flehend, schluckend und würgend, auf dem Bauche kriechend, mich selbst verstümmelnd. Die Erbsünde liegt bei dir, in diesem Anfangsbetrug eines vermeintlichen Reichtums, einer vermeintlichen Geborgenheit. Und wieviele Gottbeweise sind dann noch gefolgt! Mein sonst so schweigsamer Vater beim Vaterunsermurmeln; seine mir gewaltig erscheinende Stimme bei einigen Choralpassagen. Er hatte dann, nur für wenige Minuten im Leben, eine volltönende Freiheit und Mächtigkeit in der Stimme, die sich wieder verlor, sobald meine Mutter ihren Fuß vom Blasebalg des quietschenden Harmoniums nahm, auf dem sie dich in der Stimme meines Vaters und der Gemeinde präsent machen konnte [...] Deine Wirklichkeit bestand in kunstvoll arran-

[12] Moser: Gottesvergiftung, 23f.

gierten Hinweisen auf mögliche Köstlichkeiten in einer Beziehung zu dir; das Geheimnisvolle, lediglich Andeutende wurde zur ewiglich betrügerischen Lockung.[13]

Die Auswirkung des Choralsingens mit den Eltern auf Tilmann Moser durch die Stimme der Mutter beschreibt er an einer weiteren Stelle wie folgt:

Es gibt einige (Choräle), die mir heute noch die Tränen in die Augen treiben, weil sie verknüpft sind mit Momenten eines vollkommenen Geborgenheitgefühls, eines geborgten freilich, mehr geahnt als wirklich. Das ist ja das schlimme Geheimnis an dir, daß alles nur Verweisung ist auf etwas großartig Unwirkliches. Einige deiner Lieder, am meisten die von Paul Gerhardt, sind verknüpft mit Augenblicken, in denen meine Mutter es verstand, im täglichen Leben nicht ansprechbare oder formulierbare Gefühle singend oder betend so mit dir zu verbinden, daß sie plötzlich greifbar schienen; daß ihr Gesang dem Stimme verlieh, wonach wir uns alle sehnten.[14]

Seine Anklage besteht darin, daß in der Familie nur durch den Umweg über Gott „Gefühle mitgeteilt“ und „Zusammengehören möglich“ wurde: „ein Stück verdichteter Harmonie, Stimmungen am Übergang von Wirklichkeit und Verweisung auf ein Wunderbares“.[15]

Das empfand das Kind später als Betrug und Vortäuschung von Wirklichkeiten, die tatsächlich nicht existierten, und so letztlich als „Gottesvergiftung“. Können sie nicht tatsächlich „Heilmittel“ sein oder zumindest der Anfang oder Abklang einer „heilen Kinderwelt“? Tilmann Moser stellt seinen Betrachtungen über seine Gottesbeziehungen das Motto voran: „Freut euch, wenn euer Gott freundlicher war.“[16]

Gewiß hat sich das Kindergebet bei vielen „freundlicher“ ausgewirkt und vielleicht den Grundstein für das spätere Beten überhaupt bedeutet. Daß aber die naiven Kindergebete auch Verwirrung oder falsche Gottesvorstellungen hervorrufen können, zeigen die Ausführungen von *C.G. Jung* über das Abendgebet, das er von seiner Mutter gelernt hat:

Meine Mutter hat mich ein Gebet gelehrt, das ich jeden Abend beten mußte. Ich tat es auch gern, weil es mir ein gewisses komfortables Gefühl gab in Hinsicht auf die unbestimmten Unsicherheiten in der Nacht:

Breit aus die Flügel beide,
o Jesu, meine Freude,
und nimm dein Küchlein ein.

[13] Moser: Gottesvergiftung, 24.
[14] Moser: Gottesvergiftung, 25
[15] Moser: Gottesvergiftung, 60.
[16] Moser: Gottesvergiftung, 1.

Will Satan es verschlingen,
so laß die Englein singen:
Dies Kind soll unverletzet sein.

„Dr hêr Jesus“ war komfortabel, aber ein netter, wohlwollender „hêr“ wie der „hêr“ Wegenstein im Schloß – reich, mächtig, angesehen und achtsam in bezug auf Kinder in der Nacht. Warum er geflügelt sein sollte wie ein Vogel, war ein kleines Wunder, das mich aber nicht weiter störte. Viel bedeutsamer und Anlaß zu vielen Betrachtungen war aber die Tatsache, daß kleine Kinder mit „Chüechli“ (= kleinen Kuchen) verglichen wurden, welche von dem „hêr Jesus“ offenbar nur widerwillig wie eine bittere Medizin „eingenommen“ wurden. Das war mir schwer verständlich. Ich begriff aber ohne weiteres, daß Satan die Chüechli gern hatte und darum verhindert werden mußte, sie zu verschlingen. Obschon also der „hêr Jesus“ sie nicht mag, so ißt er sie dennoch dem Satan weg. So weit war mein Argument „komfortabel“. Nun aber hieß es auch, daß der „hêr Jesus“ überhaupt auch andere Leute „zu sich nähme“, was mit Verlochung in der Erde gleichbedeutend war.
Der sinistre Analogieschluß hatte fatale Folgen. Ich fing an, dem „hêr Jesus“ zu mißtrauen. Er verlor seinen Aspekt als großer, komfortabler und wohlwollender Vogel und wurde mit den finsteren, schwarzen Männern im Gehrock, mit Zylinder und schwarzen blankgewichsten Schuhen, die mit der schwarzen Kiste (das heißt: dem Sarg, Anm. des Verf.) zu tun hatten, assoziiert.[17]

Auch negative Erfahrungen des Erwachsenen können das Gebet verhindern oder ihm höchstens eine kritische Sprache zubilligen, die eher Anklage als Hingabe ist. Eine Reihe moderner Gebetstexte zeigt diese Not, die höchstens noch ein Schrei oder ein Seufzen sind und nur insofern Gebet genannt werden können, als Gott darin angeredet wird. Das Vaterunser von *Peter Coryllis* sei hier stellvertretend für viele andere zitiert:

Vater unser,

der Du verbannt bist
in den Himmel –
beschmutzt ist dein Name.

All Deine Güte
wurde mißbraucht.

Deinen Willen
hat man zertrampelt.

Deine Liebe
wurde geschmäht.

Im Himmel
bist du gerühmt,

---

[17] Jung: Erinnerungen, 16f.

aber auf Erden
erdrosselt.

Unser Brot
wird verschimmeln,
weil unsere Schuld
uns erwürgt
und nur noch Schuldige
auf Erden sind.
Denn schuldig
wurden wir alle.

Wir sind der Versuchung
nicht nur erlegen,
wir haben sie
offen und schamlos
gezüchtet.

Und das Übel ward
ohne Grenzen.

Ob dir Erlösung
noch gelingt –
Vater,
Ich will darum beten!

So vollziehe sich
das Geschehen![18]

Ein emotionaler „Störfaktor“ beim Beten mag sein, daß die Sprache des Gebets in der Kirche, im Gottesdienst, oder das „Gehabe“ des vorbetenden Pfarrers uns abstößt. Die feierlichen festgefügten Formulierungen oder die profane Art, Gebete zu formulieren, der Verdacht, im Gebet hintergründige Informationen anbringen, für eine bestimmte Sache seinen persönlichen Glauben oder seine Theologie demonstrieren zu wollen, ist vielen heutigen Menschen fremd. Martin Walser notiert über einen Gottesdienstbesuch:

Mit Lissa in der Kirche. Konnte nicht beten. Die feierliche Amtssprache der Kirche klang fremd. Kunstgewerbe-Vokabular. Glauben die Frommen, Gott höre sie nur, wenn sie beten, er habe keine Ahnung von den Worten, die sie sonst denken und sagen? Man kann es sich nicht vorstellen, daß der Pfarrer erlebt hat, was er in der Predigt erzählt. Mein Leben ist in der Gebetssprache nicht mehr unterzubringen. Ich kann mich nicht mehr so verrenken. Ich habe Gott mit diesen Formeln geerbt, aber jetzt verliere ich ihn durch diese Formeln. Man macht einen magischen Geheimrat

[18] Fietkau: Poeten beten, bei Zippert: Leben mit Gebeten, 37f.

aus ihm, dessen verschrobenen Sprachgebrauch man annimmt, weil Gott ja von gestern ist.[19]

Oft ist es auch einfach Müdigkeit, Resignation und Schwachheit, die sich dem Gebet widersetzen oder es erlahmen lassen. „Der Geist ist willig, aber das Fleisch ist schwach“, sagt Jesus seinen Jüngern Mt 26,41. Schwierigkeiten mit dem Beten bereitet auch die menschliche Inkonsequenz: Man weiß, daß man es pflegen sollte, aber man geht gefühls- oder erfahrungsmäßig davon aus, daß es dennoch wenig bringt, vergißt dabei zu beten und ist zu müde oder zu bequem dazu.

Darum müssen wir nicht nur ein Verständnis, sondern auch ein Gefühl dafür entwickeln, daß das Gebet für unser Leben wichtig ist. Wir müssen etwas von seiner Kraft, von seiner Bedeutung und tatsächlichen Hilfe in unserem Alltagsleben erkennen und verspüren. Denn es ist nicht nur eine verstandesmäßige, sondern auch eine gefühlsmäßige Angelegenheit, wenn wir nicht beten oder – weil wir etwas von seiner Bedeutung erleben – wenn wir beten. In diesem Sinne betete Dietrich Bonhoeffer in der Zelle:

> In mir ist es finster, aber bei dir ist das Licht;
> ich bin einsam, aber Du verläßt mich nicht;
> ich bin kleinmütig, aber Du bist die Hilfe;
> ich bin unruhig, aber bei Dir ist der Friede;
> in mir ist Bitterkeit, aber bei Dir ist die Geduld;
> ich verstehe Deine Wege nicht, aber Du weißt den Weg für mich.[20]

3. Allgemein-menschliche Hindernisse im Gebetsleben

Die objektiv-rationalen Einwände gegen das Gebet kommen von einer bestimmten Vorstellung von *Gott* her, an den das Gebet gerichtet ist. Die subjektiv-emotionalen Schwierigkeiten mit dem Beten sind andererseits auf die *Nächsten* zurückzuführen, die uns das Gebet nahegebracht haben (Mutter, Vater, Pfarrer und andere Menschen unserer Umgebung). Doch die Problematik des Gebetes wird nicht erfaßt, wenn man sich nicht ebenso die allgemein-menschlichen, in der eigenen Person begründeten Hindernisse vergegenwärtigt und diese in die Überlegungen über die Motive einbezieht, die sich dem Beten entgegenstellen. Nicht Gott und nicht der Nächste allein, sondern ich selbst bin mir oft das größte Problem im geistlichen Leben. Wir sollen Gott lieben von ganzem Herzen, von ganzer Seele, von ganzem Ge-

---

[19] Walser: Halbzeit, 247.
[20] Bonhoeffer: Widerstand und Ergebung, 96.

müte und unseren Nächsten wie uns selbst (vgl. Mt 22,37.39). Weil die Liebe zu Gott, zum Nächsten und damit zu uns selbst gefordert ist, ergeben sich Gefährdungen „von oben“, „von außen“ und „von innen“, die Karl Barth in seiner „Einführung in die Evangelische Theologie“ bei dem Theologen unterschieden hat[21], – sich aber auf jeden gläubigen Christen überhaupt beziehen. Die Gefährdung „von innen“ kommt aus der eigenen Biographie, den Problemen, die sich aus der persönlichen Lebensgeschichte ergeben.

Denn wenn von Bitte, Dank und Lob gesprochen wird, steht immer auch die Frage im Raum, ob es bei dem Menschen, der beten soll, etwas gibt, worum er bitten, wofür er danken, das er anbeten darf. Es gibt Menschen, die das können, und solche, die das nicht können, wobei die in den beiden vorigen Abschnitten erwähnten Faktoren freilich einen bedeutenden, aber nicht ausschlaggebenden Grund für diese Fähigkeit bzw. dieses Unvermögen darstellen. Man hat darum vom „religiösen Apriori“ oder einer „religiösen Veranlagung“ gesprochen. Aber diese Tatsache wird eher mit der persönlichen Lebensgeschichte zusammenhängen, das heißt nicht nur mit den erwähnten rationalen und emotionalen, also theoretischen und psychologischen Ursachen, sondern mit den geistlichen Faktoren, die das ganze Leben bestimmen oder eben nicht vorhanden sind. Mit anderen Worten: es ist die Frage, wie wir in unserem Leben mit dem dastehen, was man eine „versöhnte Biographie“[22] nennen kann. Denn mit seiner Lebensgeschichte versöhnt sein, was zwar nie als vollkommen und letztgültig erfahren wird, ist Anlaß zu Dank und Loben. Aber darum ist auch – gerade weil der Mensch der „versöhnten Biographie“ um das Vorläufige, Fragmentarische, Unvollkommene dieser „Gnade“ weiß – immer neu zu bitten von dem, der einem diese Gnade zuteil werden läßt, von Gott.

Wenn wir von „Versöhnung“ sprechen, denken wir an unser gestörtes Zusammenleben mit den Mitmenschen und – als Christen – an unsere Schuld vor Gott, die seine Vergebung immer neu nötig macht. Doch wir denken kaum daran, daß „Versöhnung“ ebenso etwas mit uns selbst zu tun hat und daß die Wurzel unseres gebrochenen Verhältnisses zu Gott und zu den Mitmenschen auch darin zu suchen ist, daß wir mit unserer Lebensgeschichte nicht versöhnt sind. Denn unsere eigene Biographie wird uns zum Schicksal, nicht umgekehrt. Es ist also nicht so, wie man oft meint, daß der Mensch Herr seines Geschickes sei. Freilich, die Erkenntnis, daß man nicht wirklich seines „Glückes Schmied“ ist, daß es unwiederbringliche Versäumnisse, nicht gutzumachende Fehler, folgenschwere Schuld, schicksalhafte Entscheidungen im Leben gibt, wird meist durch Krisen bewußt,

[21] Barth: Einführung, 137–140.

[22] Zerfaß: Wie geht es?, in: Garhammer/Gasteiger/Hobelsberger/Tischler: Versöhnung, 288.

durch Krankheit, berufliches Scheitern, Enttäuschungen. Aber es sind auch einfache Widerfahrnisse, an denen man merkt, daß der Lebensentwurf, das Ziel, das man sich im Leben gesetzt hat, nicht erreicht werden konnte, daß man zurückstecken und auf die Verwirklichung von Plänen oder auf die Erfüllung von Hoffnungen verzichten muß.

Diese Krise in der Lebensgeschichte hat zunächst etwas mit der Zeit zu tun, die uns als Menschen zur Verfügung steht, und mit der Kürze unseres irdischen Daseins überhaupt. Je mehr Zeit vergeht, je älter man wird und je eindrücklicher man an das Ende erinnert wird oder diesem entgegenschreitet, desto sparsamer geht man mit dem kostbaren Gut der Zeit um und will dem Leben Bleibendes abringen, will etwas hinterlassen, fragt nach „Ewigkeitswerten“, nach dem Wesen und Ziel des Lebens, zieht Bilanz. Es ergibt sich die Frage, wie man sich zu seiner Vergangenheit verhält, ob man mit dem Leben hadert, das einem – vielleicht wegen Krieg, Gefängnis, gewissen Behinderungen oder schwierigen Lebensumständen – wenig Zeit verliehen hat. Oder man leidet darunter, daß es einem nicht gegeben war, rechtzeitig auf die Kostbarkeit dieses Gutes aufmerksam zu werden, um mehr aus seinem Leben zu machen und mehr zu erreichen. Das bezieht sich mit fortschreitender Reife nicht auf äußere, materielle Erfolge, sondern zunehmend auf die „letzten Dinge“, das Eigentliche und Wesentliche im Leben.

Sodann ist die Frage gestellt, ob man sich mit seiner Lebensgeschichte versöhnt oder ob der Konflikt und Zwiespalt eines unerfüllten oder gar verfehlten Lebens zu Unfriede, Hader und somit dahin führt, daß man sich selbst nicht annimmt. Der Mensch in einem solchen Zwiespalt gibt sich Rechenschaft, daß es außer dem „Geschick“ und den „Umständen“ (Elternhaus, Erziehung, Ausbildung, Freunde, Ehe, Krankheit, Beruf usw.) auch Entscheidungen sind, die den Weg des Lebens bestimmen und die nicht mehr rückgängig gemacht werden können. Dazu gehört vor allem die Berufsentscheidung und die Entscheidung zur Ehe oder Ehelosigkeit wie auch die – in unserer Zeit für viele so schicksalsschwere – Entscheidung für Heimat oder Verlassen der Heimat. Wie immer man diese Entscheidungen auch trifft, sie sind nicht automatisch gut oder schlecht, sondern erfordern Verarbeitung der Situation und Beständigkeit, um auf dem einmal eingeschlagenen Weg zu bleiben und an einer Lebensentscheidung auch festzuhalten. Das Schreckgespenst eines verfehlten Lebens, falsch getroffener Entscheidungen kann tödlich sein, fordert aber gerade darum eine immer neue Reflexion und Analyse der Situation und den Willen zur Bewältigung heraus. Denn erst am Ende weiß man wirklich in ganzer Klarheit, wie es um einen steht, ob das eine oder das andere richtig war und ob das ganze Leben – nicht nur vor Gott und den Menschen, sondern auch vor einem selbst – bestehen kann.

Das „Geschick“ wird gerade dort nicht zum „Schicksal“, wo in dieser Weise mit ihm umgegangen wird, und zwar nicht nur indem man nun doch meint, seines „eigenen Glückes Schmied“ zu sein, sondern durch den Glauben an Gottes Güte und Liebe in allem, was einem widerfährt (Röm 8,28), und in der Gewißheit, daß alles im Leben „zum Besten dienen muß“, nicht im fatalistischen Sinn, als unausweichliches „Fatum“, sondern in dem erwähnten Sinn als „Datum“ Gottes, an dem man arbeiten, mit dem man sich auseinandersetzen und aus dem man selbst etwas machen muß. Insofern schafft dieser Glaube „Zukunft“ und verändert eine Situation.

Diese „Arbeit“ wird in erster Linie eine Gedankenarbeit sein müssen. Es geht darum, die Fügungen und Widerfahrnisse des Lebens aus seiner eigenen Geschichte heraus zu verstehen und zu akzeptieren, das heißt, „in der eigenen Vergangenheit Wurzeln zu schlagen“.[23] Freilich: Kein Leben bleibt von der Last des Nichtverstehens verschont. Aber gerade darum ist für die Herrschaft über die eigenen Gedanken das sorgfältige Umgehen mit der Beurteilung seiner selbst, eine „seelische Hygiene“, eine geistliche Disziplin erforderlich.

Für den Christen nun, der an Gott festhält, an seine Güte und Liebe glaubt, in den Schickungen und Widerfahrnissen des Lebens seine Hand erkennt, ergibt sich wie von selbst das Bedürfnis, aus den Gedanken Gebete zu machen. Er braucht stille Stunden dazu, um seine Existenz vor Gott zu bedenken und sie ihm anzuvertrauen. Geduldiges Nachdenken, verstehender Umgang mit seiner Geschichte führt zu einem spürbaren geistlichen Fortschritt. Denn Gott spricht zum Menschen durch die Widerfahrnisse des Lebens, und diese Sprache muß er verstehen lernen und in dem „Datum“ seines Lebens seine Aufgaben erkennen. Die Tragik menschlichen Geschicks wird dem Christen im Blick auf den Kreuzesweg Jesu Christi offenbar. Die Teilhabe an diesem Geschick führt zum Gebet.

Die ersten und größten Schwierigkeiten beim Beten kommen also von der Art, wie die eigene Lebensgeschichte bewältigt oder nicht bewältigt wird, wie man mit den Krisen umgeht, wie sehr das Gespräch mit sich selbst, im Nachdenken über das eigene Leben, zum Gespräch mit Gott, zu Bitte, Dank und Lob führt. Es ist hier noch gar nicht die Frage gestellt, ob das Gebet „dialogisch“ sein kann oder nicht, also beim Gespräch jemand da ist, der zuhört oder antwortet, Bitten „erhört“ oder nicht. Es ist gleichfalls damit noch nichts darüber ausgesagt, ob Gott andererseits nur meditativ verstanden werden soll, wohl weil man durch die eigenen Bitten den Weltlauf nicht beeinflussen möchte, oder man sich Gebet als Reflexion oder „Sprechstunde mit seinem Ich“ vorstellt. Hier bricht die Frage auf, ob Gebet überhaupt möglich wird von der eigenen Biographie her und von der Art,

[23] Demmer: Gebet, 25.

wie man sich mit ihr versöhnt hat. Im alten Israel fragten sich die Menschen, wenn sie einander begegneten: „Wie geht es deinem Schalom?“ Gemeint ist: Bist du mit dir in Frieden? Bist du in der Balance? Bist du mit dir versöhnt?[24] Und damit ist das Problem gegeben, wie es um den Menschen steht, der betet. Dies soll uns im folgenden beschäftigen.

[24] Zerfaß: Wie geht es?, 282.

II. Der Mensch des Gebets

Angesichts der Probleme und Schwierigkeiten mit dem Gebet ist es unklar, wie viele Menschen in unserer Zeit noch beten. Umfragen, wie sie mehrfach veranstaltet wurden, zeigen, daß in Deutschland heute nicht wenige Christen beten (64% bzw. 67% der Befragten in West und Ost).[1] Man kann andererseits sagen, daß in den letzten Jahren ein neuer Trend zu beobachten ist, der durch das Bedürfnis nach mehr Frömmigkeit, geistlichem Leben und eben auch Gebet gekennzeichnet ist. Der Boom an Literatur über Spiritualität, Meditation und Gebet weist in diese Richtung, wobei man freilich fragen kann, inwiefern es sich dabei um eine „Religion ohne Christentum" oder um ein „Christentum ohne Religion" handelt.[2] Wie immer man dies Phänomen beurteilen und welche Bedeutung man ihm für die christliche Kirche und ihren Glauben auch einräumen mag, dies eine kann darüber gesagt werden: Es entspringt einem Suchen, einer Sehnsucht, einem Bedürfnis des Menschen. Das ist der Grund dafür, daß unsere Darlegungen über das Gebet, in dem es um das Verhalten des Beters zu einem Gegenüber – Gott – geht, mit dem „Menschen" beginnen. Und zwar soll, im Sinne des Ausspruchs „Beten ist menschlich"[3], zunächst diese Seite des Menschen beim Beten – seine natürliche Veranlagung, sein Suchen und seine Sehnsucht – in ihrem Verhältnis zum Gebet ins Auge gefaßt werden (1) und dann nach der theologischen Sicht des Menschen aus der Perspektive Gottes und dessen Bezug zum Gebet gefragt werden (2), um schließlich den „Menschen im Widerspruch" als ganzheitliches Wesen und seine Beziehung zu Gott darzustellen, die sich im Gebet äußert (3).

1. Ausschau nach einer neuen Spiritualität

Der Aufbruch eines neuen religiösen Suchens und das Bedürfnis nach Meditation und Gebet ist um so erstaunlicher, als man seit dem Aufkommen der dialektischen Theologie vom Ende der Religion und von der „Religion

---

[1] Engelhardt: Fremde Heimat Kirche, Ansichten; ders.: Fremde Heimat Kirche. Die dritte EKD-Erhebung, 409; vgl. Jörns: Die neuen Gesichter Gottes.

[2] Nach Braaten, bei: Macquarrie: Paths, 2.

[3] So der Titel eines Buches über das Beten von J. Sudbrack, bei Barth: Spiritualität, 107; vgl. ders.: Der Geist, 303.

als Unglaube“ zu sprechen begonnen hat.[4] Dietrich Bonhoeffer sah ein „religionsloses Zeitalter“ herankommen: „Wir gehen einer völlig religionslosen Zeit entgegen; die Menschen können einfach, so wie sie nun einmal sind, nicht mehr religiös sein.“[5] Die spätere Entwicklung hat Bonhoeffer nicht Recht gegeben, und – trotz der Tatsache, daß unsere Welt mit den Stichworten: „Individualismus, Säkularismus und Globalisierung“ zu kennzeichnen ist[6] – bleibt Religion, Frömmigkeit und Spiritualität auch heute für viele Menschen weiter lebenswichtig. Schon Paul Tillich hatte ein anderes Verhältnis zur Religion. Der Mensch stellt Fragen, auf die er Antworten haben will. Von der Situation des Menschen als fragenden, suchenden, Gott entfremdeten und seines fragmentarischen Charakters bewußten Wesens her, bleibt Religion aktuell und muß durch das „Prinzip der Korrelation“ zur Offenbarung in Beziehung gesetzt werden, derzufolge Religion und Offenbarung sich zueinander verhalten wie Frage und Antwort. „Das Fragen nach der Offenbarung setzt Offenbarung voraus und umgekehrt. Sie sind voneinander abhängig.“[7]

Die Aufbrüche einer neuen Frömmigkeit und einer – auch vielfach außerkirchlichen – Religiosität werden unter anderem in dem neuen Interesse für Meditation und Gebet sichtbar. Die Sehnsucht nach mehr spiritueller Erfahrung, die Ausschau nach Wegen der Heilung und des Heils, wie sie fernöstliche Mystik anbietet, haben auch den Weg zu einem neuen Verständnis für das Gebet mit sich gebracht. Freilich bietet sich hier vor allem der Weg der Meditation an, nachdem er – wie noch zu zeigen sein wird – weit weniger Schwierigkeit mit sich bringt als das christlich bestimmte Bittgebet.

Die Gründe dafür mögen vielfältig sein. Es lohnt sich, hier einigen nachzugehen, um die heutigen Erfahrungen mit dem Gebet besser zu verstehen.

Zunächst hat der Mensch unserer Zeit – entgegen dem Fortschrittsglauben, der das 19. Jahrhundert geprägt hat – erneut *Erfahrung mit den Grenzsituationen* machen müssen, die das persönliche Leben mit sich bringt. Im 20. Jahrhundert wurden viele äußere Probleme gelöst und Wohlstand, soziale Sicherheit sowie zivilisatorische und kulturelle Fortschritte verzeichnet. Doch viele Probleme, die die Existenz des Menschen in seinem Wesen betreffen, sind ungelöst geblieben. Alter, Krankheit, Leiden, Generationskonflikte, Arbeitslosigkeit, Ungerechtigkeit, Gewalt und Krieg geben neue Fragen auf und zeigen, daß der Mensch leicht an Grenzen stößt, die er nicht

[4] Karl Barth: „Religion ist die Angelegenheit des gottlosen Menschen. Der Mensch sucht sich in Gestalt der Religion ein Machwerk zu erstellen und sich mit seiner Hilfe der Macht Gottes zu entziehen“, KD I/2, 327.

[5] Bonhoeffer: Widerstand und Ergebung, 178.

[6] Huber: Kirche, 44–96.

[7] Tillich: Natürliche Religion, 56.

überschreiten kann. Müdigkeit, Resignation, Enttäuschung, Zweifel am Sinn des Lebens machen sich breit. Sie lassen erneut nach den großen Problemen des Lebens fragen, zu denen auch das Gebet gehört. Das Bedürfnis nach so etwas wie einer „seelischen Hygiene“ macht sich in der hektischen und ungesunden Zeit bemerkbar, in der wir heute leben. Der Wunsch, seinem Leben Sinn zu verleihen und Ordnung auch in seinem geistlichen Haushalt zu haben, führt zu den Fragen nach dem Herrn des Lebens und seiner Rolle in unserem Dasein. Die Sehnsucht nach Stille, Ausgleich, Frieden in der unruhigen Welt läßt Ausschau halten nach jenen Dimensionen unserer menschlichen Existenz, durch deren Gegenwart das Leben eine Mitte erhält.

Es sind nun gerade die *Krisen des Menschen*, die eine Chance für eine geistliche Reifung in sich tragen. Die übermäßige körperliche, psychische und berufliche Beanspruchungen, die oft gnadenlosen gesellschaftlichen Anforderungen, die eigene Identitätsproblematik und die Midlife-crisis kennt heute fast jeder Mensch. „Traurig grüßt der, der ich bin, den, der ich sein möchte“ (Friedrich Hebbel). Krisen sind freilich in den verschiedensten Formen anzutreffen: als Rohstoffkrise, als politische Krise, als Ehe- und Beziehungskrise, als Vertrauenskrise überhaupt. Mit den persönlichen Krisen umgehen, sie als geistliche Erfahrung bewältigen, sie als „Leben in wechselnden Ringen, die sich über die Dinge ziehen“ (R.M. Rilke) und schließlich als Aufgabe zu verstehen, an der man wächst, kann den Weg zu einem neuen Begreifen der Bedeutung der Spiritualität eröffnen.

Hier sei schließlich das *Suchen nach Sinn* erwähnt. Seit Menschengedenken drängt sich die Frage nach dem Sinn all dessen auf, was wir erleiden, durchmachen, erleben. Besonders bei familiären oder gesellschaftlichen Schicksalsschlägen, beim Tod eines nahen Menschen, beim Ausbruch eines Krieges oder bei lebenswichtigen Veränderungen stellt der Mensch die Fragen, an denen er vielleicht früher vorüberging. Aber nicht nur in solchen extremen Situationen, sondern auch im Alltag des Lebens stößt er auf diese Problematik. Der Mensch ist deshalb von Kind auf danach aus, Sinn im Leben zu suchen und zu finden, Angst, Schuld und Leiden „einzuordnen“, sich das oft unverständliche, rätselhafte Geschehen in der Welt bewußt zu machen. Søren Kierkegaard sah hinter diesem Motiv ein lebenswichtiges Konzept: „Es gilt eine Wahrheit zu finden, die Wahrheit ist für mich, die Idee zu finden, für die ich leben und sterben will.“[8]

Die Suche nach Sinn wird von einer doppelten Dynamik bestimmt. Gemeint ist die Bewegung in Richtung auf mehr Ganzheit, Integration, Erfüllung und ebenso eine Bewegung in Richtung auf Öffnung, Aufbruch, Erweiterung. Sie ist nach innen und nach außen gerichtet. Darin gleichen sich

[8] Riess: Sehnsucht, 28.

das Suchen nach Sinn und das Streben nach Selbstverwirklichung: Sich treu-bleiben *und* sich wandeln, bei sich sein *und* aus sich hinausgehen ergänzen sich. Dahinter steht die uralte Frage:

> Ich komm', weiß nit woher,
> ich bin und weiß nit wer,
> ich leb', weiß nit wie lang,
> ich sterb' und weiß nit wann,
> ich fahr', weiß nit wohin,
> mich wundert's, daß ich fröhlich bin.[9]

„Ich fahr', weiß nit wohin" – deutet die religiöse Dimension der Sinnfrage an. Nicht nur das äußere, auch das innere Reisen in das Land der Träume, Hoffnungen und Erfüllungen, aber auch die „letzte Reise" ist hier gemeint. *Hermann Hesse* sagt darüber:

> Die Frommen haben doch am meisten davon gewußt. Sie haben darum die Heiligen aufgestellt und das, was sie die ‚Gemeinschaft der Heiligen' heißen. Die Heiligen, das sind die echten Menschen, die jüngeren Brüder des Heilands. Zu ihnen unterwegs sind wir unser Leben lang, mit jeder guten Tat, mit jedem tapferen Gedanken, mit jeder Liebe. Die Gemeinschaft der Heiligen [...] sie ist nichts anders als das, was ich vorher ‚Ewigkeit' genannt habe. Es ist das Reich jenseits der Zeit und des Scheins. Dorthin gehören wir, dort ist unsere Heimat, dorthin strebt unser Herz [...] und darum sehnen wir uns nach dem Tod.[10]

Es trifft zu, was *Paul Tillich* über Religiosität sagt:

> Religiös sein bedeutet, leidenschaftlich nach dem Sinn unseres Lebens fragen und für Antworten offen sein, auch wenn sie uns tief erschüttern [...] Die Wiederbelebung der Religion kann sich zu einer schöpferischen Kraft auswirken, wenn sie uns zur Suche nach der verlorenen Dimension der Tiefe treibt.[11]

Für diesen „menschlichen Aspekt" des christlichen Glaubens, den Tillich als „Religion" und „Religiosität" bezeichnet, hat sich in den letzten Jahrzehnten der Begriff „Spiritualität" durchgesetzt. Eine Fülle von Gestalten und Typen einer neuen Spiritualität tritt offensichtlich an die Stelle der verlorengegangenen traditionellen Frömmigkeit. Das Fremde – etwa die fernöstliche Meditationspraxis – zieht heute viel mehr Menschen an als die christlichen Kirchen. Das war schon vor Jahren Anlaß, auch in Theologie, Kirche und Ökumene dem Phänomen anderer Religionen mehr nachzuge-

---

[9] Lied eines Findelkindes, bei Riess: Sehnsucht, 25.
[10] Hesse: Der Steppenwolf, bei Riess: Sehnsucht, 29f.
[11] Tillich: Die verlorene Dimension, 44.

hen, als das bis dahin der Fall war. Zu der VI. Vollversammlung lud 1983 der Ökumenische Rat der Kirchen erstmals Vertreter anderer Religionen – des Buddhismus, des Hinduismus und des Islam – zur Teilnahme nach Vancouver ein und baute sie mit ihren Beiträgen in das Gesamtgeschehen ein. Die Anfänge dieser neuen Dimension der „Ökumene" waren Überlegungen und Versuche bezüglich des gemeinsamen Betens. *Papst Johannes Paul II.* lud am 27. Oktober 1986 Vertreter der Religionen dieser Welt nach Assisi zu einem „Friedensgebet" ein. Der Papst wollte damit die verschiedenen Religionen der Welt im gegenseitigen Respekt voreinander friedlich versammeln, im gemeinsamen Willen, für den Frieden zu beten und zu arbeiten. Er wollte nicht ein gemeinsames Gebet aller Religionen begründen, und so fanden die Gebete der verschiedenen religiösen Gemeinschaften schließlich an getrennten Orten statt. Dieses Gebettreffen von Assisi und die nachfolgenden Treffen verstanden sich im Einklang mit der Einstellung des II. Vatikanischen Konzils besonders in der Erklärung „Nostra Aetate" über das Verhältnis der Kirchen zu den nichtchristlichen Religionen, womit dem interreligiösen Dialog eine neue theologische Bedeutung beigemessen wurde. Andere Religionen wurden im Sinne dieser Erklärung nicht als feindliche unwahre Ideologien angesehen, sondern als eine gegebene Wirklichkeit, die die anderen Traditionen bereichern können und in denen sich auch Gutes und Heiliges vorfindet. Das erste Nachfolgetreffen, das die Gemeinschaft Sant'Egidio, eine 1968 in Rom gegründete Bewegung, im Jahre 1987 organisierte, hat die Idee des Friedensgebets der Religionen weitergeführt. Verschiedene europäische Städte wurden zu Stationen einer Pilgerreise für den Frieden: 1988 wieder Rom, 1989 Warschau, 1990 Bari, 1991 Malta, 1992 Brüssel, 1993 Mailand, 1994 Assisi, 1995 Jerusalem und Florenz, 1996 wieder Rom, 1997 Padua und Venedig und 1998 Bukarest. Mit der rumänischen Hauptstadt war zum erstenmal ein mehrheitlich orthodoxes Land Gastgeber. Dies fand besondere Aufmerksamkeit, weil sich auch der Präsident des Landes und die orthodoxe Kirche intensiv an der Vorbereitung und Durchführung des Treffens beteiligten.[12] Gerade in einer Zeit der Krise der Ökumene und neu entstandener Probleme im gemeinsamen Gebet zwischen den orthodoxen und den übrigen Mitgliedskirchen des ÖRK war das ein wichtiges Zeichen der Hoffnung.

Das gemeinsame interreligiöse Beten macht erforderlich, daß man sich darüber einig wird, was man darunter versteht. Gemeinsames Beten hat Folgen für andere Formen der Begegnung, die geklärt werden müssen. Ein erster Schritt ist das Verständnis dieses interreligiösen Gebetes, wie es dem „Geist von Assisi" entspricht: die menschliche Verbindung in der Fürbitte für Frieden, die in der Unterschiedlichkeit, aber im Bewußtsein einer ge-

[12] Leineweber: Die Friedensgebete, 318–321.

meinsamen Sache gelebt wird. Ein gewichtigeres Argument ist, daß es beim Beten um den „gleichen Gott“ geht, eine Ansicht, die auch im innerchristlichen Vulgär-Ökumenismus oft vertreten wird, die im Blick auf die anderen Religionen noch schwieriger und fragwürdiger ist. Doch theologisch einwandfrei läßt sich argumentieren, daß sich der Gott Jesu Christi, wie ihn die Christenheit bekennt, allen Betenden zuwendet. In diesem Sinne spricht das erwähnte Ökumenismus-Dekret des II. Vatikanischen Konzils davon, „daß der Heilige Geist sich gewürdigt habe, auch von der römischen Kirche getrennte Kirchen und Gemeinschaften als ‚Mittel des Heils‘ zu gebrauchen. Inwieweit ein gemeinsames Beten mit Nicht-Christen in die Praxis umgesetzt wird, ist eine umstrittene Frage. Hier gibt es noch weiteren Klärungsbedarf, um den sich die ökumenische Theologie noch bemühen muß. Auch hier müßten wir uns zugestehen, daß wir nicht wissen, „was wir beten sollen“, aber der Geist uns „vertritt mit unaussprechlichem Seufzen“. *Papst Johannes Paul II.* hat bei seiner Schlußansprache in Assisi[13] das bekannte, dem Heiligen Franz zugeschriebene Gebet in Erinnerung gerufen:

O Herr, mach mich zu einem Werkzeug deines Friedens,
daß ich Liebe übe, wo man sich haßt;
daß ich verzeihe, wo man sich beleidigt;
daß ich verbinde, wo Streit ist;
daß ich die Wahrheit sage, wo Irrtum herrscht;
daß ich den Glaube bringe, wo Zweifel ist;
daß ich Hoffnung wecke, wo Verzweiflung quält;
daß ich ein Licht anzünde, wo Finsternis regiert;
daß ich Freude bringe, wo der Kummer wohnt.

Ach Herr, laß mich trachten:
nicht daß ich getröstet werde, sondern daß ich tröste;
nicht daß ich verstanden werde, sondern daß ich verstehe,
nicht daß ich geliebt werden, sondern daß ich liebe.
Denn wer da hingibt, der empfängt, wer sich selbst vergißt, der findet,
wer verzeiht, dem wird verziehen und wer da stirbt, der erwacht zum ewigen Leben.
Amen.[14]

Doch es darf ebenso nicht verschwiegen werden, daß auch kirchliche Gemeinschaften nach neuen christlichen Formen geistlichen Lebens und Gestaltens suchen. Gemäß einer Studie einer Arbeitsgruppe des Rates der EKD über „Evangelische Spiritualität“ läßt sich sagen, daß diese sich heute auf drei Ebenen neu angebahnt hat: a) als bibelorientierte evangelische Spi-

[13] Barth: Spiritualität, 107–112.
[14] Schulz: Mit Singen und Beten, 39; 48.

ritualität, die der charismatisch-pfingstlichen Spiritualität verwandt ist; b) als liturgische meditative Erneuerung, die sich zum Beispiel in den evangelischen Kommunitäten neu entfaltet hat; c) als emanzipatorisch-politische Spiritualität, die sich auf die prophetische Tradition beruft und sich in die Solidarität mit den Armen stellt.[15]

Daß sich der Begriff „Spiritualität" in den christlichen Kirchen wie im ökumenischen Zusammenhang durchgesetzt hat, hängt damit zusammen, daß er das, was – besonders im deutschen Raum – mit den traditionellen Begriffen wie „Frömmigkeit", „Religiosität", „Glaubensweise" bezeichnet wurde, wiedergibt. Er meint die anthropologische Dimension einer „Geistes-haltung" wie auch – theologisch – die Geistgewirktheit solcher Geisteshaltung. Neben dem „Woher" christlicher Spiritualität geht es immer auch um das „Wie", „das wahrnehmbare geistgewirkte Verhalten des Christen vor Gott". Ebenso bezeichnet sie „die gelebte Grundhaltung der Hingabe des Menschen an Gott und seine Sache". „Spiritualität" wird so zu einem weitgehend offenen anthropologischen Begriff, der ‚integrales Bewußtsein' gänzlich unabhängig von jeweiligen unabhängigen Inhalten bezeichnen kann".[16]

Auf der Vollversammlung des Ökumenischen Rates der Kirchen 1991 in Canberra wurde u.a. über Spiritualität gesagt, daß sie eine „praktische Dimension" beinhalte und etwas zu tun habe mit „Prioritäten, dem Kalender und dem Lebensrhythmus". Hier heißt es wörtlich:

> Die Menschen sehnen sich zutiefst nach Erfüllung, sie haben ein geistliches Verlangen, das zu werden, was wir nach der Schöpfung sein sollen, in Christus schon sind und noch werden sollten [...] Spiritualität – in ihren vielfältigen Formen – heißt lebenspendende Energie empfangen, geläutert, inspiriert, frei gemacht und in allen Dingen in die Nachfolge Christi gestellt werden.[17]

Zu der hier erwähnten „Praxis der Spiritualität" gehört in erster Reihe das Gebet. – Was ist im Blick auf die „menschliche Dimension" der Spiritualität aus der Sicht der theologischen Anthropologie zu dem Menschen, der betet, zu sagen? Dieser Frage soll im Folgenden nachgegangen werden.

---

[15] Nach der Studie der Arbeitsgruppe des Rates der EKD „Evangelische Spiritualität", bei Ruhbach: Theologie und Spiritualität, 125.

[16] Barth: Spiritualität, 12.

[17] Barth: Spiritualität, 15f.

2. Das Gebet des Menschen aus theologischer Sicht

Der Betrachtung des Gebetes vom menschlichen Wunsch nach Erfüllung und der Suche nach dem Transzendenten, auf die die neu erwachte Spiritualität unserer Tage zurückzuführen ist, steht nun die theologisch-anthropologische Sicht gegenüber. Sie ruft dem Menschen mit seinem Wissen um eine ursprünglich existierende und der ihm gegebenen Gottesverbindung, die im Gebet bewußt gemacht, aktiviert oder gar geläutert wird, die biblische Erkenntnis in Erinnerung: „Es ist das Herz ein trotzig und verzagt Ding, wer kann es ergründen?“ (Jer 17,9) und „Das Trachten und Dichten des menschlichen Herzens ist böse von Jugend auf“ (Gen 8,21). Eine solche Sicht beruft sich dabei etwa auf Paulus, der betont: „Da ist keiner, der gerecht ist, auch nicht einer; da ist keiner, der verständig ist; da ist keiner, der nach Gott fragt.“ (Röm 3,10f) Sie weiß etwas davon, daß der Mensch also Gott gar nicht suchen kann und daß sein Verständnis von ihm, das er freilich in gewissem Sinne hat, weit entfernt ist von dem, was die Bibel damit meint.

Der „Trotz des Herzens“, mit dem *Luther* das hier zugrunde liegende Wort „arglistig“ wiedergibt, meint die Selbstbehauptung des Menschen, die er selbst nicht einsieht und die ihm erst in der Begegnung mit Gott bewußt wird. Von hier aus und nicht so sehr von den „intellektuellen Schwierigkeiten“ ergeben sich die ersten und eigentlichen Probleme beim Beten. Der Trotz, der innere Widerstand des Menschen, der im Beten seine Herrschaftsposition aufgibt, der sich vor einem „höheren Wesen“ demütigt und seine Schwachheit und Verlorenheit zugibt, ist die eigentliche Ursache aller Hemmnisse und Barrieren beim Beten. Darum dürfen die Voraussetzungen zum Gebet und seine Begründung nicht in erster Reihe im Menschen und dessen Sehnsucht, seinem Fragen nach Gott und seiner geistlichen Veranlagung gesucht werden.

Vielmehr muß man die ganze Hilflosigkeit und Bedürftigkeit des Menschen realistisch sehen, wenn man über das Gebet nachdenkt und spricht. Das betont Paulus, wenn er sagt, daß wir im Gebet nicht mehr als das „Abba, Vater“, das kindische, kindliche „Papa“, also ein einfaches Seufzen hervorbringen. Denn es gibt letztlich kein religiöses Vermögen zum Beten, etwas, womit wir uns vor ihm sehen lassen könnten. Im Gebet „kapitulieren wir vor der bedrängenden Nähe Gottes und nicht etwa vor einem beseligenden Gefühl seiner Nähe“.[18]

Beten muß also zum Werk Gottes werden, mit dem er uns in der Schwachheit vertritt, in der wir gar nicht „wissen, was wir beten sollen, wie sich's gebührt“ (Röm 8,26). Hier ist also nicht von dem Gebet als einem

[18] Fürst: Predigt und Gebet, 125.

„Aufschwung des Menschen zu Gott“ oder einer „Leiter“ die Rede, in der es von Stufe zu Stufe näher zu Gott geht, wie es spätere Beter ausgedrückt und dargestellt haben. Damit will Paulus sagen: Wer das ekstatische Gebet – denn darum handelte es sich bei seinen Adressaten – in dem Sinne der Gnostiker versteht, die damit himmlische Wahrheiten zu vernehmen meinten, der täuscht sich über den Sinn, den ihm Gott beilegt: Der Geist Gottes tritt für die ein, die noch unterwegs sind und dem Ziel erst entgegen gehen, indem sie sich „sehnen nach der Freiheit der Kinder Gottes“, nach der inmitten der ganzen Schöpfung auch die Christen seufzen, die doch nur die Erstlingsgaben des Geistes haben (Röm 8,23). Für Paulus ist der Heilige Geist der Geist der Hoffnung, und darum ist alles christliche Beten, das im Heiligen Geist geschieht, in den Horizont der Hoffnung gestellt. In dieser Hoffnung, nicht in der Sehnsucht und im menschlichen Suchen wird unser Beten legitimes Gebet.

Diese Dialektik zwischen der Ferne des Menschen von Gott und der bleibenden Hoffnung, die Gott durch seinen Geist – stellvertretend – gibt, ist die wirkliche Situation des Beters. Theologisch ausgedrückt ist es die Gleichzeitigkeit der Entfremdung des Menschen von Gott und seiner Gottebenbildlichkeit, die ihn auch als Beter charakterisiert. Diese beiden Wirklichkeiten müssen zusammen gesehen und aufeinander bezogen werden.

Ein erschütterndes Beispiel für diesen Zwiespalt, der diese dialektische Gleichzeitigkeit ausmacht und darum als die typische Geschichte des säkularen modernen Menschen bezeichnet wurde, sind die Aufzeichnungen des *Petter Moens,* in dessen Tagebuch aus der Haftzeit. Er wurde als Leiter der Norwegischen Widerstandspresse 1944 von der Gestapo in Oslo eingesperrt und ging auf einem Schiff unter, das ihn in ein deutschen KZ bringen sollte. In seinem Tagebuch stellt er in aller Offenheit und schonungsloser Selbstkritik die Frage, ob man ohne Glauben beten kann. Er schreibt:

> Ich betete nie zu Gott für meine Zukunft, daß ich etwas anderes als der Auswurf werde, der ich mein ganzes Leben lang gewesen bin. Für mich ist dies die Erlösung.

Viele Stellen des Tagebuches zeigen, wie „echt seine Schreie zu Gott sind“ im Blick auf den Inhalt seiner Gebete. Doch weil er ehrlich gegenüber sich selbst sein und sich über seinen „Nicht-Glauben“ nichts vormachen wollte, fragte er sich immer wieder, ob sein Gebet nicht ein Betrug, ein „Wunsch-Mechanismus seiner Seele“, ein psychologisch zwangsläufiges Gedankenspiel sei:

> Kann ich, der wirklich ungläubig ist, beten? [...] Und doch kann ich das nicht glauben. Das Bedürfnis entspringt der Angst und dem Schmerz der Seele. [...] Der Egoismus soll mich also auf den Weg zu Gott führen? [...] Nein, und ich gebe es von dieser Seite her auf [...] Das ist ein furchtbarer Konflikt. Ich will mich nicht selber dazu

narren, zu glauben, weil ich den Glauben nötig habe. Es ist kein „Fehler" des Glaubens, daß er der Angst entspringt, aber er soll ihr mit mindestens derselben Kraft wie ein überzeugender Gedanke entspringen. [...] Zum Schluß noch etwas: Das, worum ich in meiner Not bat – es ist genau so, wie ich es erbat, geschehen. Wenn das so weitergeht, muß ich ja glauben.[19]

Hier wird das Urteil Gottes, daß das Herz ein trotzig und verzagt Ding ist, geradezu analysiert, freilich als Ergebnis eigener Erfahrung, weniger als Gottes Urteil. Und doch hat dieser Mann beten gelernt. Der Geist Gottes hat ihn wohl vertreten „mit unaussprechlichem Seufzen", und worum er bat, ist geschehen. „Geist" ist in der Bibel nicht ein Prinzip oder eine Substanz, sondern ein Geschehen, das seinen Anfang in Gott hat und von ihm ausgeht (Joh 3,8). Geist im Sinne der Worte Jesu an Nikodemus heißt dann,

daß ein Kontakt hergestellt wird und der Stromkreis zwischen Gott und dem Beter geschlossen wird. Geist heißt, daß der Strom der brennenden väterlichen Liebe Gottes, die wir nie hätten ausdenken können, sich über uns und in uns ergießt [...]. Geist heißt, daß auch dann, wenn wir uns leer und kalt vorkommen, doch die Bewegung von Gott her auf uns übergreift und uns in Bewegung bringt [...] Wenn Gott uns sucht und nicht menschenlos sein will, welcher Mensch kann sich dann mit letztem Ernst gottlos nennen? [...] Dann ginge das Beten an, das eben nicht das von uns selbst entzündete und vom schwächsten Wind sofort ausgelöschte Kerzenlicht, sondern das Aufflammen der Lampen ist, in die der elektrische Strom fährt.[20]

Mit anderen Worten: Die Begründung des Gebets liegt in Gott selbst und nicht im Menschen, auch nicht in seinem Glauben oder Unglauben, nicht einmal in seiner Verlorenheit, Schwachheit und Unfähigkeit, Gott zu nennen und zu erkennen. Schon auf den ersten Seiten der Bibel wird deutlich, daß der erste Akt des Menschen ein Akt des Entgegennehmens und eine Antwort auf das Wort Gottes ist: Als Gott die erschaffene Gefährtin zum Menschen führte, sprach der Mensch: „Das ist doch Bein von meinem Bein und Fleisch von meinem Fleisch" (Gen 2,32). Gemeint ist das „Entsprechen", Gott als Ebenbild gegenüberzustehen, selbständig und doch auf ihn bezogen, in eine Relation zu ihm gesetzt zu sein. Darum hat *Manfred Seitz* Beten als „Wiederanbrechen der Entsprechung" bezeichnet.[21] Diese Entsprechung hat viele Weisen, sich zu artikulieren, vor allem durch „Bitte, Gebet, Fürbitte, Danksagung" (2Tim 2,1). Im Gebet kommen wir zu ihm, weil er nach uns fragt, weil er sich auf uns zu bewegt, sich uns „zuwendet". Wir dürfen ihn suchen, weil er uns sucht und gefunden hat. In diesem

[19] Fürst: Predigt und Gebet, 111–115.
[20] Fürst: Predigt und Gebet, 120.
[21] Seitz: Praxis des Glaubens, 212.

Sinne kann *Blaise Pascals* berühmtes Gebet ergänzt werden: „Du würdest mich nicht suchen, wenn Du mich nicht schon gefunden hättest.“[22] Wer betet, liefert sich Gott aus. Joh 4,24 steht für „Anbeten“ im Sinne von „Kniefällig werden“, im Griechischen „Proskynein“, und das heißt im Beten das Wort Kapitulation. „Das wahre Beten ist ein Kapitulieren vor der Liebe Gottes, die uns zugesagt ist und darum unter allen Umständen gilt“.[23]

3. Beten als Mitarbeit am Werk Gottes

Von der Voraussetzung her, daß das Beten des Menschen letztlich nicht einer Veranlagung und einem Bedürfnis entspringt, und darum das erste, was vom Menschen zu sagen ist, dies sein muß, daß er Gott trotzt und sich gegen ihn auflehnt, soll nun sein Beten als „Wiederanbrechen der Entsprechung“ näher ins Auge gefaßt und beschrieben werden.

Theologisch betrachtet geht es hier darum, das Gebet unter dem Gesichtspunkt des Verhältnisses zwischen der Schöpfergüte Gottes und dem Geschöpfsein des Menschen zu sehen. *Luther* verstand den Menschen gleichzeitig als Sünder und Gerechten, „simul iustus et peccator“. Als Sünder ist er unfähig zum Gebet, als von Gott Gerechtfertigter darf und kann er sich im Gebet Gott nähern. Das Gebet widerspiegelt also das ganze Paradox der christlichen Existenz. Dementsprechend sprach *Luther* davon, daß sich das Gebet nicht nur „an Gott“, sondern auch „gegen Gott“ richtet. Der Christ muß sich daran gewöhnen, „zu Gott wider Gott zu fliehen“, und zwar aufgrund seiner Anfechtung. Insofern ist das Gebet ein Werkzeug des anfechtenden Werkes Gottes oder des „fremden Werkes“ Gottes. Während Gott durch die Anfechtung des Gesetzes sein „fremdes Werk“ ausüben will, beabsichtigt der Teufel den Menschen zur Verzweiflung zu bringen. Aus dieser Verzweiflung heraus meint der Mensch, nicht beten zu können, sondern das Gebet aufschieben zu müssen, bis er besser dafür ausgerüstet ist, vor das Angesicht Gottes zu treten. Was dem Menschen also zuweilen als Abwendung Gottes erscheint, ist in Wirklichkeit die eigene Flucht des Menschen vor dem Zorn Gottes, die zum Aufgeben des Gebetes führt. Im Gebet wird darum nicht nur der Teufel überwunden, sondern auch Gott, das heißt der ihm feindlich erscheinende Gott. Das Gebet verwandelt also das falsche Gottesbild. Denn Gott wirkt „sub contrario specie“. Im Gebet nimmt der Mensch das Urteil des zornigen, fremden Gottes auf sich und wendet sich dem Gott zu, der in Christus der Retter und Erlöser ist. Wenn sich der Christ im Gebet auf diese Weise dem Gericht Gottes stellt, nimmt sein Ge-

[22] Heiler: Das Gebet, 226.
[23] Fürst: Predigt und Gebet, 122.

bet die Gestalt des Sündenbekenntnisses an. Im Sündenbekenntnis ist der Christ mit Christus konform.

Diese Stellung des Beters wird von *Luther* häufig als „Mitarbeit" beschrieben. Luther verstand den Menschen als ein Werkzeug Gottes, der in seinem Beruf zum Mitarbeiter („Kooperator") Gottes wird, im Sinne des Wortes von Paulus an die Korinther: „Wir sind Gottes Mitarbeiter" (1Kor 3,9; vgl. auch 2Kor 6,1). Dieser Gedanke darf nicht gegen den Glauben an Gottes Allwirksamkeit ausgespielt werden, sondern wird bei Luther als Ausdruck dafür verstanden, daß Gott im Gebet selbst alles tut. Er veranschaulicht es mit Bildern. Zum Beispiel: Wenn Menschen ihre Stadt befestigen, macht Gott gleichzeitig die Tore fest. Oder: Die Menschen sollen arbeiten und Gott die Frucht geben lassen. Sie sollen regieren und Gott das Glück geben lassen. Sie sollen kämpfen und Gott den Sieg geben lassen. Das heißt: Gerade durch die Arbeit der Menschen bewirkt Gott selbst alles, aber der Beter ist in sein Werk „eingebaut".[24] Diese „Kooperation" ist nur durch das Gebet möglich. Das Versäumnis des Gebetes schließt also Gott von der Arbeit aus. Das Gebet ist die Tür „durch welche Gott, der Schöpfer und der Herr, neugestaltend hineinsteigt in Haus, Gemeinwesen und Arbeit".[25] Wenn Arbeit ein Zusammenspiel zwischen dem Göttlichen und dem Menschlichen sein soll, so setzt dies voraus, daß sich der Mensch seiner begrenzten Rolle und der Bedeutung des Gebets für die Art, wie er sich in dieser Rolle zu verhalten hat, bewußt ist.

Die Frage des Verhältnisses zwischen Gottes rechtfertigendem Tun und dem Menschen als Empfänger der Gnade wird bei Luther also gerade so beantwortet, daß das Gebet den Menschen zum Mitarbeiter Gottes macht, indem er den Menschen zum Bewußtsein bringt, daß er in seinem Beruf ein Werkzeug Gottes ist und auch dadurch, indem er ein Glied in dieser Kooperation ist, mit dem der schöpferischen Aktivität Gottes eine Tür geöffnet wird. Das ist eine zutreffendere Veranschaulichung und Beschreibung des Gebets als mit der Rede von Gottes Wort und des Menschen Antwort, die freilich auch im Horizont der Theologie Luthers liegt.

Von hier aus, nämlich vom Verständnis des Gebets als Geschehen zwischen Schöpfer und Schöpfung und der Rede von der „creatio continua" wird auch das Gebet entsprechend als „oratio continua" verstanden. Nachdem das Werk des Teufels ein kontinuierliches ist, das darauf zielt, Gottes Schöpfung zu verachten, bedarf es auch eines kontinuierlichen Gebets, um dem entgegenzuwirken. Nach Luther wird das Schöpfungswerk durch den Beruf des Menschen fortgesetzt (creatio continua), wie die Erklärung zum ersten Glaubensartikel in seinem „Kleinen Katechismus" sagt („Für all das

[24] WA 31, I, 436.
[25] Wingren: Beruf, 125.

ich ihm zu danken und zu loben und dafür zu dienen und gehorsam zu sein schuldig bin"). Darum ist auch vom Alltag unseres Berufs- und Arbeitslebens als Entsprechung zu diesem „kontinuierlichen Schaffen" Gottes unser „kontinuierliches Gebet" notwendig, das in der Übung des „immerwährenden Gebetes" eine konkrete Ausprägung gefunden hat.[26]

Diese Ausführungen zeigen, daß das Problem des Gebets eng mit dem des Glaubens zusammenhängt. Darum beginnt *Luther* sein „Betbüchlein" von 1522 mit einer Auslegung der Gebote, der Glaubensartikel und des Vaterunsers. Im ersten Teil lernt der Christ, was er tun und lassen soll. Zweitens muß er wissen, von wo er hierzu die Kraft erhält, und drittens, wie dies geschehen soll. Dies verdeutlicht er mit dem Bild des Arztes und des Kranken: Die Gebote zeigen dem Menschen seine Krankheit, der Glaube, wo die Heilung ist, und durch das Gebet macht er sich diese Heilung zu eigen. Die Verhältnisbestimmung zwischen dem Tun Gottes und der Re-Aktion des Menschen (Glaube – Gebet) wird freilich in der Theologie Luthers auch anders gedeutet. So kann das Gebet etwa auch unter dem Gesichtspunkt des „Opfers" beschrieben werden.[27] Ebenso kann man das Gebetsverständnis Luthers auch im Zusammenhang mit der Lehre vom Wort Gottes beschreiben als des „Menschen Antwort auf Gottes Rufen".[28] Wichtig ist jedoch, daß Luther mit seiner These von der „Kooperation" des Menschen am Werk Gottes im Gebet die schwerwiegende Frage, die uns in diesem Zusammenhang beschäftigt, einer hilfreichen Erklärung entgegengeführt hat.

Von einer ähnlichen Position her hat auch *Paul Tillich* seine Meinung zu dieser Frage über das Gebet formuliert. Auch nach ihm ist das Gebet vom Menschen aus unmöglich. Aber es ist gleichzeitig wahr, daß es menschliches Gebet gibt, weil Gottes Geist es ist, „der durch uns betet, wenn wir zu ihm beten".[29] Die Kluft zwischen Gott und uns kann nur durch Gott selbst überbrückt werden. Das ist das „Paradox des Gebets", daß der, „der durch uns spricht, der ist, zu dem wir sprechen".[30] Das hat Paulus betont, wenn er von der menschlichen Unfähigkeit zum richtigen Beten spricht und vom göttlichen Geist sagt, daß er die Betenden vor Gott vertritt „mit unaussprechlichem Seufzen" (Röm 8,26). Diese Redeweise des Apostels bringt zum Ausdruck, daß Gott mehr von uns weiß als das, was uns bewußt ist:

---

[26] Wertelius: Oratio continua, 167. Der synergistische Streit der reformatorischen und nachreformatorischen Zeit, der jede Kooperation für das Heil des Menschen verwirft, liegt auf einer anderen Ebene.

[27] Vajta: Die Theologie, 298f.

[28] So H. Beintker, bei Wertelius: Oratio continua, 15.

[29] Tillich: Das neue Sein, 130.

[30] Tillich: Systematische Theologie, Bd. 3, 223.

Gerade weil jedes Gebet vom Menschen aus unmöglich ist, gerade weil es tiefere Schichten unseres Seins vor Gott bringt als die Schicht unseres Bewußtseins, geschieht etwas in ihm, was nicht durch Worte ausgedrückt werden kann. Worte stammen aus unserem Bewußtsein, und wir gebrauchen sie *mit* Bewußtsein; deshalb sind sie nicht das *Wesen* des Gebets. Das Wesen des Gebets ist das Handeln Gottes, mit dem er in uns wirkt und unser ganzes Sein zu sich erhebt. Die Art, wie das geschieht, nennt Paulus „Seufzen". Seufzen ist der Ausdruck der Schwachheit unserer kreatürlichen Existenz. Nur im Ausdruck wortlosen Seufzens können wir uns Gott nähern, und selbst diese Seufzer sind Gottes Werk in uns.[31]

Dies ist die wichtigste Voraussetzung dafür, daß wir vom Gebet des Menschen und vom Menschen des Gebets sprechen dürfen. Der Mensch kann das Gebet nicht bewirken, weil er nicht weiß, wie er beten soll. Aber der Geist Gottes kann durch den Menschen beten, selbst dann, wenn der Mensch keine Worte zum Beten findet oder ohne Worte bleibt, weil der Geist Gottes ihn dabei vertritt. Das „unaussprechliche Seufzen" übersetzt Tillich mit „Seufzern, die zu tief sind für Worte".[32] Schon von hier aus wird der Ansatz deutlich, der in den folgenden Darlegungen in immer neuen Facetten ausgeführt werden soll: Daß das Subjekt-Objekt-Schema, nach dem Gebet bloß „Sprechen zu jemand anderem" ist, überwunden werden muß. Nicht nur, daß der, der durch uns spricht, derselbe ist, zu dem wir sprechen, mehr noch: Auch die „objektivierende und subjektivierende Sprache" und darum auch die Zweideutigkeit der Sprache (einschließlich der lautlosen Sprache des Selbstgesprächs) muß überwunden, „transzendiert" werden. Nach Tillich geschieht das dort, wo das Gebet auch das Element der „Kontemplation", das „Stiefkind im protestantischen Gottesdienst", aufnimmt. Die Transzendierung des Subjekt-Objekt-Schemas im Gebet ermöglicht die „Kontemplation", weil in ihr das „Paradox des Gebets" offenbar wird: „Die Identität und Nicht-Identität dessen, der betet, mit dem, zu dem gebetet wird – Gott als Geist".[33] Erst von hier aus findet die schwierige Frage nach dem Wesen des Gebets, die durch die Gebet- und Sprachlosigkeit des Menschen und die Schwierigkeiten des Betens überhaupt gegeben ist, eine Antwort.

---

[31] Tillich: Das neue Sein, 130.
[32] Tillich: Das neue Sein, 128.
[33] Tillich: Systematische Theologie, Bd. 3, 223f.

III. Die Quelle des Gebets

Kein Beter fängt beim Nullpunkt an. Er steht in einer großen Gebetstradition. All unser Beten ist davon bestimmt und geprägt. Es hat seinen Grund und seine Norm in der Bibel des Alten und des Neuen Testaments. Das Gebet ist – wie der Glaube überhaupt – überliefert, ohne dadurch seine Aktualität zu verlieren, weil es immer neu aktualisiert wird. Es gibt – bewußt oder unbewußt – einen Traditionsbezug des Betenden zu den Vätern und Müttern des Glaubens, der uns in der Heiligen Schrift und in der darauffolgenden Überlieferung der kirchlichen Lehre entgegentritt, weil die Quelle *(die biblische Überlieferung)* mit dem Strom *(der Tradition)* immer mitgeht. In diesem Sinne ist hier von der „Quelle des Gebets" die Rede. Dies bezieht sich auf die Sprache des Gebets, auf geprägte Formeln und Formulare, auf Typen und Weisen des Gebets und vor allem auf unser jeweiliges Verständnis des Gebets.

1. Ein Blick auf das Alte Testament

Die Vielfalt dessen, was Gebet bedeutet, veranschaulicht das Alte Testament besonders gut. Darauf weist schon die Tatsache hin, daß das Alte Testament etwa zwanzig verschiedene Begriffswurzeln mit dem Phänomen des Betens in Zusammenhang bringt. Beten bezeichnet das Alte Testament als eine Fülle von Verhaltensmöglichkeiten und Ausdrucksformen, die in der alttestamentlichen Theologie unter dem Begriff einiger grundlegenden „Gattungen" zusammengefaßt werden, so daß man von Anbetung, von Lob- und Dankgebeten oder von Bittgebeten spricht. Im Alten Testament, besonders in den Psalmen, kann eindrücklich beobachtet werden, daß die Art der Gebete eines Menschen durch das zu erklären sind, was diesen Menschen bewegt. Der Anblick einer wunderbaren Landschaft mag ihn dazu bewegen, auszurufen:

> Herr, unser Herrscher, wie herrlich ist dein Name in allen Landen, der du zeigst deine Hoheit am Himmel! ... Wenn ich sehe die Himmel, deiner Finger Werk, den Mond und die Sterne, die du bereitet hast: was ist der Mensch, daß du seiner gedenkst, und des Menschen Kind, daß du dich seiner annimmst? (Ps 8,2.4–5)

Und nach erfahrener Rettung aus Not, Krankheit oder Gefahr, werden Gefühle der Dankbarkeit und des Lobes zu Gott im Menschen lebendig:

Lobe den Herrn, meine Seele, und was in mir ist, seinen heiligen Namen! Lobe den Herrn, meine Seele, und vergiß nicht, was er dir Gutes getan hat. (Ps 103,1f) Danket dem Herrn; denn er ist freundlich, und seine Güte währet ewiglich. (Ps 106,1 und 107,1)

In Lagen der Bedängnis und Bedrohung, in Angst oder Schrecken schreien wir auf:

Hilf mir eilends! Sei mir ein starker Fels und eine Burg, daß du mir helfest! Denn du bist mein Fels und meine Burg, und um deines Namens willen wollest du mich leiten und führen. Du wollest mich aus dem Netze ziehen, das sie mir heimlich stellten; denn du bist meine Stärke. (Ps 31,3)

Zu dem zwanglosen „Ausschütten des Herzens" vor Gott, jenem spontanen Ausdruck unserer Anliegen und Nöte, kommt die Tatsache hinzu, daß Gebete seit Jahrhunderten und Jahrtausenden von der Glaubensgemeinschaft formuliert wurden. Im Beten wird auf die Tradition des Gebets des Gottesvolkes zurückgegangen, wie sie schon am Sinai vorhanden war, ja schon den Erzvätern bekannt war. „Das Gebet, das ich an Gott richte", so sagt der jüdische Theologe *Jakob P. Petuchowski*, ist in der Tat mein Gebet, „aber es ist ebenso ein Faden des Schmuckteppichs, an dem ganze Generationen meiner Ahnen gewebt haben, und der sich den vielen anderen Fäden einreiht, die meine Mitjuden aus allen Teilen der Welt in diesem Moment dazubeten. Mit anderen Worten: Wenn ich betend vor Gott stehe, stehe ich nicht allein. Ich stehe in der Gemeinschaft mit meinem Volk – eine Gemeinschaft, sichtbar und unsichtbar, die Raum und Zeit umfaßt."[1]

Selbst die Psalmen, die man lange Zeit wegen ihrer poetischen Schönheit und der tief empfundenen Frömmigkeit in besonderem Maße für original gehalten hat, wurden – wie die Psalmenforschung heute annimmt – von Psalmendichtern komponiert, denen es nicht auf Originalität, wie dem modernen Menschen, ankam, sondern auf getreue Wiedergabe der Ausdrucksformen des Glaubens, die sich in der gottesdienstlichen Praxis des Gebets finden ließen. Sie sind in ihrer heutigen Gestalt also nicht private Gebete, in denen tiefe Verzweiflung, Not und Klage ebenso wie Jubel über Errettung oder Gewißheit des Vertrauens spontan zum Ausdruck kommen. Es handelt sich bei den Psalmen vielmehr um vorgegebene Muster für eine bestimmte Gebetskultur durch das Auftreten immer wiederkehrender Situationen im

[1] Petuchowski: Wie Juden beten, 19.

Menschenleben wie Krankheit, Gerichtsnot, Naturkatastrophen, Bedrängnis durch Feinde, Gefahr für die eigene Person wie für die Gemeinschaft. Diese vorgeformten Modelle standen dem Beter zur Verfügung und ermöglichten es ihm, seine eigene Notlage darin wiederzufinden und in entsprechender Weise seinem Gebet um Hilfe Ausdruck zu verleihen. Diese Rolle hat der Psalter bis heute in der christlichen Kirche für den Gottesdienst und die Liturgie behalten. Der Traditionscharakter der Psalmen erweist sich daher am deutlichsten in seiner Wiederverwendbarkeit als Gebetsformular durch alle Zeiten hindurch. Darum ist die Frage der Entstehungszeit und der Herkunft eines Psalms oft schwer zu klären.[2]

Daß Psalmen „tradiert“ wurden, wird auch aus den später entstandenen Überschriften deutlich. Häufig werden Verfasser genannt und damit der Psalm auf ein bestimmtes ehrwürdiges Vorbild zurückgeführt, vor allem auf David. David war jener König, der nach seiner heimlichen Salbung zum König Saul gerufen wurde, der von einem bösen Geist geplagt war, um ihn mit seinem Harfenspiel davon zu befreien. Jedesmal, wenn er in einem solchen Fall zur Harfe griff, wich der böse Geist von Saul. Das mag der Anfang der Psalmendichtung Davids gewesen sein, der dazu führte, daß man ihm von den 150 Psalmen des „Psalters“, des „Gebetbuchs der Bibel“[3] – einer der jüngsten Schriften des Alten Testaments – 73 zuschrieb. Außerdem werden zwölf Psalmen dem von David angestellten Sangmeister Asaph, zwölf der unter David wirkenden levitischen Sängerfamilie der Kinder Korah, zwei dem König Salomo und vielleicht einer dem vermutlich unter David und Salomo tätigen Musikmeister Heman und Ethan zugeschrieben. Sie standen am Anfang einer Tradition der Erfassung von Texten, die wohl auf ältere Vorlagen mündlicher Überlieferung zurückgehen, die heute zeitlich kaum noch genau zu bestimmen sind. Für uns Heutige kann daraus abgelesen werden, daß der Beter in den geheiligten Worten der Tradition seine ganz persönliche aktuelle Situation zur Sprache zu bringen imstande ist.

Für das Gebetsverständnis des Alten Testaments ist bedeutsam, daß hier dem Reden des Beters das „Hören“ vorangeht. Das Gebet des frommen Israeliten – das dreimal täglich verrichtet wurde – beginnt mit dem Aufruf „Höre, Israel: Er, unser Gott, ist einer!“ Das liturgische Gebet des alttestamentlichen Frommen und des heutigen Juden ruft, bevor es noch Gott um sein „Hören“ bittet, den Beter und die betende Gemeinde zum Hören auf. Dieses sogenannte „Sch^{e}ma“ besteht aus folgenden biblischen Stellen: Dtn 6,4–9; 11,13–21, Num 15,37–41. Die erste, grundlegende Stelle lautet nach der Lutherbibel:

---

[2] Reventlow: Das Gebet, 298–303.

[3] Bonhoeffer: Das Gebetbuch, 6f.

Höre, Israel, der Herr ist unser Gott, der Herr allein. Und du sollst den Herrn, deinen Gott, liebhaben von ganzem Herzen, von ganzer Seele und von all deiner Kraft. Und diese Worte, die ich dir heute gebiete, sollst du zu Herzen nehmen und sollst sie deinen Kindern einschärfen und davon reden, wenn du in deinem Haus sitzt oder unterwegs bist, wenn du dich niederlegst oder aufstehst. Und du sollst sie binden zum Zeichen auf deine Hand und sie soll dir ein Merkzeichen zwischen deinen Augen sein, und du sollst sie schreiben auf die Pfosten deines Hauses und die Tore.

Aus dem Inhalt dieser Worte wurde die Pflicht abgeleitet, jene Stelle zweimal täglich zu sagen („wenn du dich niederlegst und wenn du aufstehst"). Diese Worte waren eingebunden in einen Rahmen von Segenssprüchen, die die große Bejahung von Schöpfung, Offenbarung und Erlösung zum Inhalt haben.[4] Ferner ergibt sich daraus, daß das Gebet nicht nur Gefühlsausdruck, sondern eine regelrechte Verpflichtung ist, auch wenn die Pflicht zum Beten im Alten Testament nicht ausdrücklich als Gebot vorkommt. Das „Sch^{e}ma Israel" macht also deutlich, daß unser Reden im Gebet mit dem Hören beginnt. Das schließt freilich nicht aus, daß diesem Hören-Können das Schweigen und Staunen vorausgeht, wie ebenfalls die Psalmen zeigen, die keine Anrede enthalten, sondern – wie am Psalm 8 veranschaulicht wurde – Meditation über Gottes Macht und Herrlichkeit und des Menschen gleichzeitige Hoheit und Niedrigkeit sind (vgl. auch Ps 19,2: „Die Himmel erzählen die Ehre Gottes und die Feste verkündigen seiner Hände Werk"). Im „Jüdischen Gebetbuch" wird das „Sch^{e}ma" durch Lobsprüche eingeleitet, die die Eigenart und den Reichtum des jüdischen Gebets eindrücklich darstellen. Hier ein Beispiel:

Gepriesen seist du, Ewiger, unser Gott, du regierst die Welt. Du läßt das Licht scheinen, aber schaffst auch die Finsternis; du bringst Frieden, du schaffst alles. Alles lobt dich und alles preist dich, alles sagt: Nichts ist heilig wie der lebendige Gott! Du gibst der ganzen Welt und allen ihren Bewohnern Licht, und durch deine Güte erneuerst du deine Schöpfung Tag für Tag. Wie zahlreich sind deine Werke, Gott. Sie alle hast du in Weisheit gemacht. Die Erde ist erfüllt mit deinem Eigentum. Gott, du allein bist erhöht seit jeher. Du wirst gepriesen und verherrlicht und erhoben seit den Tagen der Vorzeit. Ewiger Gott, in deinem großen Erbarmen erbarme dich über uns. Gott, du bist unsere Kraft. Du bist der Fels, den wir als Zufluchtsort haben. Du bist der Schutzschild zu unserem Heil. Du allein bist unsere Zuflucht! Gepriesen seist du, Ewiger. Du schaffst das Licht.[5]

Diese Auffassung vom Gebet hat auch das christliche Gebetsverständnis entscheidend geprägt. Dazu gehört, daß der alttestamentliche Beter einen

---

[4] Petuchowski: Wie Juden beten, 37.

[5] Magonet: Das jüdische Gebetbuch, 87.

unbefangenen Umgang mit „anthropomorphen" Vorstellungen von Gott pflegt: Gott hat „Ohren, die aufmerken und zuhören" (Ps 94,9: „Der das Ohr gepflanzt hat, sollte der nicht hören?"), so wie er auch einen starken Arm hat, mit dem er eingreifen und handeln kann (Ps 79,11; 89,11.14; 98,1). Dem handelnden, nicht nur dem redenden Gott werden ebenso eine Reihe von „Anthropomorphismen" zugedacht: Er pflanzt (Gen 2,8), läßt regnen (Gen 2,5), tötet (Ex 4,23f), wischt Tränen ab (Jes 25,6), heilt (Gen 20,17; Jer 30,17), macht Eva und Adam Röcke und zieht sie ihnen an (Gen 3,21), er vertreibt (Gen 3,24) und zerstört (Gen 19,19). Ebenso verwirft er (Hi 36,5), verstößt (Ps 43,2), verflucht (Gen 2,14), tröstet (Ps 86,17), straft (Gen 7,4), segnet (Gen 1,22), rächt (Ps 51,36) und rettet er (Hi 5,15; Jer 15,20). Er wird als Vater, König oder Freund vorgestellt. Gleichzeitig aber ist für das Gebet des alttestamentlichen Menschen wichtig, daß er sich von Gott „kein Bildnis noch Gleichnis" machen darf. Dadurch ist sein Gebetsverständnis nicht auf das Schema eines „Ich-Du-Gesprächs" beschränkt.[6] Nicht nur Antwort auf die Bitte und nicht nur re-agierendes Du auf das Ich ist Gebet. Es ist ebenso Erfahrung der Geborgenheit (Ps 139,8ff), Vergewisserung des Schutzes und der Hilfe Gottes. Daß Gott sich selbst den Menschen zuwendet, wird zunehmend wichtiger als daß er einem „etwas zuwendet": „Gottes Güte ist besser als Leben" (Ps 63,4) weiß der Beter. Ebenso bekennt er: „Wenn ich nur dich habe, frage ich nichts nach Himmel und Erde. Wenn mir gleich Leib und Seele verschmachtet, so bist du doch, Gott, allezeit meines Herzens Trost und mein Teil." (Ps 73,25f)

Der betende Mensch spricht zu Gott klagend und lobend, wie von Person zu Person. Dies wird auf alle mögliche Art und Weise ausgedrückt, als Schreien, Seufzen, Stöhnen, Weinen, Preisen, Danken, Jubeln, Jauchzen, Spielen, Singen. Oft sind es Grenzsituationen, die das Gebet zu Gott auslösen und Lob oder Klage gegenüber Gott hervorrufen.[7] Daraus entstehen Klage-, Dank- und Loblieder (Hymnen).

Die frühesten *Klagelieder* gehören wohl zu den ältesten Gebetsstücken des Alten Testaments. In den alttestamentlichen Klagen spricht sich oft eine erschütternde Gottesferne aus. Diese ist allerdings nie Gottlosigkeit. Selbst wenn der Beter die Ferne Gottes erfährt, weiß er, daß es der bekannte Gott ist, dessen Nähe er schon erlebt hat, der aber jetzt schweigt, scheinbar ohnmächtig ist und nicht eingreift. Der Beter ist verzweifelt, gerade weil er vom gnädigen Gott weiß, der sich diesmal fernhält. Mit seinem Klagelied weiß er sich in der Tradition und Solidarität der unzähligen Leidenden, die vor ihm ähnliches erfahren haben. Die individuellen Klagelieder sind von einer eigentümlichen Dialektik bestimmt: Sie geben einer Leiderfahrung

[6] Vgl. H. Heller: Das Gebet im Alten Testament, bei: Barth, Wohin – woher, 124.

[7] Mössinger: Zur Lehre des christlichen Gebets, 78f.

Ausdruck, die bis in die Tiefen der Existenz hinabreicht und den Beter nahezu zerbrechen, und sprechen doch gleichzeitig aus einer Gottverbundenheit heraus, die trotz der zeitweisen Verborgenheit Gottes nie abreißt. Sie sind also nie hoffnungslos. Sogar der in Form einer Selbstverfluchung gekleidete Todeswunsch des Hiob (Hi 3) ist – im Zusammenhang des Hiobdialogs gelesen – nicht nihilistisch. Er richtet seinen Schrei gegen einen verschlossenen Himmel, aber er weiß, daß in diesem Himmel ein Gott wohnt.[8] Am eindrucksvollsten ist wohl der Psalm 22, dessen Anfang Jesus am Kreuz betete: „Mein Gott, mein Gott, warum hast du mich verlassen?", und der so weitergeht: „Ich schreie, aber meine Hilfe ist ferne" (Ps 22,2).

Ein anderes Anliegen der alttestamentlichen Gebete ist das Danken. Die *Danklieder*[9] spiegeln die Situation nach dem helfenden Eingreifen Gottes wider. Die häufigste Form des Dankliedes enthält einen Rückblick auf die Not. Mit dem Eingreifen Gottes sind auch die zwischenmenschlichen Beziehungen wieder in Ordnung. Die Aufnahme in die Gemeinschaft der Freunde und Angehörigen durch das gemeinsame Opfermahl ist möglich, nicht weil der von Gott Angenommene von ihnen akzeptiert wird, sondern weil Gott sich erneut zu ihm bekannt hat. Beim Dankgebet wird besonders deutlich, daß dieses im Zusammenhang mit der Darbringung des Opfers im Tempel gebetet wurde, wahrscheinlich als Begleittext beim Handlungsteil des Opfers. Dieser Zusammenhang kommt im Ps 50,14–15 zum Ausdruck: „Opfere Gott Dank und erfülle dem Höchsten dein Gelübde, und rufe mich an in der Not, so will ich dich erretten, und du sollst mich preisen." Überhaupt muß der „kultische Hintergrund" des alttestamentlichen Gebets beachtet werden, der vor allem bei Psalmgebeten offensichtlich ist.

Als die Form des Gebets, die sich am deutlichsten auf das Gegenüber des Beters, Gott, konzentriert, gilt im Alten Testament *der Hymnus* (*das Loblied*). Es ist grundsätzlich ein Gebet der ganzen Gemeinde. In ihm wird in darstellender Weise von Gottes Macht und seinen Taten gesprochen. Dabei geschieht es zwar häufig in der beschreibenden Form (im „Er-Stil"), doch der Übergang in die direkte Anrede der „Du-Form" ist ebenso üblich. Im Lob ist jede Unruhe gestillt, sind alle Bitten verstummt. Hier liegt die Betonung darauf, daß Gott nahe ist, angeredet werden darf, daß man Gemeinschaft mit ihm haben kann. Es ist festgestellt worden, daß im alttestamentlichen Gebetsgeschehen – das in der vorexilischen Zeit vorwiegend im Tempel, später mehr und mehr auch an anderen Orten seinen Platz hatte – das *fortgehende Lob* den Cantus firmus bildet, auf den die Klage als wech-

---

[8] Reventlow: Das Gebet, 307.

[9] Auf die kontroverse Diskussion über die Einteilung der alttestamentlichen Gebete in verschiedene Gattungen kann hier nicht eingegangen werden.

selnde Melodie immer bezogen bleibt. Das wird unübertrefflich im 113. Psalm zum Ausdruck gebracht:

Halleluja! Lobet, ihr Knechte des Herrn, lobet den Namen des Herrn!
Gelobt sei der Name des Herrn von nun an bis in Ewigkeit!
Vom Aufgang der Sonne bis zu ihrem Niedergang sei gelobet der Name des Herrn.

Nach *Henning Graf Reventlow* hat das Loben den ersten Rang vor dem Bitten und Danken. Neben dem Hymnus, der das Lob der ganzen Gemeinde vor Gott trägt, hat sich das *„Vertrauenslied"* entwickelt, in dem der einzelne eine Weise gefunden hat, in der sich seine ganze persönliche Beziehung zu Gott ausdrückt. Das schönste Beispiel hierfür ist der 23. Psalm:

Der Herr ist mein Hirte, mir wird nichts mangeln. Er weidet mich auf einer grünen Aue und führet mich zum frischen Wasser. Er erquicket meine Seele. Er führet mich auf rechter Straße um seines Namens willen.

Daß solche Lieder in den Psalter aufgenommen wurden, zeigt, daß er nicht nur für den öffentlichen Kultus bestimmt war.[10]

Zusammenfassend kann über das alttestamentliche Gebetsverständnis gesagt werden, daß es hier nicht in erster Linie um den Menschen, sondern um Gott, um dessen Verherrlichung (im „Lob" des Hymnus) geht. Der Hymnus, der im alttestamentlichen Beten eine zentrale Rolle spielt, ist nicht anthropologisch, sondern theologisch orientiert. Das gilt auch für das Danklied, in dem, von der erfahrenen Hilfe her, der Beter seinen Blick zwar häufig zurück auf die durchlittene Not wendet, aber vor allem auf Gott sieht, dem Dank dafür gebührt, der mit dem Opfer abgestattet wird (Ps 50,14: „Opfere Gott Dank"). Für das Alte Testament ist darum entscheidend, daß sich das Gebet an Gott wendet, von dem es durch Klage und Bitte Hilfe und Errettung erwartet. Daraus ergibt sich für die Gottesvorstellung des Alten Testaments, daß es in ihr nicht um einen „Gott der Philosophen" geht, dessen Unveränderlichkeit und Allwissenheit freilich kein Gebet erlauben und es als unzulässig empfinden würde, ihn um etwas zu bitten, das er selbst anders bestimmt hat und um das er besser als der Mensch weiß. Das alttestamentliche Gottesbild setzt vielmehr voraus, daß Gott veränderlich ist, das heißt seine Haltung gegenüber dem Menschen, in der er sich verbirgt und sich dem Menschen entzieht, ändern kann, indem er ihm wieder gnädig ist, hilfreich zu seinen Gunsten eingreift und sich als Handelnder erweist.[11] Das Alte Testament bringt diesen Wesenszug anthropopathisch als „Reue Gottes" zum Ausdruck: Gott bereut gleichsam seine frühere

[10] Reventlow: Das Gebet, 308.
[11] Reventlow: Das Gebet, 310f.

Haltung gegenüber dem Menschen und tritt in eine neue Beziehung zu ihm ein.[12]

Damit steht auch fest, daß das Alte Testament *Meditation* in dem Sinne nicht kennt, daß der Mensch in ihr nur bei sich selbst bleibt, das heißt nur seine Situation vor dem eigenen Ich durchdenkt und reflektiert. Meditation kann jedoch Teil des Gebetes sein, ein Bewußtwerden des Menschen über seinen Standort in der Welt und gegenüber Gott (Ps 8), ein ununterbrochenes Nachdenken über Gott und sein Wort bzw. Gebot (Ps 1,2) bis hin zur Selbstermunterung, Gott zu loben. (Ps 103,1–2) Aber Gebet ist mehr. Es ist insofern nicht ein Weg nach innen, als der alttestamentliche Beter nach außen gewandt ist. Das entspricht der Vorstellung von Gott als Person, durch die Gott als ein echtes Gegenüber erscheint, zu dem man sprechen und von dem man Antwort erhalten kann. Andererseits wird ersichtlich, daß man das Beten im Alten Testament nicht lediglich mit dem Schema der „Ich-Du-Rede" erfassen kann, sondern die Dimension des Gebets als Begegnung, als Geschehen, als Wirken und Handeln Gottes im Menschen schon hier anzutreffen ist. Allerdings hat sich das „dialogische" Verständnis des Gebets in der christlichen Kirche in hohem Maße aufgrund der alttestamentlichen Gebetstexte, vor allem der Psalmen – die zum bevorzugten Gebetsbuch der Kirche wurden – stärker durchgesetzt.

2. Das Gebet Jesu in der neutestamentlichen Gemeinde

Für das Verständnis des christlichen Gebets muß zur alttestamentlichen die neutestamentliche Tradition des Betens hinzukommen, sie ergänzen, korrigieren, erfüllen. In diesem Punkt wird man ein besonders hohes Maß an Kontinuität zwischen dem alttestamentlich-jüdischen und dem neutestamentlichen Gebetsverständnis feststellen. Das bezieht sich besonders auf das Verhältnis Jesu zum Gebet.

In den synoptischen Evangelien finden wir sowohl eine Verkündigung Jesu über das Beten als auch eigene Gebete. *Lukas* kann man in besonderer Weise den „Evangelisten des Gebets" nennen.[13] Daneben gibt es bei den Synoptikern auch Mitteilungen über das Verhalten Jesu bei seinem Beten.

Von den Gebeten Jesu ist uns nicht nur das im Evangelium nach Matthäus und Lukas enthaltene, für die Jünger bestimmte Vaterunser überliefert, sondern sind auch solche erhalten, die Jesus selbst an Gott gerichtet hat. Dazu gehört das „Lob- und Dankgebet" Jesu aus Mt. 11,25–26:

---

[12] Jeremias: Die Reue Gottes, 9–14.

[13] Vgl. hierzu und zum Folgenden Cullmann: Das Gebet, 26–38.

Ich preise dich, Vater, Herr des Himmels und der Erde, weil du dies den Weisen und Klugen verborgen hast und hast es den Unmündigen offenbart. Ja, Vater, so hat es dir wohlgefallen. (vgl. Lk 10,21)

Ein weiteres Gebet Jesu ist das in Gethsemane gebetete, das hier nach der Überlieferung des *Markus* (14,36) wiedergegeben wird:

Abba, mein Vater, alles ist dir möglich; nimm diesen Kelch von mir; doch nicht, was ich will, sondern was du willst!

Schließlich gehören hierher die Gebete Jesu am Kreuz. Gemeint ist der aus dem Anfang von Ps 22 im Zitat wiedergebende Ruf am Kreuz: „Mein Gott, mein Gott, warum hast du mich verlassen?“ (Mk 15,34; Mt 27,46), die Fürbitte für seine Peiniger: „Vater, vergib ihnen, denn sie wissen nicht, was sie tun!“ (Lk 23,34), und Jesu letztes Wort vor dem Sterben: „Vater, ich befehle meinen Geist in deine Hände!“ (Lk 23,46 nach Ps 31,6).

Im Blick auf die Gebetsanweisungen und das Beten Jesu kann man das Wesen allen Betens „Zwiesprache mit Gott als einem Gegenüber“ nennen. Doch Jesus hat seine Verkündigung über das Gebet vor allem mit Gleichnissen veranschaulicht, die auch ein anderes Bild von dessen Gebetsverständnis vermitteln. Dazu gehört das Gleichnis vom Pharisäer und Zöllner (Lk 18,9–14), das von der Bergpredigt (Mt 6,5) her interpretiert, das Heucheln beim Beten dem echten Bitten um Gnade gegenüberstellt. Hier wird (Mt 6,6) das Beten im Verborgenen als echtes Beten dem öffentlichen Heucheln entgegengesetzt, indem es gleichzeitig auf das Alleinsein mit Gott ankommt. Auch Jesus sucht dieses Alleinsein; nach Lk 9,28 steigt er auf den Berg zum Beten (Mk 9,2; Mt 17,1 heißt es: „auf einen hohen Berg abseits“). Auch in den Garten Gethsemane geht er zwar mit seinen Jüngern, aber begibt sich zum Beten „ein wenig voran“ (Mk 14,35; Mt 26,39; Lk 22,41. Hier heißt es: „etwa einen Steinwurf weit“).

Nach Mt 6,7 weiß der Vater, was seine Kinder bedürfen, ehe sie ihn bitten, das heißt, es wird vorausgesetzt, daß Gott unsere Gebete nicht braucht. Trotzdem will er, daß seine Geschöpfe zu ihm beten. Daher darf sein Vorauswissen um unsere Anliegen nicht als Grund dafür angesehen werden, daß unsere Gebete nutzlos sind oder ein Eingreifen in Gottes Willen wären.

Ein anderes Motiv in Jesu Gebetslehre ist die Aufforderung zur Beharrlichkeit und „Un-Verschämtheit“ beim Beten. Das veranschaulichen die Gleichnisse vom bittenden Freund (Lk 11,5–13) sowie von der bittenden Witwe und dem ungerechten Richter (Lk 18,1–8). Diese zeigen auch, daß bei Jesus das Bittgebet – ähnlich wie im Alten Testament – der hauptsächliche Gegenstand des Gebetes ist (vgl. Mt 7,7f). Diese Bitte bezieht sich auf materielle Güter (die Bitte „um etwas“), wie Mt 7,9f zeigt, wobei es sich hier allerdings um ein Gleichnis handelt, daß nämlich ein Sohn, wenn er seinen Vater um Brot oder einen Fisch bittet, sicher sein darf, statt dessen nicht einen Stein bzw. einen Skorpion zu erhalten. Hier haben wir im Grunde auch einen Hinweis darauf, daß man von Gott, dem himmlischen Vater, auch materielle Güter erbitten darf. Die Hilfe, um die gebeten wird, mag sich jedoch vor allem auf eine bestimmte, konkrete – auch äußere – Not beziehen. Jesus selbst hat in der Not gebetet. Das Gebet in Gethsemane ist dafür das eindrücklichste Beispiel. Dabei hat er dem Vater den Wunsch vorgebracht, daß „wenn es möglich wäre, die Stunde an ihm vorüberginge" (Mk 14,35 par), und zwar in dem kindlichen Vertrauen: „Alles ist dir möglich". Hier wird aber zugleich deutlich, daß Jesus mit dem Gebet nichts erzwingen will, sondern gleichzeitig weiß, daß der Wille Gottes das Entscheidende ist: „Nicht was ich will, sondern was du willst." Nachdem Jesus diese Bitte ausspricht, wird deutlich, daß ein menschlicher Wunsch in Gottes unveränderliches Planen eingefügt werden darf, wenn Gott es will. Jesus betet auch am Kreuz in der Leidensnot den Anfang des 22. Psalm „Mein Gott, mein Gott, warum hast du mich verlassen?" und zeigt damit, daß wir auch in der höchsten Not, wo kein menschlicher Ausweg sichtbar wird, beten sollen und dürfen.

Die Bitten im Gebet beziehen sich aber auch und vor allem auf geistige und geistliche Gaben. Hierher gehört die Bitte um Sündenvergebung, wie sie der Zöllner im erwähnten Gleichnis ausspricht (Lk 18,13). Aber auch die Bitte um das Kommen des Reiches Gottes und das Wirken dafür kennt Jesus, wenn er angesichts der großen Not der Menschen und ihrer Hilfsbedürftigkeit zu seinen Jüngern sagt: „Bittet den Herrn der Ernte, daß er Arbeiter in seine Ernte sende" (Mt 9,38). Jesus betet auch auf einem Berg eine ganze Nacht lang (Lk 6,12), bevor er am nächsten Tag die zwölf Apostel aus der Schar der Jünger auswählt.

Damit ist das Fürbittgebet angesprochen, das besonders im Evangelium nach Johannes eine wichtige Rolle spielt und im hohepriesterlichen Gebet (Joh 17) einen Höhepunkt erfährt:

> Vater, die Stunde ist da: Verherrliche deinen Sohn, damit der Sohn dich verherrliche; denn du hast ihm Macht gegeben über alle Menschen, damit er das ewige Leben gebe allen, wie du ihm gegeben hast. Das aber ist das ewige Leben, daß sie dich, der du allein wahrer Gott bist, und den du gesandt hast, Jesus Christus, erkennen. (Joh 17,1–3)

Dort heißt es am Schluß:

> Vater, ich will, daß wo ich bin, auch die bei mir seien, die du mir gegeben hast, damit sie meine Herrlichkeit sehen, die du mir gegeben hast; denn du hast mich geliebt, ehe der Grund der Welt gelegt war. Gerechter Vater, die Welt kennt dich nicht; ich aber kenne dich, und diese haben erkannt, daß du mich gesandt hast. Und ich habe ihnen

deinen Namen kundgetan und werde ihn kundtun, damit die Liebe, mit der du mich liebst, in ihnen sei und ich in ihnen (Joh 17,24–26).

In der Bergpredigt fordert Jesus seine Jünger auf, für ihre Verfolger zu beten: „Bittet für die, die euch verfolgen“ (Mt 5,44). Jesus selbst hat für die gebetet, die ihn, nicht wissend, was sie taten, ans Kreuz gebracht haben (Lk 23,34). Nach dem Zeugnis der Evangelien vollbringt die Fürbitte gleichfalls das Wunder der Krankenheilungen Jesu. So blickt er, gemäß der Erzählung von der Heilung des Taubstummen, zum Himmel (Mk 7,34) und spricht ein Gebetswort („Hephata“, „Öffne dich“), ähnlich wie bei der Auferweckung der Tochter des Jairus, wo er ebenfalls aramäisch „Talita kumi“, d.h. „Stehe auf“ (Mk 5,41), als „Gebetseingebung“, sagt.

Auf die Klage der Jünger, daß sie unfähig seien, selbst Heilungen vorzunehmen, antwortet Jesus: „Nur durch Beten (nach anderen Textvarianten: „und Fasten“) kann diese Art ausgetrieben werden“ (Mk 9,25). Schließlich gehört zum Beten in den Evangelien auch die Bitte um Bewahrung in und vor der Versuchung. Das zeigt das Gebet für Petrus „Ich habe für dich gebeten, daß dein Glaube nicht aufhöre“ als Folge der Mahnung: „Simon, Simon, siehe, der Satan hat begehrt, euch zu sieben wie den Weizen“ (Lk 22,31f). Explizit kommt dieses Anliegen in der sechsten Bitte des Vaterunsers vor (Mt 6,13).

Wichtig für das neutestamentliche Gebetsverständnis sind nun die Ausführungen des Apostels *Paulus* zu diesem Thema. Während die synoptischen Evangelien Weisungen über das Beten enthalten, aber – abgesehen vom Vaterunser, dem Gethsemane-Gebet, dem Lob- und Dankgebet und den Gebeten am Kreuz – keine eigenen, an den Vater gerichtete, Gebete Jesu mitteilen, gewährt uns Paulus Einblick in den Inhalt seiner Gebete, auch wenn er deren Wortlaut nicht wiedergibt. So berichtet er im zweiten Korintherbrief (12,7ff) – und das ist eine der ausdruckvollsten Stellen des paulinischen Schrifttums –, von dem als eine chronische Krankheit oder als die ihn immer wieder befallende „Schwäche“ gedeuteten „Pfahl im Fleisch, nämlich des Satans Engel, der mich mit Fäusten schlagen soll, damit ich mich nicht überhebe“:

Seinetwegen habe ich zweimal zum Herrn gefleht, daß er von mir wiche. Und er hat zu mir gesagt: Laß dir an meiner Gnade genügen, denn meine Kraft ist in den Schwachen mächtig.

Paulus selber richtet folgende Botschaft an die Thessalonicher (1Thess 3,10):

Wir bitten Tag und Nacht inständig, daß wir euch von Angesicht sehen, um zu ergänzen, was an eurem Glauben noch fehlt.

An einer anderen Stelle schreibt er:

Deshalb beten wir auch allezeit für euch, daß unser Gott euch würdig mache der Berufung und vollende alles Wohlgefallen am Guten und das Werk des Glaubens in Kraft, damit in euch verherrlicht werde der Name unseres Herrn Jesus und ihr in ihm, nach der Gnade unseres Gottes und des Herrn Jesus Christus. (2Thess 1,11f)

Im paulinischen Schrifttum finden wir auch Aufzählungen der Arten des Gebets, wie in 1Tim 2,1: „Bitte, Gebet, Fürbitte und Danksagung.“[14] Dafür finden sich bei Paulus zahlreiche Belege. So macht er den Philippern deutlich: „In allen Dingen laßt euer Bitten in Gebet und Flehen mit Danksagung vor Gott kund werden.“ (4,6) Und den Thessalonichern schärft er ein: „Betet ohne Unterlaß, seid dankbar in allen Dingen, denn das ist der Wille Gottes in Christus Jesus an euch.“ (1Thess 7,17f) An die Gemeinde zu Kolossae läßt er die Mahnung ergehen: „Alles was ihr tut mit Worten oder Werken, das tut alles im Namen des Herrn Jesus und dankt Gott, dem Vater, durch ihn.“ (3,17) Ähnlich sagt er es im Philipperbrief (1,19) und im 2. Korintherbrief (13,9) und an vielen anderen Stellen.

Neben Bitte und Danksagung kennt Paulus ebenso die *Fürbitte.* Die Thessalonicher bittet er: „Betet auch für uns“ (2Thess 5,25) und: „Betet für uns, damit das Wort weiterlaufe und gepriesen werde wie bei euch und daß wir erlöst werden von den falschen und bösen Menschen.“ (2Thess 3,1) Den Kolossern sagt er: „Betet zugleich auch für uns, daß Gott uns eine Tür für das Wort auftue und wir das Geheimnis Christi sagen können, um desselben ich auch in Fesseln bin, damit ich es offenbar mache, wie ich es sagen muß.“ (4,3f) Und im Epheserbrief heißt es: „Betet allezeit mit Bitten und Flehen im Geist und wacht dazu mit aller Beharrlichkeit im Gebet für alle Heiligen und für mich, daß mir das Wort gegeben werde, wenn ich meinen Mund auftue, freimütig das Geheimnis des Evangeliums zu verkündigen, dessen Bote ich bin in Ketten, daß ich in Freimut davon rede, wie ich es muß.“ (6,18–20)

Auch hier ist die wichtigste Unterscheidung jene zwischen den Bittgebeten und den im Unterschied zu den Synoptikern überwiegenden Dankgebeten.

Das wichtigste Element im Gebetsverständnis des Paulus ist die unlösliche Beziehung zwischen Gebet und Heiligem Geist. Eph 6,18 werden die Leser des Briefes aufgefordert, „zu jeder Zeit im Geist zu beten“, und nach

[14] Vgl. hierzu und zum Folgenden Cullmann: Das Gebet, 94–119.

Eph 3,20 erhalten wir von Gott durch die Geisteskraft unendlich viel mehr, als „was wir erbitten oder verstehen". In Röm 15,30 bittet Paulus die Gemeinde, „durch unseren Herrn Jesus Christus und durch die Liebe des Geistes" durch ihre Gebete zu Gott für ihn kämpfen zu helfen. Nach Röm 8,15 können wir durch den Geist „Abba, lieber Vater" rufen. Dabei ist der Geist selbst am Werk, indem er „Zeugnis unserem Geist" gibt, „daß wir Gottes Kinder sind" (Röm 8,16). Das heißt: Unser Geist ist vom Geist Gottes so durchdrungen und belebt, daß wir mit ihm eine Einheit bilden, so daß es der Heilige Geist ist, der im Gebet spricht. Für Paulus ist die „Abba-Anrede" und das Beten durch den Geist für alles Beten charakteristisch. Das Mt 10,19f überlieferte Jesuswort besagt, daß es ein menschliches Reden gibt, in dem der Geist es ist, der spricht. Hier ist der Fall genannt, daß, wenn man vor menschliche Gerichte gebracht wird, die Jünger Jesu sich nicht Sorgen machen sollen, was sie reden werden, denn es soll ihnen zu der Stunde „gegeben werden", was sie zu reden haben. „Denn nicht ihr seid es, die da reden, sondern eures Vaters Geist ist es, der durch euch redet" (Mt 10,20). Damit ist klar, daß das Gebet alles menschliche Reden an Würde übersteigt. Das kommt daher, daß wir Menschen nicht wissen, „was wir beten sollen, wie sich's gebührt" (Röm 8,26), und daß darum der Geist selbst für uns eintreten muß, um unserer Schwachheit abzuhelfen. Wenn Beten „mit Gott sprechen" heißt, dann ist unsere Sprache dazu nicht fähig. Deshalb muß der Heilige Geist in uns sprechen, wenn ein Gebet überhaupt möglich sein soll, wie Röm 8,15–26 ausführt.

Für Paulus ist weiter wichtig, daß er auch das Gebet zu Christus (2Kor 12,8) und ebenso die Anrufung Christi (Röm 10,12) kennt. Aufgrund des urchristlichen Hymnus Phil 2,5ff vom Kyrios Jesus, dem der Name, „der über alle Namen ist", verliehen wurde, kann Paulus im Prinzip unterschiedslos zu Gott oder zu Christus beten. Bedeutsam ist ebenso die von Paulus nicht nur in Gebeten gebrauchte Formulierung „durch Christus". Gemeint ist die Mittlerrolle Jesu, die in gleicher Weise durch den Ausdruck „im Namen Christi" bezeugt wird. In Kol 3,17 sind beide Formulierungen parallel gebraucht: „Tut alles im Namen des Herrn Jesus Christus, und dankt Gott durch Christus" (Luther: „durch ihn"). Die Gegenwart Christi in unserem Gebet kommt zum Beten „im Heiligen Geist" dazu. So wird das Gebet bei Paulus Beten „zum Vater, durch Christus, im Heiligen Geist". Darauf wird im nächsten Abschnitt dieses Kapitels näher eingegangen.

Diese „christozentrische" und „pneumatologische" Ausrichtung des Gebets ist sodann für *Johannes* charakteristisch.[15] Hier ist bezüglich des Gebets zunächst die Stelle aus dem Gespräch Jesu mit der Samariterin (Joh 4,23) bedeutsam. Da ist vom „Gebet im Geist" („und in der Wahrheit") die

---

[15] Vgl. hierzu und zum Folgenden Cullmann: Das Gebet, 130–145.

Rede. Geist ist hier nicht als eine anthropologische Größe im Gegensatz zur Materie gemeint, sondern jene Macht Gottes, die in unsere Welt eintritt, in uns Wohnung nimmt und die Neugeburt („von oben", Joh 3,7) bewirkt. Es ist der Geist Gottes, durch den Gott sich in Christus zu uns wendet, in dem angebetet werden soll.

In den Abschiedsreden Jesu (Joh 13,31–16,33) nimmt diese Anbetung die Form des Gebets „im Namen Jesu Christi" an: „Was ihr bitten werdet in meinem Namen, das will ich tun, damit der Vater verherrlicht werde im Sohn" (14,13). Und ebenso: „Was ihr bitten werdet in meinem Namen, das will ich tun" (14,14, vgl. 15,16b u. 16,23bf). Betont wird darin nicht nur die Berufung auf das Werk Christi, sondern vor allem auf die verbleibende Anwesenheit Jesu bei den betenden Jüngern. Seine Erhöhung zum Vater gewährleistet ihnen nicht allein die Fortsetzung seines irdischen Zusammenseins mit ihnen, sondern sogar eine engere Verbindung, die sie „zu größeren Werken" führt. Denn er geht ja nicht einfach weg, sondern „zum Vater" (14,12). Sie bezieht sich also auf das nachösterliche Beten: „Bis jetzt habt ihr nichts in meinem Namen gebeten" (Joh 16,24). Denn er war ja als Inkarnierter mit seiner Fürbitte bei ihnen. Von jetzt an muß ihnen statt durch seine leibliche Gegenwart Gebetshilfe durch die Anrufung seines Namens gegeben werden. Jesus bleibt nach seinem Abschied von dieser Erde unter den Seinen gegenwärtig: in den Betenden ebenso wie bei Gott. Bei Gott ist er unter ihnen gegenwärtig durch seine Fürbitte. Er tut es durch die Sendung des Heiligen Geistes, des Beistandes, des „Trösters", wie Luther übersetzt (Joh 14,26).

Schließlich ist für Johannes das sogenannte „Hohepriesterliche Gebet" wichtig, das ab 17,9 eine Fürbitte Jesu für die Jünger enthält. Es ist „Fürbitte für die Bewahrung der Kinder in der Welt, in die sie gesandt sind zu der Erfüllung ihrer Aufgabe, die Welt zur Erkenntnis der Liebe Gottes zu führen. Es ist weiterhin Fürbitte für ihre Bewahrung vor der Welt, durch ihre Heiligung in der Liebe, die das Wesen Gottes ist und die sie und die Welt mit Christus und mit Gott verbindet".[16]

Die *Offenbarung des Johannes* ist von den Hymnen durchzogen, durch die deutlich wird, daß die Zukunft sich in Form eines gewaltigen Gottesdienstes in Lobgesängen und Dankgebeten an Gott und Christus abspielt. Diese himmlische Liturgie erreicht im 19. Kapitel einen Höhepunkt, wo auf die Aufforderung „Lobt unseren Gott, alle seine Knechte und die ihn fürchten, Klein und Groß", der Seher die Stimme „einer großen Schar" hört:

> Halleluja! Denn der Herr, unser Gott, der Allmächtige, hat das Reich eingenommen! Laßt uns freuen und fröhlich sein und ihm die Ehre geben; denn die Hochzeit des Lammes ist gekommen und seine Braut hat sich bereitet. Und es wurde ihr gegeben,

[16] Cullmann: Das Gebet, 145.

sich anzutun mit schönem, reinen Leinen. Das Leinen aber ist die Gerechtigkeit der Heiligen (19,6–8).

Ein richtiges Bittgebet haben wir erst am Ende der Offenbarung des Johannes (22,17), das – in aramäischer Urform – zur ältesten Gottesdienstliturgie gehört:

„Der Geist und die Braut sprechen: Komm! Und wer es hört, der spreche: Komm! Und wen dürstet, der komme; und wer da will, der nehme das Wasser des Lebens umsonst."

Der Beter antwortet mit den Gebetworten, die er gehört hat – „Ja, ich komme bald" –: „Amen, ja, komm, Herr" (Offb 22,20).

Was für das Beten in der Johannesapokalypse wichtig bleibt, ist dies: Aller Gottesdienst und damit alles Beten ist Antwort auf das Hören dessen, was der Geist spricht (Offb 22,17), wie es in den Worten Christi am Ende des Sendschreibens an Laodizea gesagt wird: „Siehe, ich stehe vor der Tür und klopfe an. Wenn jemand meine Stimme hören wird und die Tür auftun, zu dem werde ich hineingehen und das Abendmahl mit ihm halten und er mit mir" (3,20). Hier ist an den urchristlichen Gottesdienst und das dort geübte Brotbrechen gedacht. Und das andere Bedeutsame für das Gebetsverständnis ist: All unser Beten ist Vorwegnahme des Endes. Es ist „ein endzeitliches, eschatologisches Handeln. Wenn wir beten, überschreiten wir schon die Grenzen unseres Daseins."[17] Alles Bitten steht in der Perspektive jener endgültigen Erfüllung, die mit der Wiederkunft Christi erwartet wird.

3. Auf dem Weg zum grenzüberschreitenden Gebet

Die Beobachtungen über das Gebetsverständnis im Alten und im Neuen Testament zeigen, daß das Alte Testament das Gebet überwiegend als „Gespräch" zwischen dem Beter und seinem Gott als einem Gegenüber versteht, ein Reden, das zuerst aus dem Hören auf Gott kommt und demnach ein Suchen ist, das dort beginnt, wo man selbst von Gott gesucht wird. Gleichzeitig wird deutlich, daß mit dem Bilderverbot im Alten Testament einem engen theistischen Gottesbegriff und damit einem rein „dialogischen" Gebetsverständnis gewehrt und so im Neuen Testament einer umfassenderen Auffassung vom Gebet der Weg bereitet wird. Jesus hat dieses Gebetsverständnis weitergeführt in einer Tradition, die Gebet noch selbstverständlich als Dialog begreifen und gelten lassen konnte. Gebet läßt sich lehren und erlernen, wie die Übermittlung des Vaterunser zeigt, das ein-

[17] Cullmann: Das Gebet, 154.

deutig Beten als Gespräch mit Gott darstellt. Doch bei Paulus werden die Auseinandersetzungen mit dem Problem „existenzieller“, das heißt von der Erfahrung geprägt, daß wir „nicht wissen, was wir beten sollen, wie sich's gebührt“, daß unser Beten oft nicht mehr ist als ein Seufzen (Röm 8,26) oder ein „Abba“-Rufen (Röm 8,15), weil ein schwacher Mensch sich gar nicht anmaßen kann, mit Gott zu sprechen. Paulus macht als Antwort auf die quälenden Fragen angesichts solcher Anfechtungen den Seinen deutlich, daß der Heilige Geist „unserer Schwachheit aufhilft“ und uns „vertritt mit unaussprechlichem Seufzen“, und das heißt: der Heilige Geist betet in uns.

Das Gebetsverständnis Jesu wurde folglich in den jeweiligen Traditionen unterschiedlich weiterentwickelt. Während Paulus also meint, nur wenn der Geist in uns spricht, ist ein Reden mit Gott möglich – und dieses bringt uns der göttlichen Ausdrucksweise näher – ist bei Johannes – im Gespräch Jesu mit der Samariterin – von der „Anbetung im Geist“ („und in der Wahrheit“) die Rede (Joh 4,24). Hier wird das Beten im Geist eben gar nicht mehr als Rede, sondern als „Anbetung“ bezeichnet.

Wenn es heißt, der Geist „betet in uns“ oder „Geist spricht zu Geist“,[18] bedeutet das für die ostkirchliche Tradition, vor allem bei den Wüstenvätern, daß hier gar nicht mehr das Gespräch stattfindet, sondern daß es – durch Stille – beim Hören bleibt und es – als Antwort Gottes – statt um eine Rede um Einwirkung, ja Einwohnung des Geistes im menschlichen Geist geht. Daraus entsteht die hesychastische Gebetstradition, die sich auf diese Interpretation des paulinischen Anliegens beruft, das durch die johanneische Theologie der Einheit des Vaters mit dem Sohn und des Sohnes mit den Seinen untermauert wird. Der Vater sendet den Geist des Sohnes in unsere Herzen, so daß der Geist selbst in uns die Stimme erhebt und uns hineinnimmt in den „Abba“-Ruf.

Es ist darum zu beachten, was *Hans-Martin Barth* daraus geschlußfolgert hat: „Für das Verständnis christlichen Betens ergibt sich damit: Es kann nie in einem vordergründigen, banalen Sinn einfach als ‚Anrufung eines Partners‘ oder als ‚fingierter Dialog‘ verstanden werden. Die schematische Gegenüberstellung von Mensch und Gott im Gebet reicht nicht aus, wenn man christliches Beten beschreiben will.“[19]

Es ist für ein rechtes Gebetsverständnis entscheidend, daß diese beiden Traditionen nur gemeinsam dem Wesen des christlichen Betens gerecht werden. Es ist die Lehre von der Dreieinigkeit, die – wie im Verständnis Gottes als dem dreieinigen Vater, Sohn und Heiligem Geist – auch das Gebet umfassend als Rede *zum* Vater und gleichzeitig als das „Geschehen der Einwohnung des Geistes *in* uns“ begreift, was möglich wird *durch* das Be-

[18] Cullmann: Das Gebet, 158.
[19] Barth: Wohin – woher, 131.

ten im Namen Jesu Christi. Denn schon die Jünger haben nicht nur „wie Jesus“ gebetet und auch nicht nur, „wie“ er es die Seinen gelehrt hat. Sie haben vielmehr ihr Leben auf Jesus gegründet, das heißt – neutestamentlich gesagt – „im Namen Jesu“ gebetet. Das bedeutet mehr als die Berufung auf Jesus, nämlich „Beten in der Vollmacht seines Betens, nicht nur wie der Sohn zum Vater, sondern in der Gemeinschaft dieses Sohnes, seines Bittens und Empfangens, seines Hörens und Redens“. Dasselbe meint die Formel „durch Christus“ oder „in Christus“.[20] Ein solches Gebet kann in unseren Tagen etwa so klingen, wie es Mutter Basilea Schlink, eine der Gründerinnen der Evangelischen Marienschwesterschaft, hinterlassen hat:

> O heiliger, dreieiniger Gott, wie soll ich dir danken, daß ich zu deinem Ebenbild geschaffen bin, zum Bild der Liebe, und nach dem Fall erlöst bin. Erlöst bin, wiederum in das Leben deiner Liebe mit hineingenommen zu sein: geliebt von dir, Vater, geliebt von dir, dem Sohn, und von dir, dem Heiligen Geist, um mit deiner Liebe dich und die Menschen zu lieben und zu ehren. Diese Erwählung ist mir sehr wunderbar. Du, heiliger, dreieiniger Gott, du bist nur Liebe und darum voll der Herrlichkeit – deine Macht kommt aus der Liebe. Ich bete dich an und neige mich in den Staub vor dir. Laß mich zu einem Staubkorn werden, das deiner Glorie keinen Glanz mehr nimmt. Mache mich zu einem Geschöpf der Liebe, damit du ein Echo auf deine Liebe bekommst, du Heilige Dreieinigkeit.[21]

Der Blick auf das Gebetsverständnis des Alten und des Neuen Testaments und die hier zunächst nur vorläufig angestellten Überlegungen sollen auf die schon in der Bibel begründeten Unterschiede in der Entwicklung der Gebetsauffassung aufmerksam machen, die man vereinfachend als die „östliche“ und die „westliche“ bezeichnen kann. Anhand der Beschreibung der Gottesauffassung, die dem Gebet zugrunde liegt, wie auch unterschiedlicher Weltanschauungen wirkt sich diese Entwicklung auf die Weisen, Typen und Wege des Gebetes aus und hat Konsequenzen für die Praxis des Gebetes, von der am Schluß dieses Buches die Rede sein soll. Ein Gebetsverständnis herauszuarbeiten, das diese in der Theologie und Frömmigkeit aufgerichtete „Grenzen“ überschreitet, ist eigentliches Ziel dieser Überlegungen im Ganzen der Darstellung sowie in jedem einzelnen der folgenden Kapitel, in denen neben den beiden unterschiedlichen Entwicklungen und Auffassungen die dritte, „grenzüberschreitende“ Möglichkeit des Gebetsverständnisses beschrieben wird.

Daß damit keine lehrmäßigen Schwierigkeiten verbunden sind, ist an dieser Stelle besonders wichtig zu vergegenwärtigen. Das Gebet ist in der späteren Lehrentwicklung, die vor allem in den Konzilsbeschlüssen und

---

[20] Barth: Wohin – woher, 127.

[21] Scheele: Vater, die Stunde, 23.

Bekenntnisschriften ihren Niederschlag gefunden hat, keine durchgehend kontroverstheologische Frage. Es war darum auch kein klassisches Thema ökumenischer Diskussion – wie „Spiritualität" überhaupt.[22] Die Schwierigkeiten mit dem „gemeinsamen Gebet" in der Ökumene liegen nicht an theologischen Kontroversen, sondern an kirchenrechtlichen Restriktionen, die den heutigen Stand der Unterschiede zwischen östlichen und westlichen Kirchen nicht mehr treffen müssen. Doch könnte diese Thematik für die gegenwärtige ökumenische Diskussion richtungsweisend sein, nachdem das gemeinsame Gebet eine besonders dringende Herausforderung für die theologische Auseinandersetzung ist.

Freilich soll nicht übersehen werden, daß das gemeinsame Gebet innerhalb der christlichen Konfessionen nicht unumstritten gewesen ist. Bei einer Synode in Karthago im 4. Jahrhundert wurde, ohne es zu begründen, festgestellt, daß es nicht erlaubt sei, mit Häretikern zu beten. Das hat sich auf das spätere Verbot, anderskonfessionelle Gotteshäuser zu betreten und an deren Gottesdiensten teilzunehmen, ausgewirkt. In der römisch-katholischen und in der orthodoxen Kirche gab es – und gibt es zum Teil – diesbezügliche Anweisungen. Andererseits wissen wir, daß gegen das gemeinsame Beten von Christen unterschiedlicher Konfessionen untereinander nichts einzuwenden war und daß dieses den Anfang der ökumenischen Bewegung ausgemacht hat und zu den „ökumenischen Urerfahrungen" gehört. Der orthodoxe *Metropolit Damaskinos Papandreou* sprach davon, daß die „Begegnung im Gebet" wichtiger als der ökumenische Dialog sei. Und das Ökumenismusdekret des II. Vatikanums nennt die Herzensbekehrung und eine entsprechende Lebensführung „in Verbindung mit dem privaten und öffentlichen Gebet" die „Seele der ganzen ökumenischen Bewegung". Schon im 16. Jahrhundert kam es zu zahlreichen Übernahmen von altkirchlichen, aber auch von der Societas Jesu verfaßten Texten in die evangelische Gebetsliteratur. Heute dürfte das römisch-katholische ebenso wie das orthodoxe Gebetsverständnis das der Reformation weitgehend einschließen. Größere Schwierigkeiten machen – umgekehrt – die Gebetsteile in der römisch-katholischen und orthodoxen Kirche für die Protestanten, in denen Anrufungen Marias und der Heiligen oder das Ave Maria vorkommen. Auch die Art, wie die Bitte um die Einheit der Kirche formuliert wird, gibt Anlaß zu unterschiedlichen Auffassungen.[23] Die jüngsten Gespräche zwischen Orthodoxen und Protestanten im Rahmen des Ökumenischen Rates der Kirchen haben gezeigt, daß aber vor allem die unterschiedliche Ekklesiologie die entscheidenden Fragen bei der Behandlung des Themas ihres

[22] Barth: Spiritualität, 7.
[23] Barth: Spiritualität, 103; 108f.

„gemeinsamen Gebetes" aufwirft. Hier gibt es noch eine Reihe von Problemen zu klären.[24]

Andererseits ist bekannt, daß die bereits sehr verbreiteten Feiern der „Gebetswoche für die Einheit der Christen", des „Weltgebetstages (der Frauen)", die praktizierte gegenseitige Fürbitte nach dem „Ökumenischen Fürbittkalender" seit 1978 und viele informelle Gebetsaktivitäten zu einer erstaunlichen ökumenischen Gebetspraxis geführt haben. Sie zeigen den Laien und Theologen, daß es diesbezüglich keine Barrieren zwischen den christlichen Konfessionen geben muß, wenn auch weiter gilt, daß Abendmahls- und Amtsverständnis schwerwiegende Hindernisse in der Gemeinsamkeit darstellen. Doch wenn die unterschiedlichen Gebetstraditionen als eine bestimmte Seite eines umfassenden Gebetsverständnisses komplementär verstanden werden, können Gebetsgemeinschaften eher gefördert und vertieft werden. Dazu ist gegenseitige Information und Austausch der jeweiligen spezifischen Gaben auch im Gebet hilfreich. Das Informieren über die biblische Grundlage der unterschiedlichen Traditionen in den protestantischen Kirchen ebenso wie die Bekanntmachung des Schatzes der reichen Gebetstradition in der orthodoxen und römisch-katholischen Kirche, der bei uns weithin in Vergessenheit geraten oder unbekannt ist – und umgekehrt – sollte für beide eine wichtige ökumenische Aufgabe werden.[25] So könnte es zu einer gegenseitigen Bereicherung kommen, die einem gemeinsamen „grenzüberschreitenden Gebetsverständnis" den Weg öffnet, als Hilfe zum eigenen Beten und zum Beten in der Gemeinde.

---

[24] Aagaard/Bouteneff: Beyond, 3–7.

[25] Vgl. dazu die Anregungen von Barth: Spiritualität, 103–112.

IV. Der Gott des Gebets

Aus der bisherigen Darlegung mag deutlich geworden sein, daß das Gebet eine zentrale Bedeutung nicht nur in der Heiligen Schrift, sondern auch in der kirchlichen Tradition hat. Das gilt zweifellos in der ganzen christlichen und nicht minder in der evangelischen Theologie. Dabei ist das Gebet nicht eines der vielen „theologischen" Probleme und dementsprechend auch nicht ein „locus dogmaticus" unter anderen, sondern seinem Wesen nach selbst ein Stück Theologie, ja letztlich – wie *Gerhard Sauter* formuliert hat – „Wurzel des Redens von Gott" überhaupt.[1] Kein Wunder, daß die Lehre von Gott „in Korrelation zur Lehre vom Gebet" entworfen und – von *Gerhard Ebeling* – versucht wurde, „das Phänomen des Gebets [...] somit zum hermeneutischen Schlüssel der Gotteslehre" zu machen und davon auszugehen, daß von da aus auch Gott am besten verstanden und beschrieben werden kann.[2]

Doch dieser Zusammenhang von Gebet und Theologie ist gar nicht neu, sondern recht alt. *Augustin* schrieb seine „Confessiones" in der Form eines großen Gebets, und eigentlich sind diese „Bekenntnisse" ein einziges Lob- und Dankgebet. Bekannt ist auch das Beispiel des *Anselm von Canterbury*, der den sogenannten ontologischen Gottesbeweis in seinem „Proslogion" als ein Gebet auffaßt und damit eine „gebetete Dogmatik" darbietet. Sein Reden über Gott ist eingebunden in sein Reden zu Gott, durch das er erst sagen kann, wer Gott eigentlich ist.

1. Das „dialogische" Verständnis des Gebets

Um das Wesen des Gebets zu beschreiben, wird üblicherweise von seinem Charakter als „Bittgebet" ausgegangen. Religionsphänomenologisch, aber ebenso vom biblischen Standpunkt aus betrachtet ist Beten denn auch und in besonderer Weise „Bittgebet". Das hatte schon *Martin Kähler* gegenüber *Friedrich Schleiermacher* und *Albrecht Ritschl* geltend gemacht, die Gebet in exklusiv „christlichem" Sinn nur als Dankgebet verstehen wollten. Gebet war bei Schleiermacher ausschließlich der Ausdruck dankbarer Ergebung

[1] Sauter: Das Gebet, 21ff.

[2] Ebeling: Dogmatik, Bd. 1, 193.

des Menschen, der sich schlechthin abhängig und damit völlig geborgen weiß. Ähnlich war Gebet für Ritschl „Anerkennung der Macht und Güte Gottes“ und Ausdruck für den Glauben an Gottes Vorsehung. Wenn sich hier die Ausgangspunkte auch unterschiedlich darstellen, so waren die Konsequenzen der Verkürzung des Wesens des Gebets die gleichen und Kählers Kritik berechtigt. Dieser verstand das Gebet dem Wesen nach von seinem Anredecharakter im Namen Jesu her als „Bittgebet“. Einprägsam sagt er: „Der Pharisäer dankt, der Zöllner bittet.“ Denn: „Die Bitte ist Eingeständnis der Bedürftigkeit.“[3]

Über diese Erkenntnis, die biblisch ist, haben sich die neueren Entwürfe zum Problem des Gebets nicht hinwegsetzen können und sie entsprechend aufgegriffen. Schon *Karl Barth* hatte das Bittgebet in den Mittelpunkt seiner Auffassung über das Beten gestellt und die Besinnung darauf als Herzstück der Dogmatik verstanden. Im Gebet ergreift der Mensch die Wirklichkeit Gottes, wie sie in der Gemeinschaft Jesu Christi mit dem Vater endgültig offenbar geworden ist. Er läßt sich auf sie ein und läßt sie an sich geschehen. Beten ist Bitten um dieses Geschehen-Lassen: „Das Gebet stammt aus dem, was der Christ empfängt; es ist nichts als der menschliche Vollzug dieses Empfangens, die unmittelbare Lebensäußerung dessen, der staunend vor dem steht, was Gott für ihn ist und tut.“[4] Nachdem das Beten der Grundakt des im Glauben sich betätigenden Gehorsams ist, wird die Lehre vom Gebet bei Karl Barth in die theologische Ethik eingeordnet. Gebet ist Vollzug der Gotteserkenntnis, die allererst Anerkenntnis ist, als Ausdruck der Übereinstimmung des Glaubenden mit Gottes Wirklichkeit. Durch die im Gebet gewonnene und von ihm umschlossene Erkenntnis wird der Mensch in die geschehene Versöhnung der Welt mit Gott versetzt und kann aus ihr leben. Das Gebet bezeugt die durch Jesus Christus immer schon begründete Beziehung des Menschen zu Gott, die immer aufs Neue zu bezeugen ist. G. Sauter formuliert: „Die Bitte ist die Grundhaltung des Gebets, weil die Versöhnung uns allein als den Wartenden und Hoffenden, nicht als den Besitzenden die Gemeinschaft mit Gott zuspricht.“[5]

In diesem Sinn ist Gebet „Einübung des Glaubens“ und die Lehre vom Gebet „Probe aufs dogmatische Exempel“, darin, „daß sie dazu zwingt, den Bezug des Glaubens zu leben, zu durchdenken.“ Denn „im Gebet lebt ja der Glaube, in ihm äußert er sich, in ihm nimmt er Gott beim Wort, bei seiner Zusage“.[6] Das Bittgebet ist die der Zuwendung Gottes entsprechende Antwort des Geschöpfes. Das Bittgebet aktualisiert den Glauben an Gottes

---

[3] Kähler: Dogmatische Zeitfragen, Bd. 2, 243.

[4] Barth: KD III/3, 316. Vgl.: KD I/2, 503f.

[5] Sauter: Das Gebet, 26.

[6] Mildenberger: Das Gebet, 7.

Vorsehung. Darum ist der eigentliche Inhalt und Gegenstand des Bittgebetes die Bitte um den Glauben, um den Glauben an Gottes Vorsehung und seine beständige Zuwendung. Aber die Probe auf den so erbetenen Glauben ist dann, „daß er seine Bitte vorträgt, das Unabänderliche soll doch geändert werden und das Wunder soll geschehen [...] Das Wagnis der Bitte um das Wunder bestimmt, was wir als die Vorsehung Gottes glauben, nämlich seine lebendige und persönliche Zuwendung zu seinen Geschöpfen."[7] Hier ein Beispiel von *Luther*:

> Herr Gott, du hast ja durch den Mund Davids, deines Dieners, gesagt: „Der Herr ist nahe allen, die ihn anrufen in der Wahrheit; er tut den Willen derer, die ihn fürchten, und erhöret ihr Gebet und hilft ihnen aus". Wie daß du denn nicht willst Regen geben, weil wir so lang schreien und bitten? Nun wohlan, gibst du keinen Regen, wirst du ja etwas Besseres geben, ein ruhig und stilles Leben, Frieden und Einigkeit. Nun, wir bitten so sehr und haben so oft gebeten; tust du es nicht, lieber Vater, so werden die Gottlosen sagen: Christus, dein lieber Sohn, lüge, der da spricht: „Wahrlich, wahrlich, ich sage euch, was ihr den Vater bittet werdet in meinem Namen, das wird er euch geben." Also werden sie zugleich dich und deinen Sohn Lügen strafen. Ich weiß, wenn wir von Herzen zu dir schreien und sehnlich zu dir seufzen – warum erhörst du uns dann nicht?[8]

Dieser biblisch fundierten Einschätzung des Gebets innerhalb des Glaubens und seiner zentralen Stellung im Ganzen der Theologie – und speziell der Gotteslehre – steht die Tatsache gegenüber, daß in unserer Zeit, in neueren theologischen Entwürfen zu diesem Thema, über die Schwierigkeiten und Nöte des Gebets in vielfacher Weise geklagt wird und erneut ein Ringen um das rechte Verständnis des christlichen Gebets entsteht. Was im großen Ganzen der Theologie – besonders der Glaubens- und speziell der Gotteslehre – selbstverständlich zu sein scheint, bereitet im Einzelnen und in den Detailfragen Schwierigkeiten. Viele Fragen scheinen ungelöst und kontrovers. Oft stehen selbst Theologen ratlos da, wenn es um die Praxis und Praktizierung sowie um die Frage der Wirksamkeit und Auswirkung des Gebets auf die Lebensbewältigung des Menschen geht. – Welche Gründe hat diese allgemein beobachtete Tatsache?

Es mag zunächst das sein, was *Kornelis H. Miskotte* „die Unsicherheit der Sache" nennt, die dabei häufig angeführt wird. Das ist in erster Linie das Ärgernis an der „Naivität" des Gebets oder gar an der Ungehörigkeit des Betens. Es wird – wie man im Rückgriff auf Kant formuliert – als „ungereimter und zugleich vermessener Wahn" angesehen, „durch die po-

---

[7] Mildenberger: Das Gebet, 15–17.

[8] WA TR Bd. 2, 158. Vgl. Schulz: Die Gebete Luthers, 307; zit. nach Nigg: Gott ist gegenwärtig, 96.

chende Zudringlichkeit des Bittens zu versuchen, Gott vom Plan seiner Weisheit zum gegenwärtigen Vorteil für uns abzubringen".[9] In Aufnahme der – bereits verhandelten – philosophischen Kritik des Gebets wird dieses für ein „nachchristliches Bewußtsein" – wie *Dorothee Sölle* sagt – als „Ersatzhandlung dessen, der zu wirksamem Handeln nicht fähig oder willens ist" betrachtet. „Gebet und Verhalten geraten hier in einen Widerspruch, der das Gebet entlarvt – es wird dazu benutzt, ein Risiko zu sparen, eine Flucht zu beschönigen, eine Illusion zu erhalten."[10] Viel schwerwiegender als diese Schwierigkeit mit dem Gebet sind aber nun gewisse augenscheinliche Widersprüche im Phänomen des Betens, die sich aus dem theologischen Nachdenken über das Gebet selbst ergeben. Sie beginnen beim Gottesverständnis. Die Vorstellung von Gott als einer Person, die das Gebet voraussetzt, wird in Frage gestellt und als Projektion des Menschlichen ins Göttliche verworfen und dadurch das Gebet – jedenfalls in herkömmlichem Verständnis – abgelehnt. Die Vorstellung von Gott als dem „Vater" wird als Ausdruck einer „paternalistischen Gesellschaftsstruktur" betrachtet, die in der vaterlosen Gesellschaft den Zugang zum Göttlichen nicht mehr ermöglicht. Auch die theologische Rede von der Allwissenheit Gottes wird dort nicht mehr für möglich gehalten, wo man – wie es im Gebet geschieht – meint, Gott an die eigenen Nöte und an Gottes Weisungen erinnern zu müssen. Die Unendlichkeit Gottes zudem verbietet es ebenfalls, auf ihn im Gebet einwirken zu wollen. Schließlich sei im Gebet auch die Allmacht und Allwissenheit in Frage gestellt, wenn man in seinen göttlichen Plan eingreifen will, indem man in seinem Bitten bestimmte Veränderungen wünscht. Dem Gebet wird ebenso vorgeworfen, daß es an dem inneren Widerspruch zwischen zeitlichen Wünschen und dem Verlangen nach ewigem Heil kranke. Dazu kommt der Vorwurf, daß Beten und Tun auseinanderklaffen: Man betet etwa für Hilfsbedürftige, tut aber nichts für die Verbesserung ihrer Lage. Das Beten könne so vom Handeln abbringen oder ablenken. Es werden große Worte gemacht, hinter denen nichts steckt, die Gebete bleiben hohl und werden zu bloßen Formeln. Das Denken im Gebet und das Denken außerhalb stehen unverbunden und unversöhnt nebeneinander.[11]

Die größten Bedenken gegen das Gebet kommen aber dort auf, wo man gewahr wird, daß nicht nur „die Welt" nicht (mehr) betet, sondern daß auch die „Kirche [...] mit Stummheit geschlagen ist, die Richtung des Geistes auf Gott hin nicht findet, die Worte nicht mehr aufbringt, das Bedürfnis nach Gebet bisweilen kaum noch verspürt". Diese Feststellung beruht auf Erkenntnissen über das Verhalten und das Zeugnis derer, die von der Seel-

[9] Miskotte: Der Weg des Gebets, 9. Vgl. Kap. I,1.
[10] Sölle: Gebet, in Schultz (Hg.): Theologie, 102.
[11] Ebeling: Das Gebet, 409ff.

sorge betreut werden. Die genannte „Gebetslosigkeit“ bedeutet „fundamentale kosmische Einsamkeit“, zudem „eine große Unsicherheit in den Entscheidungen, die an den Wendepunkten seines Lebens vom Menschen gefordert werden“. Darum herrscht unter vielen Christen Kummer über den „eigenen Unwillen, die Unlust, die Ohnmacht, zu einem wahrhaftigen Gebet zu kommen“.[12]

Die Krise dieses „dialogischen Gebets“, die „Gebetslosigkeit“ der Welt und der Kirche ist im Grunde genommen eine „theo-logische“ Krise, das heißt, sie hängt mit dem Verständnis Gottes zusammen. Dann aber muß zuerst die Frage geklärt werden, was das für ein Gott ist, an den wir uns im Gebet wenden, und was das für eine Welt ist, in der wir durch den Akt des Gebetes an eine bestimmte Beziehung zwischen Gott und Mensch glauben: an die Möglichkeit der Bitte, der Fürbitte und der Erhörung. So ist eine Lehre über das Gebet in besonderer Weise genötigt, ihre Anschauung über Gott zu prüfen und sich zu fragen, inwiefern ihr Gebetsverständnis damit zusammenhängt.

2. Die a-personale Deutung des Gebets

Aus der Krise des „dialogischen“ Verständnisses des Gebets, das auf seine Gottesvorstellung zurückzuführen ist, entstand der Versuch, den Dialog im Gebet als Gespräch mit sich selbst zu erklären, indem von einer „personalistischen“ Interpretation des Gebets abgesehen wird, die zu einer „a-personalen“ Deutung des Gebets führt. Das geschah im Gefolge der Diskussion um die „Gott-ist-tot-Theologie“ der sechziger Jahre, als man vom „nachtheistischen Gebet“ zu sprechen begann. Diese Auffassung machte das Buch von *John A.T. Robinson* „Gott ist anders“ populär. Das nichtreligiöse Verständnis des Gebets liegt nach Robinson dort vor, wo man „sich einem anderen Menschen vorbehaltlos in Liebe anvertraut“, „mit ihm in der Gegenwart Gottes“ ist.

Für einen anderen zu beten heißt, sich selbst und ihn dem gemeinsamen Grund unseres Seins auszusetzen [...], das Interesse am anderen im Licht dessen zu sehen, was uns unbedingt angeht, also Gott in diese Beziehung hineinzulassen. Fürbitte heißt, mit einem anderen Menschen in jener Tiefe zu sein, entweder im Schweigen, im Erbarmen oder in der Tat [...]. Wir brauchen nicht über ihn zu Gott zu sprechen als zu einer dritten Person. Das Du, das wir anreden, mag das Du des anderen sein, doch wir können mit diesem Du reden und ihm antworten in solcher Tiefe, daß man nur noch sagen kann, wir haben den anderen in Gott erkannt und Gott in ihm. Dies braucht nicht besonders religiös oder bewußt christlich zu sein [...]. Wir rechnen damit, daß wir

[12] Miskotte: Der Weg des Gebets, 12–15.

Gott auf diesem Wege begegnen, und wir sind willens, ihm nicht auszuweichen. Alles andere ist nur Einübung darauf oder innere Sammlung in der Tiefe.[13]

Im Zuge dieser „nachtheistischen Theologie“ ist schließlich das „Du“ Gottes gar nicht mehr das „Du des anderen“, sondern das Ich: Gebet wird als Selbstbesinnung des Menschen definiert. Für *Manfred Mezger* ist Beten schließlich „jenes Denken, mit dem wir uns auf uns selbst besinnen und versuchen, unsere Bestimmung zu finden oder unserem Leben die Bestimmung zu geben, die ihm zukommt oder zugedacht ist“.[14]

Auf dieser Ebene bewegt sich für *Walter Bernet* das Verständnis des Gebets als „Reflexion“, das bei der Erfahrung einsetzt und das Beten als ein Element soteriologischen Denkens ausschließt. Beten als „Einübung transzendentaler Reflexion von Erfahrung“ soll den Sinn haben, „den Menschen die Gegenwart bestehen zu lassen“. In diesem Sinne entzieht sich Beten „in seinem Vollzug den personalistischen und soteriologischen Kategorien“.[15] Dazu kommen als zweite und dritte Funktionen des Betens „Erzählen“ und „Situieren“. Mit dem „Erzählen“ ist der „epische“, nicht „dramatische“ Charakter des Gebets gemeint. Das heißt, Gebet steht „jenseits von Monolog und Dialog“. Beten ist nicht anti-, sondern a-personalistisch. Gebet ist also eine Sache nicht einer hörenden oder redenden Person, sondern das „a-personale Geheimnis der Erfahrung. Beten dialogisiert nicht und monologisiert nicht. Beten erzählt. [...] So ist es sich bewußt, daß dem Geheimnis Schweigen gebührt, und daß das Schweigen Sprache wird, nie in Form Distanz aufhebender Antwort, sondern nur in Form der Frage.“[16] So kann das Gebet von *Eduard Mörike* verstanden werden:

Herr, schicke was du willst,
ein Liebes oder Leides;
ich bin vergnügt, daß beides
aus deinen Händen quillt.
Wollest mit Freuden
und wollest mit Leiden
mich nicht überschütten!
Doch in der Mitten
liegt holdes Bescheiden.[17]

---

[13] Robinson: Gott ist anders, 103f.
[14] Mezger: Sprachgestalt, 386.
[15] Bernet: Gebet, 115.
[16] Bernet: Gebet, 136–138.
[17] Einiger: Die schönsten Gebete, 242.

Mit „Situieren“ meint Bernet – im Sinne Luthers – das vor Gott-Stehen des Menschen im Gebet, die Fähigkeit, sich in seine Grundsituation als Gerechter und Sünder zugleich zu versetzen, und zitiert den Lutherforscher *Rudolf Hermann*:

> Indem wir beten, sehen wir von uns ab und setzen auf uns nichts, sondern alles auf Christus [...] Welche andere Haltung sollte also überhaupt so etwas wie Gewißheit ermöglichen als die, in der wir auf Gott allein sehen, eben das Gebet.[18]

Mit dem Problem des Gebets fertigzuwerden, wird sodann von *Rolf Schäfer* in der Weise versucht, das Verständnis des Gebets vom Adressaten, also von der Gottesvorstellung her zu beschreiben. Schäfer geht von der „seelsorgerlichen Schwierigkeit“ aus, die den einzelnen hindert, das der Theorie nach mögliche Gebet zu verwirklichen. Er meint:

> In dem Maße als das subjektive Wahrheitsempfinden den Zugang zu den gültigen Wahrheiten öffnet oder verschließt, wird die subjektive Möglichkeit des Betens zum Kriterium für das Gebet überhaupt.

Der letzte Maßstab für die Wahrheit des Gebets liegt nicht im Verstand, sondern in der unmittelbaren Erfahrung:

> So ist auch eine korrekt biblische oder kirchliche Gotteslehre nur so weit wahr, als sie vom einzelnen verifiziert wird [...] im lebendigen, unerzwungenen, bejahenden sich Beziehen auf den Gegenstand. Das lebendige sich Beziehen auf Gott aber ist das Gebet.[19]

Doch der betende Glaube übersteigt alle Erfahrung, indem er sich von einem selber redenden Gegenüber von Gott in seinem Wort überhaupt erst ermöglicht weiß. Glaube ist an sich nicht erfahrbar, aber – so *Heinrich Ott* – allein im Gebet doch erfahrbar:

> Nun aber drängt der Glaube zum Gebet [...] Gottes Wort ist nicht erfahrbar, es sei denn im Glauben. Der Glaube ist nicht erfahrbar, es sei denn im Gebet [...] Das Gebet ist eine Erfahrung sui generis [...] So hat das Gebet seine dialektische Stellung zwischen dem Erfahrbaren und dem Unerfahrbaren.[20]

---

[18] Bernet: Gebet, 146.
[19] Schäfer: Gott und Gebet, 122.
[20] Ott: Theologie als Gebet, 122.

3. Das trinitarisch-koinonische Gebetsverständnis

Ein Ausweg aus den Schwierigkeiten und Verirrungen eines rein „dialogischen“ und eines rein „a-personalen“ Gebetsverständnisses bietet sich an, wenn das Gebet von der Trinität – vom Glauben an den dreieinigen Gott – her konzipiert wird. *Hans-Martin Barth* hat in seinem Buch „Woher – wohin mein Ruf?“ darauf hingewiesen, daß die Tatsache, daß die Christenheit Gott als den Dreieinigen begriffen hat, für unser Gebetsverständnis fruchtbar gemacht werden muß und daß dieses von der alttestamentlichen Gebetsauffassung und vom Beten Jesu her entwickelt werden kann.[21]

Das trinitarische Gebet ist „Beten im Geist zum Vater durch den Sohn“. Das *„Gebet im Geist“* bedeutet zunächst, daß sich all unser Beten der Initiative Gottes vermittels des Geistes verdankt. Die Grundsituation des Menschen ist seine Unfähigkeit zum Beten, sein „Bettler“-Dasein, wie Luther in seinem letztniedergeschriebenen Wort sagte: „Wir sind Bettler, das ist wahr.“ Diese Bedürftigkeit teilt der Mensch mit der außermenschlichen Kreatur, von deren Sehnsucht und Stöhnen Paulus spricht (Röm 8,22f). Wer im Geist betet, bekennt sich zu seiner Bedürftigkeit und gesteht sich ein, daß er darauf angewiesen ist, daß mit ihm etwas geschieht. Er wird dessen gewahr, daß er nicht selbst beten kann, sondern daß sich sein Beten vollzieht, ehe er es artikuliert und ehe er überhaupt spricht. „Es betet in ihm“, oder „er betet selbst“, heißt es in der Erfahrung der großen Beter, zum Beispiel beim russischen Pilger.[22] Es ist mit dem Gebet wie mit dem Atmen: Man atmet, ohne sich dessen bewußt zu sein, kann es sich aber allezeit bewußt machen. Das eigene Atmen kann als etwas Fremdes erfahren werden, das einen andererseits erfaßt und trägt und ständig mit einem ist. So ist das Beten ein ständiges Bewußtwerden dieser elementaren Bedürftigkeit. Im Geist beten heißt in diesem Sinn: teilnehmen an aller menschlichen Sehnsucht und Wissen um die Gemeinsamkeit des Bittens und Betens aller Menschen auch außerhalb der christlichen Kirche. Angesichts dieser Grundbedürftigkeit und Unfähigkeit des Menschen zu beten bedeutet „Beten im Geist“, daß der Geist uns vertritt. Er gewinnt Raum in uns, so daß wir in dieser Unfähigkeit zu beten nicht verzweifeln oder resignieren müssen, sondern „Abba“ rufen dürfen (Röm 8,15; Gal 4,6).

Dieses „Beten im Geist“ läßt sich nicht mehr im Modell des Gebets als Dialog unterbringen. Und doch ist das Gebet im Geist *„Beten zum Vater“*. Es geht dabei um das Bewußtsein, daß es sich im Gebet um eine Beziehung handelt, nämlich zu Gott dem Vater. Die Beziehung zu Gott als dem „Va-

---

[21] Barth: Woher – wohin, 115. Die folgenden Ausführungen verdanken sich dem hier dargestellten Verständnis des trinitatischen Gebets, 161–177.

[22] Jungclaussen: Aufrichtige Erzählungen, passim.

ter", und zwar mit der vertraulichen „Abba"-Anrede, bedeutet, daß der Mensch den unnahbaren Gott doch anreden, zu ihm in eine enge Beziehung treten darf. Es ist das Bewußtsein der Innigkeit und Ungestörtheit des Verhältnisses zwischen Gott und den Menschen. Der Mensch bekennt sich dazu, daß er bitten, hoffen und auf Erhörung warten darf, wie es das Bild des Vaters nahelegt, der seinem Kind die Bitten erfüllt. Gewiß bekommt der Beter es dadurch mit Widerständen zu tun: Er bittet trotz alles Bösen, Leidvollen, Quälenden, das ihm bewußt ist. Wer zu Gott dem Vater betet, tut dies gegen allen Augenschein, wider besseres Wissen und Verstehen. Doch in dieser Situation des – wie Luther es sagte – „Fliehens von Gott zu Gott", darf der Beter nun auf Christus sehen und durch ihn zum Vater flüchten und zu ihm beten.

Wer so im Geist zum Vater betet, der betet *„durch Jesus Christus"*. Beten „durch Christus" heißt: im Geist Jesu beten, also in jenem Geist, der mit Jesus Christus in die Welt gekommen ist. Dadurch wird der Geist, in dem man betet, von anderen Geistern unterschieden. Er ist faßbar, qualifiziert und qualifizierend. Dieser Geist Jesu wird in der Verkündigung, in Gleichnissen und Geschichten, ja im eigenen Leben und Sterben Jesu anschaulich. Wer in seinem Geist betet, läßt sich in Jesu Hoffnungen und seinen Lebensweg einbeziehen. Jesus konnte wirklich beten, er hatte Zuversicht beim Beten, er war erfüllt vom Heiligen Geist, er war der Betende schlechthin, allezeit der Erhörung seiner Bitte gewiß (Joh 11,42). Gleichzeitig war er jedoch einer, der im Gebet rang, wie wir aus der Beschreibung der Gethsemane-Szene wissen, am dramatischsten bei Lukas (22,44). „Beten durch den Sohn" heißt, sich im Gebet in der Gemeinschaft dieses Gebetes Jesu wissen, auch in seinem Schreien um Erfüllung und Erlösung und zugleich in seine Ergebung und Annahme der Antwort. Es heißt: Jesus auf seinem Weg durch Leiden und Tod folgen, aber gleichzeitig von der Auferstehung wissen. In der Theologie spricht man von Jesus als „Mittler" und „Fürsprecher" und meint das, was er dem Menschen, und zwar dem Betenden, in solcher Gemeinschaft vermitteln kann als der Bittende und Fürbittende schlechthin. Kein Wunder, daß sich darum – neben dem Gebet zu Gott und der trinitarischen Anrufung – auch das Beten zu Jesus und die Anrufung des Heiligen Geistes sehr bald durchgesetzt hat. Wenn das auch – nach all den Gesagten – dogmatisch nicht ganz korrekt sein mag, so muß doch bedacht werden, daß im Gebet das rationale Denken und theologische Wissen ein Stück weit aufgehoben ist. Weil der Sohn der Mittler ist, darf man sich an ihn auch direkt wenden. Und weil das Gebet „im Heiligen Geist" geschieht, kann man auch die dritte Person der Trinität anrufen. So hat es den Gebetsruf „Komm, Heiliger Geist" sehr früh gegeben, so wie das „Komm, Herr Jesus!" bereits im Neuen Testament belegt ist (Offb 22,30).

Zusammenfassend läßt sich sagen: Der eine Gott, zu dem wir beten, läßt sich nur dreifaltig beschreiben und nur als der dreieinige im Gebet anrufen. Gott als der Ferne und als „Geheimnis der Welt“ ist der verborgene, geheimnisvolle, dreieinige Gott. Wer „im Geist zum Vater durch den Sohn“ betet, weiß sich in dieses Geheimnis hineingenommen. Er versteht, daß er nicht von sich aus beten kann, und wird dessen gewahr, daß ihm dies abgenommen wird durch den Geist Gottes. Er läßt sich hineinnehmen in den Weg und das Geschick Jesu Christi am Kreuz und in der Auferstehung. „So ist der dreieinige Gott zwar gänzlich dem Betenden *entzogen*, und doch erkennt ihn der Betende als gänzlich *bezogen* – auf den Betenden und seine Welt, ja als sich hingebend an den Menschen zur Rettung aller Kreatur“. Es geht hier um den „Denkversuch des Glaubenden und Betenden, der sich aus dieser Beziehung heraus begreift und erfährt.“ Es soll damit sowohl einer Objektivierung als auch einer Subjektivierung Gottes gewehrt werden. Sowohl das theistische, dialogische Gottesbild als auch das mystische, in dem Gott sich zu einem innerpsychischen Geschehen verflüchtigt, wird damit ausgeschlossen. „Gott steht so weit außerhalb des betenden Menschen, wie er ihm innerlich gegenwärtig ist.“[23]

Das bedeutet, daß das „dialogische“ Gebetsverständnis, das mit dem Denkmodell eines antropomorph gedachten Gegenübers arbeitet – und daran scheitert – ebenso einseitig ist wie das „a-personale“, nach-theistische Gebetsverständnis, das den Menschen von Gott – oder dem „Göttlichen“ – nur umfangen sieht wie von der Atmosphäre, die ihn umgibt, und sich damit von dem biblischen Grund entfernt.

Es geht darum, das Gebet in einem umfassenderen Sinn als Geschehen, nicht nur als „Dialog“ und nicht nur als „Vereinigung“ mit Gott zu verstehen. Dieses „koinonische“ Gebetsverständnis – wie man es mit *Paul Philippi*[24] auch nennen kann –, überwindet beide Alternativen und versteht sich als Anrede Gottes als Gegenüber und gleichzeitig als Gemeinschaft mit Gott, ohne in ihm aufzugehen. Im Gebet handelt es sich einerseits um das geheimnisvolle Geschehen der „Koinonia“, der Gemeinschaft mit dem Christus, um das es genau so auch beim Abendmahl geht. Denn gerade im Abendmahl geht die Verrechnung des personal verstandenen Ich-Du-Modells nicht auf. Gebet ist dann – wie das Sakrament des Altars – ganz von der Darstellung des Leibes Christi her verstanden als Teilhabe an Christus durch Einswerden mit ihm. Insofern muß Gebet ebenso vom Gottesdienst her verstanden und im Gottesdienst in seiner Eigentlichkeit geübt werden. Aber das besagt nicht nur, daß es eine „gemeinsame Sache“ von Christen,

---

[23] Barth: Wohin – woher, 174.

[24] Philippi: Diaconica, 19.

nicht allein eine individuelle Angelegenheit des Einzelnen sei, sondern daß es eine *Wesens*gemeinschaft mit Christus, Teilnahme an seinem Leben ist.

Doch andererseits ist Beten nicht nur als Eins-Werden mit Gott, als Sich-Ergeben in seinen Willen und Stille-Werden vor Gott, sondern auch als Bitten und Fürbitten zu sehen. Es geht beim Gebet „zum Vater" auch nicht darum, in Gottes Geschehen „hinreinreden" zu wollen, sondern um den großen Glauben, der vom wirklichen Gott auch im Leben unserer Welt und im persönlichen Schicksal weiß und es zu seinem Heil und Segen geschehen läßt.

Mit dieser Auffassung vom Gebet ist gleichzeitig dem Mißverständnis gewehrt, daß man beim Beten keine Worte machen sollte. Die Worte sind beim Gebet – besonders in der „Schule des Betens" – unerläßlich. Vielmehr geht es um das „geistliche Gebet" im Unterschied zu dem nur „äußerlichen Gebet". Die Worte erhalten eine nur „einübende", „vorbereitende" Bedeutung. Selbst Luther hat sich dahingehend geäußert, daß Worte nur solange notwendig sind, bis der Mensch gelernt hat, ohne Worte zu beten: „Darum soll man sich an die Worte halten und an denselben aufsteigen, so lange, daß die Federn wachsen, daß man fliegen kann ohne Worte." Die Worte des Herzens haben – ebenfalls nach Luther – den Sinn, das Herz zu erwärmen und den Geist zu erwecken: „Denn obwohl das Gebet kann im Herzen ohne alle Worte und Gebärde geschehen, doch hilft es dazu, daß der Geist desto mehr erweckt und entzündet wird."[25]

Bei dem Gebet „im Geist zum Vater durch Christus" geht es um die Einheit zwischen dem Gebet Christi und unserem Gebet. Unser Gebet soll im Gebet Christi eingemengt, eingeflochten, einverleibt, „ein Kuchen sein", wie Luther sagt. Im Gebet geschieht – durch den Glauben – eine „Identifikation" mit Christus, so daß das Gebet des Christen im Gebet Christi aufgeht. Wer einverleibt im Körper Christi betet, ist eins mit ihm und sein Gebet ist eins mit dem Gebet Christi. Dazu sagt *Luther*:

> Denn wir haben bereits sein Gebet, dadurch er hat uns gegen den Vater verbeten, welches er hat einmal getan, aber noch in Ewigkeit währet und machet, daß unser Gebet auch ihm gefället und erhöret wird. In solchem Glauben ist solche Mahnung recht, daß ich sagen kann: Ich weiß, daß mein himmlischer Vater herzlich gern höret, was ich nur bete, ja, sofern ich diesen Heiland Christum im Herzen habe, der für mich gebetet hat, also mein Gebet durch seines angenehm ist, daß wir also unser Gebet in seines flechten [...] und unser Gebet und was wir tun, in diesem eingeleibt und in ihm gekleidet sei, wie St. Paulus sagt, daß wir Christum anziehen und alles in ihm geschehen soll, so es soll für Gott angenehm sein [...] Wir hören, daß er sich uns so mit ihm vereinigt und schier gleichmacht, unser Gebet in seines und seines in unsres mengt [...] und unser Gebet seinem gleich sein soll, daß schier kein Unterschied

[25] WA 2,85; WA 32,145.

> bleibt, ohne daß es von ihm herkommt und durch ihn gehen muß, daß unser Gebet angenehm werde [...], sonst machet er uns in allem ihm selbst gleich und muß sein und unser Gebet ein Kuchen sein. Gleichwie sein Leib ist unser Leib und unsre Gliedmaßen seine Glieder sind, wie Paulus Eph 5 spricht: „Wir sind Glieder seines Leibes."[26]

Das „koinonische" Gebet, das wir bei Luther finden, verdrängt oder schließt das „dialogische" Element also keineswegs aus, wie bei den Mystikern, sondern überhöht und erweitert es. Aber es ist das Gebet, in dem es um ein Geschehen, nicht mehr lediglich um Rede geht. Es ist das Gebet, das darum auch nicht an den schwierigen Fragen vorbeigeht, die nicht nur die Gottesvorstellung, sondern auch die Weltsicht aufgibt, mit der es der Beter zu tun hat. Von dieser Weltsicht im Verhältnis zum Beten soll im folgenden die Rede sein.

[26] WA 46,97f. Diese und die folgenden Lutherzitate sind in einer Fassung im heutigen Deutsch wiedergegeben, vor allem Calwer-Ausgabe oder Luther: Ausgewählte Schriften.

V. Die Welt des Gebets

Die Schwierigkeiten mit dem Gebet liegen nicht allein in der Natur des Menschen oder in der Art seiner Gottesvorstellung. Sie hängen ebenso mit dem modernen Weltverständnis zusammen, sofern es eine Naturgesetzlichkeit voraussetzt, gemäß der alles Geschehen nach dem Kausalitätsprinzip abläuft. Dieses läßt keinen Eingriff Gottes aufgrund des menschlichen Bittgebets zu und lehnt daher das Beten ab.

In der Deutung des Wesens des Gebets ist daher seit altersher der Akzent von der Betonung einer äußeren Veränderung durch das Beten auf eine Änderung im „inwendigen" Menschen verlagert worden. In dieser Konzeption vollzieht sich die Wirkung des Gebets in der „inneren Welt". Es geht dann beim Beten nicht um das Anliegen, Gott möge etwas „Äußeres" ändern, das unserer Erfahrung widerspricht. Vielmehr handelt es sich dieser Auffassung gemäß beim Beten darum, daß sich der Mensch selbst im Gebet verändert.

Stellt man so die „äußere" und die „innere" Welt beim Gebetsgeschehen gegenüber, muß man sich sagen lassen, daß weder die eine noch die andere Weise es ist, mit der es das Gebet im Wesentlichen zu tun hat. Letztendlich geht es beim Gebet um die „unsichtbare Welt Gottes", in der Gott selbst auf das Äußere und Innere der Welt des Menschen Einfluß nehmen kann und dazu unser Gebet erwartet.

1. Die äußere Welt des Menschen

Die äußere Welt, die den Menschen umgibt, nennt man die physikalisch-technische Welt. Das Problem, das im Nachdenken über das Gebet am meisten zu schaffen macht, ist seit jeher die Vorstellung über Gott als eines „Punktes außerhalb unserer selbst" und überhaupt der Glaube an einen Gott, der rettend, helfend und schützend in das Weltgeschehen eingreift. Die klassische Anschauung über die äußere Welt seit *René Descartes*, sieht in der Natur eine ausgedehnte Materie, die dem nichtausgedehnten Denken gegenübersteht. Sie ist Materie und als solche Objekt der Wissenschaft, also „objektiv" gegenständlich. Die Physik beschäftigt sich mit diesem einen Aspekt der Wirklichkeit, während die Welt Gottes, in der sich das Gebet vollzieht, auch andere Aspekte dieser Wirklichkeit kennt. Dadurch tritt sie in einen Gegensatz zu jener, der kaum überbrückbar zu sein scheint. Allerdings ist die klassische Physik, in der das Prinzip des Kausalmechanismus gilt, durch die Entdeckung der Relativitätstheorie (*Albert Einstein*) und der Quantenphysik (*Max Planck, Niels Bohr, Werner Heisenberg*) nicht mehr der einzige und der richtige Gesprächspartner der Theologie. Denn das von der klassischen Physik aufgestellte Weltbild ist seither, auch wissenschaftlich betrachtet, nur eine Seite der gegebenen Wirklichkeit. Für Naturwissenschaftler und Theologen hat sich seither die Frage ergeben: Wie verhält sich die Welt, wie sie die moderne Physik versteht, zu der Möglichkeit des Gebets? Und umgekehrt: Kann vom christlichen Gebetsverständnis her ein Zugang zu dieser physikalisch-technischen Welt gefunden werden? Schließen sich beide Konzepte aus oder kann das eine das andere akzeptieren? Bemerkenswert ist die Tatsache, daß eine Reihe der modernen Physiker des 20. Jahrhunderts selbst einen Zugang zum Glauben und zum Gebet hatte. So schreibt *Max Planck* (1858–1947):

> Nicht die sichtbare, aber vergängliche Materie ist das Reale, Wahre, Wirkliche [...] sondern der unsichtbare, unsterbliche Geist ist das Wahre. Da es aber Geist an sich nicht geben kann, und jeder Geist einem Wesen zugehört, so müssen wir zwingend *Geistwesen* annehmen. Da aber auch Geistwesen nicht aus sich selbst sein können, sondern geschaffen worden sein müssen, so scheue ich mich nicht, diesen geheimnisvollen Schöpfer ebenso zu nennen, wie ihn alle alten Kulturvölker der Erde für Jahrtausende genannt haben – GOTT![1]

Und *Albert Einstein* (1879–1955) bezeugt:

> Meine Religion besteht in der demütigen Anbetung eines unendlichen Geisteswesens höherer Natur, das sich selbst in den kleinen Einzelheiten kundgibt, die wir mit unseren schwachen und unzulänglichen Sinnen wahrzunehmen vermögen. Diese tiefe gefühlsmäßige Überzeugung von der Existenz einer höheren Denkkraft, die sich im unerforschlichen Weltall manifestiert, bildet den Inhalt meiner Gottesvorstellung.[2]

Die entscheidende Erkenntnis der modernen Physik seit Albert Einstein und Max Planck ist, daß die Materie im klassischen Sinn Materie, aber auch Energie im Sinn der Quantentheorie ist. Das bedeutet, daß der Mensch auch wissenschaftlich nicht nur als Materie, sondern ebenso als Energie begriffen werden kann, oder – wie es manchmal ausgedrückt wird – aus einem „energetischen Kraftfeld“ besteht. Das, was wir als „organisches Leben“ bezeichnen, kann als eine besonders entwickelte Form dieser Energie verstanden werden. Ein Phänomen, wie das mystische Erlebnis der „Erleuchtung“,

---

[1] Einiger: Die schönsten Gebete, 251.
[2] Einiger: Die schönsten Gebete, 194.

kann durchaus als Strom der Energie gedeutet werden, wie er zum Gehirn und Bauch durch das Rückenmark läuft und alle Glieder bewegt, ja mitunter ins Bewußtsein eindringt. Der Mensch kann sich auf diese Weise begreifen als einer, der in einen Strom eingefügt ist, der von Anfang an besteht und einem Ziel zustrebt, der von Gott kommt und in ihn einmündet. Gott wird dann mit jener „Energie“ oder „Kraft“ verglichen, die in diesem Strom enthalten ist, aber als über ihr stehend, sie zugleich überragend, erfahren wird, so daß er mit Recht im Sinne der „via eminentiae“ als viel höher als der Mensch, oder im Sinne der „via negationis“ als einer beschrieben wird, über den man nur sagen kann, was er nicht ist.[3]

Das Verständnis des Menschen als energiegeladenes Wesen soll hier nur die Möglichkeit einer Verbindung zum Gottesglauben und zu der Möglichkeit des Gebets aufweisen, wie sie in der modernen Auseinandersetzung zwischen Naturwissenschaft und christlichem Denken angestrebt wird. Es soll damit jedoch nicht solchen Versuchen wie der Anthroposophie Rudolf Steiners oder ähnlichen Lehren das Wort gesprochen werden. Doch zeigen diese Wege, daß es grundsätzlich keinen Widerspruch zwischen Gebet und der äußeren Welt der Naturwissenschaft geben muß. Die physikalische Welt und die Welt Gottes können sich so in der Reflexion des Menschen – und nicht zuletzt in seinem Gebetsleben – treffen. Allerdings: die Physik in ihrer klassischen Ausprägung geht an bestimmten Schichten der Welt blind oder uninteressiert vorüber oder übersieht die unsichtbare Welt Gottes überhaupt. Das ist der Grund, warum das Denken, das von dieser Art der Naturwissenschaft geprägt ist, mit der Welt des Gebetes zusammenstößt. Die Art, wie die Wirklichkeit seit der Quantentheorie betrachtet wird, ermöglicht jedoch – wie wir sahen – selbst von der Physik her ein anderes Verhältnis zum Gebet.

Doch auch von der Theologie her gesehen muß das Verhältnis des betenden Menschen zu der ihn umgebenden äußeren Welt geklärt werden. Der Schöpfungsglaube des Christen impliziert einen Wirklichkeitsanspruch, den er der objektivierenden naturwissenschaftlichen Betrachtung, so richtig sie in bestimmter Hinsicht sein mag, nicht zuerkennen kann, weil sie die Wirklichkeit im Ganzen nicht wahrnimmt. Durch die Ausschaltung bestimmter Dimensionen der Wirklichkeit geht etwas verloren, was für die faktische Situation des Menschen in der Welt konstitutiv ist und durch die naturwissenschaftliche Betrachtungsweise nicht beseitigt werden kann: das Zusammensein von Welt und Mensch. Es ist eine unhaltbare Vereinfachung, die Menschen nicht anders zu sehen als in ihrem Einbezogensein in den Naturprozeß. Das würde eine besondere Gestalt des Zusammenseins von Welt und Mensch verkennen. Der Mensch darf die Einmaligkeit seines Lebens

[3] Siegwalt: Das Gebet, 274.

gegenüber der Natur und ihren Prozessen und damit der Verantwortung seines Zusammenseins mit der Welt nicht verleugnen, woraus sich der „Geheimnischarakter" seiner Weltsicht ergibt. „Das alles umgreifende Thema ist nicht, wie dies oder das in der Welt und wie die Welt im Ganzen entsteht und vergeht, sondern wie der Mensch das Zusammensein mit der Welt besteht und in welches Licht damit Entstehen und Vergehen überhaupt rükken."[4] Das bedeutet, daß der Schöpfungsglaube den Anspruch erhebt, eine, ja *die* maßgebende Wirklichkeitsaussage über die Welt zu machen. Das impliziert, daß damit einem willkürlichen Umgang des Menschen mit der Wirklichkeit gewehrt wird. Denn der Schöpfungsglaube ist nicht ein bloßer Gedanke über die Welt, sondern das, was für den lebensmäßigen Vollzug des Zusammenseins von Welt und Mensch bestimmend sein muß. In der Begegnung mit der Naturwissenschaft wird er sich darum immer auch auf seine Offenheit für die Weltwirklichkeit hin prüfen lassen. Insofern gerät der Schöpfungsglaube nur durch Mißverständnisse in Konkurrenz zur Naturwissenschaft. Allerdings rückt er gleichzeitig alles in jenen umgreifenden Zusammenhang, und zwar so, daß das Zusammensein von Welt und Mensch im Licht des Zusammenseins von Gott und Welt gesehen wird. Die Veränderung des Menschen in seinem Verhältnis zu Gott bewirkt eine Veränderung des Menschen in seinem Verhältnis zur Welt. Das führt nicht bloß zu einer anderen Deutung der Welt, sondern auch zu einer anderen Wirkung der Welt auf den Menschen und ein anderes Wirken des Menschen auf die Welt. Das wird am Gebet besonders deutlich. „Hier vollzieht sich in jedem Satz dieses Umschlagen des Primats der Welt in das Primat Gottes. Und nur dadurch, daß die Welterfahrung in das Gebet einströmt, erhält das Reden zu Gott sein Material, das es ermöglicht, Gott das ihm zukommende Sein und die ihm zukommenden Attribute zuzusprechen."[5] Das bringt das Gebet von *Johannes Kepler* (1571–1639), dem großen Astronomen seiner Zeit, zum Ausdruck:

> Groß ist unser Herr und groß seine Macht und seine Weisheit ohne Ende. Lobet ihn, Sonne, Mond und Planeten, in der Sprache, die euch gegeben ist, euren Schöpfer zu loben. Lobt ihn, ihr himmlischen Chöre und auch du, meine Seele, singe. Singe die Ehre des Herrn, so lange es dir vergönnt ist. Von ihm und durch ihn und zu ihm sind alle Dinge, das, was uns bekannt ist und das, was wir noch nicht kennen. Ihm sei Lob, Ehre und Preis von Ewigkeit zu Ewigkeit.[6]

Gerhard Ebeling nennt das Gebet in diesem Sinne die „Syntax des Glaubens":

---

[4] Ebeling: Dogmatik, Bd. I, 305f.
[5] Ebeling: Dogmatik, Bd. 1, 223.
[6] Zippert: Geborgen, 211.

Alles, was den Menschen bewegt, die Weltwirklichkeit um ihn her und das, was in seinem Herzen vor sich geht, die eigenen Nöte und Wünsche und das, was die Nöte der anderen zu wünschen geben oder auch was andere zu wünschen und zu klagen Anlaß geben und an Not bereiten, die Ängste und Freuden, das gesunde pralle Leben so wie das kranke und sterbende Leben, die Schönheit der Natur und des Mensch-Seins im Beieinandersein und Füreinander-Dasein sowie die grauenhafte Zerstörung, die von Menschenhand durch Krieg und Wohlstandszivilisation in Gottes Schöpfung angerichtet wird, – all das gehört in unerschöpflicher Weise in das Gebet hinein.[7]

Der katholische Priester und Lehrer des modernen Gebets *Michel Quoist* (geb. 1921) drückt diesen Gedanken in seinem ersten Gebetsband etwas anders aus, wenn er schreibt:

Wenn wir verstünden, auf Gott zu hören, wenn wir verstünden, das Leben zu betrachten, würde das ganze Leben zum Gebet. Denn das ganze Leben läuft unter dem Blick Gottes ab und alles, was der Mensch erlebt, soll er ihm freiwillig darbringen.[8]

2. Die innere Welt des Betenden

Worum es hier geht, soll zunächst mit einem Zitat aus den Überlegungen zum Gebet von *Mechthild von Magdeburg* verdeutlicht werden. Sie schreibt:

Das Gebet hat große Kraft,
das ein Mensch leistet mit all seiner Macht:
Es machet ein sauer Herz süße,
ein traurig Herz froh,
ein arm Herze reich,
ein dumm Herze weise,
ein blöd Herze kühne,
ein krank Herze stark,
ein blind Herze sehend,
eine kalte Seele brennend.
Es ziehet hernieder den großen Gott
in ein klein Herze;
es treibet die hungrige Seele hinauf
zu dem vollen Gotte.[9]

[7] Ebeling: Dogmatik, Bd. 1, 210.
[8] Quoist: Herr, da bin ich, 43.
[9] Heiler: Das Gebet, VI.

Dies Wort sagt aus, wie das Gebet bewirkt, daß sich unser Herz verändert und die erwartete Veränderung durch das Gebet in uns selbst geschieht. In diesem Sinne kann Gebet zunächst als ein wissenschaftlich verifizierbares, innerweltliches psychisches Phänomen erklärt werden, das für den Gläubigen als Wirkung des Heiligen Geistes gedeutet wird. Die Frage: „Was geschieht im Gebet?" oder „Was geschieht, wenn wir beten?" wird dann so beantwortet: „Das Gebet ist ein Akt unseres inneren Selbst."[10] Es ist das, was der Psalmbeter meint, wenn er ausruft: „Aus der Tiefe rufe ich, Herr, zu dir." (Ps 130,1) Die Tiefe ist unser innerstes Wesen, und durch den Ruf aus dem Innersten entsteht der Akt des Betens.

Weil das so ist, kann man das Gebet zunächst als ein Mittel des Menschen deuten, auf sich selbst einzuwirken. Anders gesagt: Gebet ist eine Weise des Menschen, auf sich selbst Einfluß zu nehmen. Das Gebet hat selbst dann einen Sinn, wenn Gott nicht direkt impliziert ist, das heißt: wenn er auf unsere Bitte nicht unbedingt reagiert, antwortet oder wenn kein Eingreifen in einer bestimmten Situation zu erwarten ist.

Allerdings kann sich bei dieser inneren Veränderung am Menschen selbst auch manches aus seiner Umwelt verändern. So betrachtet, bittet man eher um das Freiwerden von Wünschen als um den Empfang von bestimmten „Gaben". Klassisch hierfür ist die Forderung von *Epiktet*: „Nichts, was du begehrst, erbitte von den Göttern, sondern daß du frei werdest von allem Begehren, – das erflehe von ihnen!" Das ist die typisch stoische Haltung, die darin besteht, daß man von allen Wünschen, besonders von den Begierden, freiwerde und damit auch nicht mehr leiden müsse, wenn man etwas Erwartetes nicht haben kann oder es an etwas fehlt. Es geht hier also nicht um eine Änderung eines ursprünglichen Planes oder des Laufes der Dinge, sondern darum, daß *wir* uns ändern. Das Gebet bewirkt eine Wandlung am inneren Menschen, die sich dann auch – möglicherweise – auf Veränderungen außerhalb unserer Welt auswirken kann.

Auch bei *Luther* findet man an vielen Stellen das Gebet in dieser Weise erklärt, nicht zuletzt in der Auslegung des „Vaterunser". Er verknüpft hier mit der Bitte um konkrete Anliegen, die sich außerhalb unserer vollziehen sollen, auch die Bitte, daß unser „inwendiger" Mensch sich ändern möge, indem wir etwa rein und lauter von Gott denken lernen. *Luther* sagt, es gehe darum, „wider des Fleisches Drängen zu glauben und Vergebungsbereitschaft verlangen, Anfechtung und Zweifel überwinden und Gottes Güte erkennen und mit Danksagung empfangen." Wenn wir das im Gebet erfahren und uns geschenkt wird, daß wir Zweifel überwinden, die Güte Gottes erkennen und etwas mit Danksagung empfangen, so hat das Gebet etwas am inneren Menschen bewirkt. So ist die Bitte um ein „starkes Herz" das

[10] Heim: Leben, 100.

Muster jener Art von Bittgebet, in der die „innere Welt“ verändert wird. Wir bitten hier von vornherein nicht um bestimmte äußere Veränderungen, sondern um die Kraft oder um Glaubensstärke, die gegebene Situation zu bewältigen, mit ihr fertigzuwerden, gegen sie anzukämpfen. Das ist auch für den großen katholischen Theologen der Hochscholastik *Thomas von Aquin* das Hauptanliegen im Gebet:

> Gib mir, o Herr, ein wachsames Herz,
> das kein leichtfertiger Gedanke von dir ablenkt;
> ein edles Herz, das keine unwürdige Leidenschaft erniedrigt;
> ein gerades und aufrichtiges Herz, das kein gemeines Streben auf Abwege führen kann;
> ein starkes Herz, das kein Bedrängnis bange macht;
> ein freies Herz, das sich von keiner bösen Macht beherrschen läßt.[11]

Diese Art des Gebets läßt den Einwand zu, daß die höchst realen Veränderungen, die das Bittgebet hervorrufen, erklärbar sind. Das Gebet verläuft dann, wenn es auch äußere Veränderungen bewirkt, auf einem Umweg, also indirekt in Bahnen, die psychologisch deutbare Vorgänge sind. Man kann demnach äußere Veränderungen erklären, aber sie sind dann nicht als Wunder oder direktes Eingreifen Gottes zu verstehen, sondern eine indirekte Folge dieser Veränderung am inneren Menschen. Das ist zum Beispiel der Fall, wenn diese Veränderung Einfluß auf andere Menschen oder deren Wünsche, auf ihr Wollen und Entschließen nimmt. Oder es geschieht, wenn das Gebet Impulse auslöst, daß der innere Mensch, der sich verändert hat, ergriffen, angerührt, bereit ist zu vergeben oder Freude und Hoffnung zu vermitteln. Indem das von ihm auf einen anderen Menschen übertragen wird, kann sich bei diesem und in seiner Umwelt etwas verändern und sich auf das Zusammenleben der Menschen auswirken. So kann es zu Versöhnung, zu einem Friedensschluß oder zu Buße als Umdenken kommen. Eine „Kettenreaktion“, die vom veränderten Herzen eines Menschen auf einen anderen und von diesem wieder auf seine Umwelt übergeht, kann so in Gang kommen.[12]

Schon *Jean Jaques Rousseau* sagte: „Nicht Gott ist es, der sich ändert, sondern wir ändern uns, indem wir uns zu ihm erheben. Alles, um was man ihn bittet, wie man denn soll, gibt man sich selbst. [...] Man steigert seine Kraft, indem man seine Schwäche erkennt.“[13] Funktion des Gebets kann also sein, die ethische Gesinnung eines Menschen zu beleben, wobei dann nicht alle Menschen gleicherweise darauf angewiesen sind, aber es doch so

[11] Zippert: Geborgen, 59.
[12] Fritzsche: Dogmatik, Bd. 2, 348f.
[13] Heiler: Das Gebet, 208.

weit geht, wie ein bestimmter Mensch das auch nötig hat oder für ihn gut ist. *Immanuel Kant* sagt in diesem Sinn: Der Mensch sucht beim Beten vermittels der „Idee von Gott“ nur „auf sich selbst [...], in diesem aber, da er sich durch Worte, mithin äußerlich erklärt, auf Gott zu wirken“.[14] Hier handelt es sich demnach um eine Reduzierung der Gebetsproblematik auf einen innerweltlichen oder sogar innerpsychischen Bereich.

Diese psychische oder psychologische Wirkung des Gebetes wird von vielen Autoren über das Gebet oder von Frommen, die sich dazu geäußert haben, als sein Wesen herausgestellt. Es wird etwa gesagt: „Das Gebet stimmt den Menschen freudig und dankbar für das, was er aufgrund einer Bitte von Gott erhält.“[15] Denken wir an Gebete, die damit beginnen, daß man sich zuerst seiner Schwäche bewußt wird, daß man diese erkennt und bekennt, dadurch die Stärke Gottes zu empfangen hofft und somit seine eigene Kraft steigert. So ähnlich argumentiert der um die Wende vom 18. zum 19. Jahrhundert lebende Schriftsteller *Johannes Jakobus Mnioch*, indem er meint, daß selbst bei solchen, die das Gebet als Täuschung ansehen, seine Auswirkungen doch positiv sind:

> Indem Gott im Gebet als sinnlich-gegenwärtig behandelt wird, erhält der Glauben an ihn Leben und Gewißheit für Phantasie und Herz, die Phantasie wird von unedlen Bildern, das Herz von niedrigen Neigungen gereinigt, eine kräftige Vorstellung von Gottes Allgegenwart bleibt zurück.

So hat man in der Zeit der Aufklärung versucht, diese Fragen durch die Vernunft, durch menschliche, innerweltliche, „immanente“ Kategorien zu erklären. In diesem Sinn wird auch die moralische Wirkung des Gebets hervorgehoben. Das Gebet – so meint Kant – hat eine natürliche Kraft, den Beter selbst zu bessern. Beten „veredelt“ den Menschen. Der Mensch hat ein „moralisches Organ“, das durch das Beten in Tätigkeit gesetzt wird. Das Beten bringt sozusagen das Gute in ihm in Bewegung. Das Gebet soll „moralische Triebfedern im Einzelnen in Bewegung setzen“. Es war folglich naheliegend, das Gebet durch die moralische Tat zu ersetzen. Wenn es darauf ankommt, Gutes im Menschen zu bewirken, muß man schließlich und endlich gar nicht mehr beten, sondern kann eher etwas tun. „Tun wir unsere Pflicht gegen Gott, beten wir ihn an. Seien wir gerecht, das ist unser Werk, Lobpreis und wahres Gebet.“ [16]

In diesen Beurteilungen oder Einschätzungen des Gebets ist vom Gottesbegriff kaum mehr etwas zu finden. Gott wird in das psychische Selbst des Menschen aufgelöst. Aber kann Gott – so muß kritisch gefragt werden –

---

[14] Kant: Die Religion, 228.
[15] Thally: Ein Unbekannter aus dem 18.–19. Jahrhundert. Vgl. Heim: Das Gebet, 100.
[16] Vgl. Barth: Wohin – woher, 100.

wirklich etwas zum Guten bewirken oder etwas zur moralischen Gesinnung „beitragen“, wenn ihm bei der Schaffung dieser moralischen Ordnung keine Rolle mehr zufällt, also wenn er nicht mehr wirklich als Schöpfer, Erlöser und Erhalter der Ordnung angesehen wird? Ist es möglich, diese Gedanken unabhängig von Gott zu entwickeln, der diese Ordnung schließlich geschaffen hat und sie uns durch die Erlösung zugute kommen läßt?

Weil diese Frage verneint werden muß, haben sich solche Deutungsversuche des Gebets praktisch überlebt. Der heutige Mensch kann den Umweg über eine fiktive Instanz „Gott“ nicht mehr einsehen und verzichtet darum von vornherein darauf. Er braucht die These „Gott“ nicht mehr und spricht vom „Beten“ auch abgesehen von Gott.

Doch die Aussage, Gebet sei „ein Akt unseres inneren Selbst“, meint noch etwas anderes als das, was in der Aufklärung und in der „nachtheistischen Theologie“ daraus geworden ist. Gott kann dabei sehr wohl eine entscheidende Rolle spielen. Man kann es – mit *Karl Heim* – etwa so ausdrükken: Im Gebet treten wir heraus aus unserem Schicksal, aus einer bestimmten Not – einer Krankheit, die uns betroffen, einem Unglück, das uns ereilt hat. Wir treten heraus aus einer bestimmten Situation, wie man aus einem reißenden Strom ans Ufer tritt. Wir gewinnen „Abstand von unserem Dasein“ und finden „einen Punkt außerhalb dieses Geschehens, das uns zu vernichten droht, einen Punkt, von dem aus man sich das Ganze gegenüberstellen kann“. Im Gebet stellt man sich also dem Geschehen, das einen bedrohen will, gegenüber.[17] – Wie ist das gemeint?

Es ist nicht in der – vorher erwähnten – stoischen Weise gemeint, durch die die Bedrohung einfach als nichtig, inexistent, unwichtig übergangen wird. Hier ist der Weg ein entgegengesetzter: Wir treten mit dem einzigen in Verbindung, der wirklich und ganz außerhalb des Geschehens steht: mit Gott. Mit einem Bild gesagt: Wir tun das, was ein Bootsmann tut, wenn das Boot in den Hafen einläuft. Dieser wirft ein Seil zum Ufer hinüber und geht davon aus, daß da einer ist, der drüben steht, es auffängt und sein Boot ans Ufer zieht, so daß das Schiff sicher in den Hafen einlaufen und dort Halt finden kann. Im Gebet finden wir den Zugang und die Verbindung zu Gott, die uns die Hoffnung – und vielleicht Gewißheit – vermittelt, daß unser Leben geborgen, in Sicherheit gebracht und aus dem „reißenden Strom des Verderbens“ befreit wird.

Die entscheidende Frage ist hierbei, ob es diesen „Punkt außerhalb“, Gott, gibt, der diese Rettung zustandebringen kann und ob wir also mit unserem Leben durch das Gebet von Gott wirklich gehalten sind oder einer Illusion erliegen. Hier ist nicht mehr bloß die „innere Welt“ des Gebets im Spiel, sondern es kommt die „unsichtbare Welt“ in Sicht, in der Gott, den

[17] Vgl. hierzu und zum Folgenden: Heim: Das Gebet, 99ff.

wir als Schöpfer und Erlöser bekennen, in das Schicksal des Menschen eingreifen und ihn von dem Verderben erlösen kann.

3. Die unsichtbare Welt Gottes

Das Gebet verstehen und beschreiben kann man nur, wenn man sich vom rein immanenten, vom physikalischen – auch vom modernen – Weltbild frei macht und gleichfalls mit seinem Gebetsverständnis nicht in eine „innere Welt" flüchtet. Denn im Gebet öffnet sich der Mensch, der freilich in erster Reihe jenen beiden Welten angehört, einer anderen, unsichtbaren Welt Gottes, und diese öffnet sich – und das ist das Primäre – ihm, dem Beter. Im Gebet gehen wir davon aus, daß es diese unsichtbare Welt gibt und die sichtbare Welt also bloß einen Ausschnitt der gesamten Wirklichkeit, die uns umgibt, darstellt. „Himmel und Erde", die sichtbare und die unsichtbare Welt, bilden nur zusammen die gesamte Schöpfung Gottes und sind nur zusammen die ganze Wirklichkeit unseres Glaubens. Von diesem Glauben, der im altkirchlichen Bekenntnis von Nicaea (325) bzw. von Konstantinopel (381) bezeugt ist, muß man auch bei den Überlegungen zum Gebet ausgehen: „Wir glauben an den einen Gott, den Vater, den allmächtigen, der alles geschaffen hat, Himmel und Erde, die sichtbare und die unsichtbare Welt." Wo uns der Blick für die unsichtbare Welt verstellt wird, da ist echtes Gebet nicht möglich. Es gibt also noch eine andere Dimension jener von der Physik erforschten Welt, die die Dimension des Sichtbaren und Erfahrbaren „übersteigt", transzendiert. Wir nennen diese höhere, unsichtbare, die erfahrbare Welt übersteigende Wirklichkeit die Welt Gottes. Sie ist das, was in der Bibel als „Himmel", „Himmelreich" oder „Reich Gottes" bezeichnet und beschrieben wird.

Die Verkündigung des „Reiches Gottes" hat im Neuen Testament eine zentrale Rolle inne. Das „Reich Gottes" ist der alles entscheidende Inhalt der Verkündigung Jesu. „Reich Gottes" meint eine zukünftige Größe, ein endzeitliches, eschatologisches Reich, das aber von Jesus als bereits gegenwärtig angekündigt wird, wenn er sagt: „Das Reich Gottes kommt nicht so, daß man's beobachten kann; man wird auch nicht sagen: Siehe, hier ist es! oder: Da ist es! Denn siehe, das Reich Gottes ist mitten unter euch." (Lk 17,21) Was das bedeutet, in dieser vergänglichen, von Krankheit, Dämonie und Tod gekennzeichneten Welt bereits das Reich Gottes zu sehen, bezeugt Jesus an einer anderen Stelle, nach der Austreibung eines bösen Geistes: „Wenn ich durch Gottes Finger die bösen Geister austreibe, so ist ja das Reich Gottes zu euch gekommen." (Lk 11,20) Das Reich Gottes, sein Herrschaftsbereich und damit seine Herrschaft überhaupt umgibt uns unsichtbar und leuchtet in den Heilandstaten Jesu auf wie ein Blitzlicht, das einen dunklen Raum für kurze Zeit erhellt. Das Reich Gottes meint also nicht nur eine „Personengemeinschaft" derer, die an der Herrschaft Gottes partizipieren, aber sicherlich auch das: die Erlösten werden „mit Abraham und Isaak und Jakob im Himmelreich zu Tisch sitzen" (Mt 8,11). Es ist auch nicht eine Präsenz Gottes, in der die Geschichte begonnen hat, sich aber erst in der Zukunft vollenden wird. Das Reich Gottes ist bei den Synoptikern eine „kosmische Größe", die aus der berühmten Antwort Jesu auf die Sadduzäer-Frage hervorgeht, welchem von den sieben Männern jene Frau in der Auferstehung angehören wird: „Wenn sie von den Toten auferstehen, werden sie weder heiraten noch sich heiraten lassen, sondern sie sind wie die Engel im Himmel." (Mk 11,25 par) Mit Reich Gottes ist also ein Geschehen der Vollendung gemeint, in den Gleichnissen Jesu als Hochzeit und Festmahl dargestellt, das Erfüllung und Freude bedeutet, mit Paulus noch präziser ausgedrückt: „Das Reich Gottes ist nicht Essen und Trinken, sondern Gerechtigkeit, Frieden und Freude im Heiligen Geist." (Röm 14,17) Doch dieses Reich ist schon in unserer Mitte. Es wird vorgestellt als ein Bereich, als etwas uns Umgebendes, ein „Umfeld", ein universaler unsichtbarer Kosmos, in den wir mit unserer kleinen, begrenzten, irdischen, sichtbaren Welt, mit ihren drei Dimensionen hineingestellt sind, in dem wir leben, und zwar so, daß wir von diesem Reich meist gar nichts bemerken. Mit Jesu Verkündigung und den begleitenden „Zeichen" wird dieses Reich Wirklichkeit, nicht offen und öffentlich, aber verborgen, zeichenhaft, „partiell". Darum geht es in der Verkündigung des Reiches Gottes um das „Schon jetzt" und „Noch nicht" gleichzeitig, das nicht nur zeitlich, sondern auch räumlich zu verstehen ist. Die Wunder, die Heilungen, die Dämonenaustreibungen sind Anbruch, „Aufscheinen", Inkrafttreten dieses Reiches Gottes für die, die glauben, mit Jesus verbunden sind und sein Wort annehmen.

Das Gebet rechnet mit der Wirklichkeit dieses Reiches und das heißt ebenso: mit der Herrschaft und Macht Gottes über die ganze Welt, auch die Welt des Irdischen, Sichtbaren, Vergänglichen. Diese Wirklichkeit öffnet sich dem Beter und er gewinnt Teil an ihrer Macht und erfährt ihre Kraft.

Das rechte Verständnis des Gebets hängt also damit zusammen, ob sich unser Gebet an einen Gott richtet, der als Schöpfer und Erhalter Himmels und der Erde verstanden und geglaubt wird. Das bedeutet, daß die Welt, die sichtbare und die unsichtbare, die sich uns im Gebet eröffnet, nicht ein Zufallsprodukt ist, sondern von Gott regiert wird, in göttlicher Fürsorge und Vorsehung. Sie hat einen Herrn und Regenten. Gott ist nicht der „Deus ex machina", der in magischer Weise in die Geschehnisse der sichtbaren Welt aus einer „höheren" Welt eingreift und sich dann wieder aus ihr zurückzieht. Das Wunder des Eingreifens Gottes ist dann nicht eine Durchbrechung des Naturzusammenhangs, eine Störung im normalen Ablauf des

Geschehens, an das wir nicht glauben können, sondern ist liebendes und fürsorgendes Tun zum Wohl und zum Heil des Menschen. Gebet hängt mit dem Fürsorge- und Vorsehungsglauben zusammen, der nicht mit dem Schicksalsglauben zu verwechseln ist. Wir treten mit diesem Glauben aus dem engen philosophischen Schema eines „Determinismus" oder „Indeterminismus" heraus. Das heißt: Die Frage ist nicht, ob alles Geschehen vorherbestimmt ist und nach einem eisern vorgegebenen Gesetz abläuft oder ob der Mensch mit seinem Tun und eben mit seinem Gebet in dieses Geschehen eingreifen und den Lauf der Welt dadurch bestimmen kann. Demgegenüber glauben wir in der Lehre von der Fürsorge und Vorsehung an Gottes souveränes Handeln, an die Freiheit seines Waltens in der menschlichen Existenz, in der Geschichte und in der Natur. Diese Vorstellung ist dort möglich, wo die sichtbare und die unsichtbare Welt Gottes zugleich geglaubt wird.

Auch die unsichtbare Welt hat, wie die sichtbare, viele Ebenen. Der Übergang von der sichtbaren zur unsichtbaren Dimension ist fließend. Diese Vielschichtigkeit der unsichtbaren Welt ist ein Geheimnis, und wir können darüber kaum Aussagen machen. Der Schleier dieses Geheimnisses wird ein wenig gehoben durch das, was die Bibel – aber nicht nur sie – über die Engel andeutet. Mitunter können diese sichtbar werden: als Wind oder Feuerflammen. Die Aussage in Ps 104,4 („Du machst Winde zu deinem Boten und Feuerflammen zu deinen Dienern") meint die kosmischen Elemente, die Gott für seine „Engelsdienste" gebraucht. Sodann gibt es eine besondere Beziehung der Engel zu Tierwesen, wie aus der Beschreibung der Berufung des Jesaja zu sehen ist, wo es heißt:

> In dem Jahr, als der König Usija starb, sah ich den Herrn sitzen auf einem hohen und erhabenen Thron, und sein Saum füllte den Tempel. Serafim standen über ihm, ein jeder hatte sechs Flügel: mit zweien deckten sie ihr Antlitz, mit zweien deckten sie ihre Füße, und mit zweien flogen sie. Und einer rief zum andern und sprach: Heilig, heilig, heilig ist der Herr Zebaoth, alle Lande sind seiner Ehre voll! (Jes 6,1–3)

In der Geschichte des Bileam wird erzählt, daß der „Engel des Herrn" ihm in den Weg trat, um ihm in seiner Absicht, Israel zu verfluchen, zu widerstehen. Die Bibel berichtet: „Und die Eselin sah den Engel des Herrn auf dem Weg stehen mit einem bloßen Schwert in seiner Hand. Die Eselin wich vom Weg ab und ging auf dem Feld." Trotz Schlägen weigert sich die Eselin weiterzugehen und schließlich öffnet der Herr dem Bileam die Augen, daß auch er den Engel des Herrn auf dem Weg sah und er sich vor ihm neigte und auf sein Angesicht fiel. Sodann sprach der Engel des Herrn mit ihm und er erhielt den Auftrag, Israel zu segnen und nicht zu verfluchen" (Num 22f).

In der Offenbarung des Johannes berichtet der Seher, wie er zwischen dem Thron und den vier Gestalten, mitten unter den Ältesten, ein Lamm sieht, „wie geschlachtet; es hatte sieben Hörner und sieben Augen, das sind die sieben Geister Gottes, gesandt in alle Lande." (Offb 5,6f) Und er berichtet weiter, nachdem das Lamm das Buch genommen und als würdig befunden wurde, es zu öffnen:

> Ich sah und ich hörte eine Stimme vieler Engel um den Thron und um die Gestalten und um die Ältesten her, und ihre Zahl war vieltausendmal tausend; die sprachen mit großer Stimme: Das Lamm, das geschlachtet ist, ist würdig zu nehmen Kraft und Reichtum und Weisheit und Stärke und Ehre und Preis und Lob. (Offb 5,11f)

Das weist auf die Überlagerung der Schichten der sichtbaren und unsichtbaren Welt hin. Hier soll lediglich darauf hingewiesen werden, daß es demnach Wirklichkeiten gibt, die sogar im Bereich des Erfahrbaren liegen und gleichzeitig der unsichtbaren Welt zugehörig oder als ihr verhaftet zu erkennen sind.[18]

Auf die verschiedenen parapsychologischen Vorgänge einzugehen, die auf diese unsichtbare Welt hinweisen, ist hier nicht der Ort. Aber zur unsichtbaren Welt gehört auch die Welt der „Gemeinschaft der Heiligen", von der im 3. Artikel des Apostolischen Glaubensbekenntnisses die Rede ist. Ebenso zählt man die Welt der Abgeschiedenen dazu, die man oft als Engelwesen bezeichnet und die Funktionen wahrnehmen, die den Engeln zugeschrieben werden. Der Glaube an die Fürbitte der Heiligen in der katholischen und orthodoxen Kirche hängt mit dieser Vorstellung zusammen. Aber auch wir schließen bei der Abendmahlsliturgie in der Präfation diese „unsichtbare Welt" ein, wenn es dort im Beschluß zweier Präfationsgebete heißt:

> Darum loben die Engel deine Herrlichkeit,
> beten dich an die Mächte und fürchten dich alle Gewalten.
> Dich preisen die Kräfte des Himmels mit einhelligem Jubel;
> mit ihnen vereinen auch wir unsere Stimmen
> und bekennen ohne Ende:
> Heilig, heilig, heilig ist Gott, der Herr ...[19]

Noch deutlicher heißt es im Präfationsgebet am Gedenktag der Entschlafenen, im Anschluß an das Lob Christi:

> Darum loben die Engel deine Herrlichkeit,
> dich, lebendiger Gott, preist die sichtbare und die unsichtbare Welt
> mit unaussprechlichem Jubel.

---

[18] Trillhaas: Dogmatik, 144ff.

[19] Evangelisches Gottesdienstbuch, 79.

> Mit ihnen und allen Vollendeten stimmen auch wir unser Lob an
> und bekennen ohne Ende:
> Heilig, heilig, heilig ist Gott, der Herr ...[20]

Von der „hymnischen Funktion" der „Engel, Thronen und Gewalten" ist auch in der evangelischen Dogmatik vielerorts die Rede.[21]

Hilfreich ist hier, um die Entstehung des Liedes „Von guten Mächten wunderbar geborgen" von *Dietrich Bonhoeffer* in der Haft zu wissen. Durch die Veröffentlichung der Brautbriefe wissen wir heute mehr darüber. In Beantwortung seines Briefes vom 1. Dezember 1943 schreibt seine Verlobte *Maria von Wedemeyer* am 25. Dezember an Bonhoeffer:

> Jetzt, da all der Trubel, die Freude, der Kerzenschein und auch die Unruhe und der Lärm des Tages vorbei sind und es still geworden ist, drinnen und draußen, da werden andere Stimmen wach. Stimmen und Klänge werden hörbar, die der Alltag schweigen macht. Laute, die zu dir gehen, und solche, die von dir kommen. Der kühle Nachtwind und das Geheimnis der Dunkelheit kann die Herzen öffnen und läßt Kräfte hervor, die ungreifbar, aber gut und tröstend sind. Und noch eins: Weißt Du, daß die Toten die Nacht suchen, um zu den Lebenden zu sprechen? Weißt Du, daß sie wirklich Engel geworden sind, daß das gar kein Kleinkinderglaube ist; ich weiß es ganz sicher und Du mußt es auch wissen. – Glaubst Du, daß es eine andere Tageszeit gäbe, die besser für Zwiesprache geeignet wäre als die Nacht? Sieh, darum hat auch Christus die Nacht gewählt, um zu uns zu kommen – mit seinen Engeln.[22]

Zu Weihnachten des folgenden Jahres kommt Bonhoeffer auf diese Gedanken zurück und schreibt:

> Ich habe immer wieder die Erfahrung gemacht, je stiller es um mich herum geworden ist, desto deutlicher habe ich die Verbindung mit Euch gespürt. Es ist als ob die Seele in der Einsamkeit Organe ausbildet, die wir im Alltag kaum kennen. So habe ich mich noch keinen Augenblick allein und verlassen gefühlt. Du, die Eltern, Ihr alle, die Freunde und Schüler im Feld, Ihr seid mir immer ganz gegenwärtig. Eure Gebete und guten Gedanken, Bibelworte, längst vergangene Gespräche, Musikstücke, Bücher bekommen Leben und Wirklichkeit wie nie zuvor. Es ist ein großes unsichtbares Reich, in dem man lebt und an dessen Realität man keinen Zweifel hat. Wenn es im alten Kinderlied von den Engeln heißt: „zweie, die mich decken, zweie, die mich wecken", so ist diese Bewahrung am Abend und am Morgen durch gute und unsichtbare Mächte etwas, was wir Erwachsenen heute nicht weniger brauchen als die Kinder.[23]

---

[20] Evangelisches Gottesdienstbuch, 629.
[21] Trillhaas: Dogmatik, 144–152.
[22] Vgl. Zippert: Das Evangelische Gesangbuch, 20.
[23] Vgl. Zippert: Das Evangelische Gesangbuch, 20f.

Diesem Brief liegt das Lied von den „guten Mächten“ bei, mit der Bemerkung: „Ein paar Verse, die mir in den letzten Abenden einfielen. Sie sind der Weihnachtsgruß für Dich und die Eltern und Geschwister.“[24]

Diesen Erfahrungen Dietrich Bonhoeffers und seiner Braut Maria von Wedemeyer verdanken wir das wunderbare Lied:

> Von guten Mächten wunderbar geborgen,
> erwarten wir getrost, was kommen mag.
> Gott ist bei uns am Abend und am Morgen
> und ganz gewiß an jedem neuen Tag.
>
> Wenn sich die Stille nun tief um uns breitet,
> so laß uns hören jenen vollen Klang
> der Welt, die unsichtbar sich um uns weitet,
> all deiner Kinder hohen Lobgesang (EG Nr. 65,7.6).

Es ist schließlich auch darauf hingewiesen worden, daß der Mensch Empfänger und Sender von Schwingungen ist.[25] Wir wissen, daß schon im Tierbereich sogenannte Instinkte als eine Art Antennen, als Sender und Empfänger zu verstehen sind. Diese werden in Bewegung gesetzt von Schwingungen, die vom Licht und von den Gestirnen, von der Erde oder von Tieren ausgehen. Die Eingeweide, „Herz und Nieren“, oder die Beziehungswelt von „Gehirn und Bauch“ gelten als der eigentliche Sitz der Schwingungen, also als der Ort, wo sie empfangen und gesendet werden. Der hochgezüchtete Mensch der physikalisch-technischen Zivilisation weiß heute wenig davon. Aber unsere Intuition oder die schöpferische Kraft (Kreativität), unser Empfinden, Fühlen oder Schauen von verborgenen Dingen, wie auch besondere „Talente“ (Tanzen, Malen, Singen u.a.) beruhen auf solchen Fähigkeiten. So können Menschen auch besondere Begabungen als Therapeuten hervorbringen, die sich in der Seelsorge bewähren. Jesus wußte wohl um diese Kräfte, mit denen er während seines Erdendaseins begabt war, wenn er Heilungen oder Wunder vollbrachte. Alte Märchen und Mythen erinnern an Zeiten, in denen solche Kräfte noch nicht verschüttet, sondern offenbar waren.

Das bedeutet für das Gebet: Im Gebet steht der Mensch im Wirkungsfeld der schöpferischen und erlösenden Kräfte der unsichtbaren Welt Gottes. Er setzt sich ihnen aus, kämpft gegen die zerstörerische und knechtende Macht der Dämonen und der satanischen Welt. Diese sich gegenüberstehenden Welten, Bereiche und Kräfte liegen miteinander im Kampf. Offb 12,7f beschreibt dies mit der Darstellung des Kampfes des Erzengels Michael mit

---

[24] Vgl. Zippert: Das Evangelische Gesangbuch, 20.

[25] Vgl. zum Folgenden: Siegwalt: Das Gebet, 260ff; Serres: Die Legende der Engel, passim.

dem Drachen: „Und es entbrannte ein Kampf im Himmel: Michael und seine Engel kämpften gegen den Drachen. Und der Drache kämpfte und seine Engel, und sie siegten nicht, und ihre Stätte wurde nicht mehr gefunden im Himmel.“

Beten heißt, mit dieser Welt Gottes in Verbindung zu kommen, diese Welt in sein Leben eindringen zu lassen. Es sind nicht zuerst unsere eigenen Kräfte, die durch „Akte unseres Selbst“ hervorgerufen werden, die im Gebet wirksam sind. Gebet vermittelt Kräfte, aber nicht nur und nicht in erster Reihe als Aktivierung der eigenen, verborgenen, schlummernden Potenzen des Menschen. Nur wenn es wirklich eine Welt Gottes gibt, die unsere Welt der Erfahrung und der wissenschaftlichen Überprüfung „übersteigt“, ist Beten als „Bitte um etwas“ wirklich sinnvoll und unterscheidet sich von allen anderen Methoden der Autosuggestion, Selbstverwirklichung oder Selbsterlösung. In diesem Sinne stimmt es, daß die Frage nach dem, was Beten heißt, mit der Frage steht und fällt, was es heißt, „daß wir uns als Menschen selbst überschreiten“[26]. Die Antwort des christlichen Glaubens liegt im Hinweis auf die Wirklichkeit der unsichtbaren Welt des Reiches Gottes. Wer an sie glaubt, rechnet mit ihr im Gebet und kann die „Engelwelt“ in sein eigenes Beten einbeziehen, wie schon *Luther* es in seinem Morgen- und Abendsegen tat:

> Denn ich befehle mich, meinen Leib und meine Seele und alles in deine Hände. Dein heiliger Engel sei mit mir, daß der böse Feind keine Macht an mir finde.

In vielen Abendgebeten der Kinder wird der Schutz der Engel angerufen. In Schweden ist es *ein* Engel, der über dem Kind wacht, in England stehen vier Engel um das Bett. In Finnland sind es zwölf und in Deutschland vierzehn Engel:

> Abends wenn ich schlafen geh’;
> vierzehn Engel um mich stehn:
> zwei zu meinen Häuptern,
> zwei zu meinen Füßen,
> zwei zu meiner rechten Seite,
> zwei zu meiner linken Seite,
> zwei die mich decken,
> zwei die mich wecken,
> zwei die mich führen
> in das himmlische Paradies.

[26] Casper: Das Ereignis des Betens, 20.

Aber dem Schutz der Engel befehlen Eltern auch die „erwachsenen Kinder“ an. Das schöne Gebet aus Finnland „Ich spreche zu den Engeln meiner erwachsenen Kinder“ möge diesen Abschnitt beschließen:

> Ich spreche zu den Engeln meiner erwachsenen Kinder:
> Folgt ihr ihnen immer noch?
> Tragt ihr ihre Wünsche in euren Händen?
> Wißt ihr etwas von ihrer Einsamkeit, die voll innerer Kämpfe ist? [...]
> Sie brauchen euch,
> mehr als früher,
> als sie noch klein waren,
> sie brauchen euch verzweifelt,
> denn die Jugend ist die schwerste Zeit.
> Alles soll auf eigenes Risiko entschieden werden,
> man soll sich losreißen,
> alles selbst durchdenken [...]
> eine Mutter darf nicht länger eingreifen.
> Aber ihr dürft!
> Eine Mutter kann nicht länger Rat geben,
> aber eure Weisheit kommt von Gott.
> Haltet aus an der Seite meiner erwachsenen Kinder,
> ihr Engel!
> Helft ihnen, im Dickicht zu wandern,
> den rechten Weg zu finden,
> ihren eigenen Weg.[27]

[27] Akerhielm (Hg.): Victorias Gebetbuch, 94f.

VI. Die Weisen des Gebets

Den Überlegungen, die vom äußeren Rahmen – der Problematik und der Quelle – sowie den Koordinaten des Gebets – Mensch, Gott, Welt – ausgingen, sollen nun Ausführungen über das Wesen des Gebets selbst folgen. Mit dem Bild von dem Bootsmann gesprochen, der das Seil ans andere Ufer wirft: Es geht in dem Folgenden weniger um den Bootsmann und das Meer, von dem er bedroht ist, oder das Ufer, dem er zusteuert, als um das Seil, das er hinüberwirft, und um den Inhalt dieses Vorgangs. – Was ist mit diesem Geschehen gemeint? Was ist dies Seil im Grunde und was bedeutet die bildliche Aussage, daß der Beter ein Seil an das andere Ufer wirft?

Wenn *Friedrich Heiler* das Wesen des Gebets als „lebendigen Verkehr des Frommen mit dem persönlich gedachten und als gegenwärtig erlebten Gott“[1] definiert, so ergibt sich die Frage, wie dieser „lebendige Verkehr“ näher beschrieben werden kann. Das mag im Einzelnen unterschiedlich sein und vom Wesen, der Erziehung und der Tradition des Beters abhängen. Doch lassen sich auch gewisse Ausdrucksweisen des Gebets beobachten, die im folgenden näher ins Auge gefaßt werden sollen.

1. Das mündliche Gebet

Die vertrauteste Weise der Verbindung des Menschen mit Gott geschieht vermittels des Wortes. Gott spricht zum Menschen durch sein Wort und der Mensch antwortet ihm durch sein Reden, wie Luther in seiner Predigt zur Einweihung der Schloßkirche zu Torgau der versammelten Gemeinde bedeutete, daß im Gottesdienst nichts anderes geschehe, als „daß unser lieber Herr selbst mit uns rede durch sein heiliges Wort und wir wiederum mit ihm reden durch Gebet und Lobgesang“.[2] Durch innere oder äußere Worte nimmt das Gebet Gestalt an. Gebet in diesem Sinn ist Dialog: Gott redet mit dem Menschen und der Beter redet mit Gott. Er tut es durch Bitten, Rufen, Klagen, Flehen, aber auch durch Danken, Loben und Preisen.

Dieses so geartete Gebet gehört unverzichtbar zum christlichen Leben. Jesus hat seine Jünger gelehrt, auf diese Weise zu beten und sie dazu das

---

[1] Heiler: Das Gebet, 491.
[2] WA 49, 588.

„Vaterunser“ gelehrt. Jesus hat in der Tradition seines Volkes die liturgischen und persönlichen Gebete selbst gebetet, lobend und preisend, aber auch bittend und ringend. Das mündliche Gebet entspricht einem menschlichen Bedürfnis, unsere äußeren Sinne am Beten zu beteiligen. Der Mensch möchte sein inneres Leben, seine Gefühle und auch das, was beim Beten vor sich geht, nach außen kundtun. Das Gebet, das nach außen gerichtet und also „menschlich“ ist,[3] ist in erster Reihe „das Gebet des Volkes“. Es ist auch das Gebet, das am ehesten augenscheinlich wird und mit dem man sich dadurch am meisten auseinandersetzt.[4]

Diese Weise des Gebets soll also nicht unterschätzt werden. Es darf an dieser Stelle angemerkt werden, daß der Unterschied zwischen mündlichem und innerem (mentalem, betrachtendem „Herzensgebet“) erst später aufgekommen ist, wie in den nächsten Abschnitten gezeigt werden wird. Zu beten, ohne Worte zu machen, war ursprünglich den großen Kirchenmännern und Heiligen fremd, den Ausdruck „Sprich deine Gebete nicht – bete!“ hätten Männer wie Augustin oder Johannes Chrysostomus – der Vater der wichtigsten orthodoxen Liturgie – nicht recht verstanden. Sie alle machten die Erfahrung, daß Gott einem im Gebet die Worte von den Lippen wegnimmt, so daß man nicht mehr sprechen kann oder muß. Doch sie glaubten, daß es gerade das mündliche Gebet ist, das einen viel leichter zu diesem Zustand führt als Gebete durch Gedanken. Auch der große Meister des „Herzensgebetes“ *Johannes Klimakos* lehrte eine Methode des Gebets, die vom mündlichen Beten ausgeht. Er empfiehlt:

> Werde dir Gottes Gegenwart bewußt [...] Sprich dann einen Gebettext, in dem du dich vollkommen auf die Worte konzentrierst, die du sprichst, und auf die Person, zu der du spricht. Nehmen wir an, du wählst das Vaterunser. Sprich es vollkommen konzentriert von Anfang bis zu Ende. Wenn du an einer Stelle zerstreut wirst, kehre zu dem Wort oder zu dem Satz zurück, bei dem du zerstreut wurdest, und wiederhole Worte oder Sätze, falls notwendig immer wieder, bis du beim Sprechen vollkommen gesammelt bist. Nach dem ersten Sprechen wiederhole dasselbe Gebet immer wieder. Oder wähle ein anderes Gebet aus.[5]

So wird von der Heiligen Theresa berichtet, daß sie eine Laienschwester bat, sie die Meditation zu lehren. Als Theresa erfuhr, wie andächtig sie Texte wie das Vaterunser und das „Gegrüßt seiest du, Maria“ mündlich betete und daß sie aufgrund dieses gründlichen Gebets gewisse Höhen der

[3] Sudbrack: Beten, bei: Barth, Spiritualität, 107.
[4] Katechismus der Katholischen Kirche, 667.
[5] Mello: Meditieren, 141f.

Kontemplation erreicht hatte, bedeutete sie ihr, daß sie überhaupt keine Unterweisung in der Meditation mehr benötige.[6]

Dies „dialogische Verständnis" des Gebets hängt mit der „Theologie des Wortes Gottes" und dem „personalistisch" verstandenen Gott zusammen und hat sich darum besonders in der protestantischen Kirche durchgesetzt, häufig mit einer einseitigen Betonung dieses Aspekts. In der dialektischen Theologie ist dieses personalistische Verständnis der Gotteslehre besonders dort betont worden, wo der Begriff „Begegnung" und die „Ich-Du"-Beziehung entscheidend ist.[7]

Denn die deutlichste Manifestation des Menschen ist sein Sprechen.[8] Der Mensch spricht; das Tier und die Pflanzenwelt können ohne das Sprechen existieren. Der Mensch zeichnet sich dadurch aus, daß sein Ich zum Sprechen kommt. Das bewußte Sprechen des Ich mit einem Du kann seinen Anfang in der Anklage, in der Warum-Frage haben. Der Mensch will einen Sinn erfahren und fragt danach, vor allem angesichts der Leiden und der Ungereimtheiten der Welt. Das kann ein „Hiobsgespräch" sein, wie bei Schiller, der auf der Höhe seines Schaffens feststellt, daß er ein Lungenleiden hat, oder bei Beethoven, der in der Fünften Symphonie Worte an das Schicksal richtet, als er von einem hoffnungslosen Ohrenleiden befallen wurde. Diese Fragen sind wie die Schläge an das Gitter eines Gefängnisses. Schon darin, daß man nicht mehr bloß leidet und vor Schmerz schreit, sondern über sein Leiden spricht, liegt für den Menschen eine Hilfe und eine Befreiung.

Dieses Fragen und gleichsam an die Pforten des Himmels gerichtete Klopfen im Beten, damit Gott einen hört, finden wir in eindrucksvoller Weise in den Psalmen wieder. Darum sind die Psalmen eine gute „Schule des Gebets", um mit den hier vorgeformten Worten sein Leid, seine Klage, ja seine Anfechtung oder Verzweiflung Gott vorzutragen, etwa so, wie in Psalm 13,1–4:

> Herr, wie lange willst du mich so ganz vergessen? Wie lange verbirgst du dein Antlitz vor mir? Wie lange soll ich sorgen in meiner Seele und mich ängstigen in meinem Herzen täglich? Wie lange soll sich mein Feind über mich erheben? Schaue doch und höre mich, Herr, mein Gott! Erleuchte meine Augen, daß ich nicht im Tode entschlafe.

Gleichsam von Gott getröstet, bekennt der Beter am Schluß:

---

[6] Mello: Meditieren, 142.

[7] Brunner: Der Mensch, 28; ders.: Wahrheit, 27; Heim: Glaube und Denken, 140ff.

[8] Vgl. zum Folgenden Heim: Leben, 102ff; Caspar: Das Ereignis des Betens, 72ff.

Ich aber traue darauf, daß du so gnädig bist; mein Herz freut sich, daß du so gerne hilfst. Ich will dem Herrn singen, daß er so wohl an mir tut. (Ps 13,6)

Welche Not spricht doch aus dem 69. Psalm, wenn einer hier ausruft:

Gott, hilf mir! Denn das Wasser geht mir bis an die Kehle. Ich versinke in tiefem Schlamm, wo kein Grund ist; ich bin in tiefes Wasser geraten, und die Flut will mich ersäufen. Ich habe mich müde geschrien, mein Hals ist heiser. Meine Augen sind trübe geworden, weil ich so lange harren muß auf meinen Gott. (Ps 69,1–4)

Aus vielen Psalmen kann diese Rede des Menschen und die „Gegenrede" Gottes herausgehört werden: Beten also als Dialog, als Sprechen, das nicht ungehört bleibt. Etwa im 91. Psalm, wenn es zunächst heißt:

Wer unter dem Schirm des Höchsten sitzt und unter dem Schatten des Allmächtigen bleibt, der spricht zu dem Herrn: Meine Zuversicht und meine Burg, mein Gott, auf den ich hoffe. (Ps 91,1–2)

Und als Antwort heißt es am Schluß des Gebets:

Er ruft mich an, darum will ich ihn erhören; ich bin bei ihm in der Not, ich will ihn herausreißen und zu Ehren bringen. Ich will ihn sättigen mit langem Leben und will ihm zeigen mein Heil. (Ps 91,15–16)

Bei jedem Sprechen wird vorausgesetzt, daß man gehört wird. Das Sprechen hat darin seinen Sinn, daß man von einem anderen verstanden wird. Sprechen heißt, sich verständlich machen, danach ringen, verstanden zu werden. Beim Reden wird ein hörendes Ohr, ein offenes Herz gesucht, das einen versteht. Das Hinüberwerfen des Seils, das im Sprechen geschieht, hat nur Sinn, wenn es jemand auffängt und das Boot ans Ufer zieht. Verstanden zu werden vermittelt das Gefühl der Befreiung, Entspannung, Entlastung. „Sich auszusprechen" – mündlich, in einem Brief, in einer Dichtung, sich etwas „vom Herzen schreiben" – wie Goethe im „Werther" – geschieht in der Hoffnung, bei einem anderen auf Verständnis zu stoßen. „Im Wort liegt Erlösung". Das Reden wirkt erleichternd, weil wir insgeheim voraussetzen, es hört jemand zu, es ist jemand da, der alles versteht.

Doch nun kommt das Entscheidende: Es kann einer dem anderen ein verstehendes Du, das dieser sucht, nur sein, wenn er selbst ein Du gefunden hat, das ihn versteht und aus der Einsamkeit befreit. Das bringt das Bild vom Jüngsten Gericht von *Rubens* zum Ausdruck: Man kann einem anderen nur Halt sein, wenn man selbst gehalten ist. Auf diesem Bild sieht man, daß die Gerechten einander halten, weil sie selbst – von Christus – gehalten sind. Die Verdammten stürzen in die Tiefe, weil sie niemand hält. Das Reden eines Ich zu einem Du, das Halt und damit Befreiung vermitteln soll, hat nur dann einen Sinn, wenn es ein allverstehendes Du gibt, das selbst keines anderen Du bedarf, um zu existieren. Das muß so etwas wie ein „allgegenwärtiges“ Ich sein, das uns allenthalben nahe ist, uns von allen Seiten umgibt und hört, was wir sprechen. Es muß jemand sein, der unmittelbar in uns hineinsieht. Dieses allgegenwärtige Ich, dieses unserem Ich gegenüberstehende Du nennen wir Gott. Gott allein hat diesen Halt, ist dieser Punkt außerhalb unserer selbst, dieses Fixum, das selbst keines Halts bedarf, aber anderen Halt geben kann. Das wird am schönsten im 139. Psalm ausgedrückt:

> Herr, du erforschst mich und kennst mich. Ich sitze oder stehe auf, so weißt du es; du verstehst meine Gedanken von ferne. Ich gehe oder liege, so bist du um mich und siehst alle meine Wege. Denn siehe, es ist kein Wort auf meiner Zunge, das du, Herr, nicht schon wissest. Von allen Seiten umgibst du mich und hältst deine Hand über mir. Diese Erkenntnis ist mir zu wunderbar und zu hoch, ich kann sie nicht begreifen. (Ps 139,1–6)

Und der Beter folgert daraus:

> Ich danke dir dafür, daß ich wunderbar gemacht bin, wunderbar sind deine Werke, das erkennt meine Seele. Es war dir mein Gebein nicht verborgen, als ich im Verborgenen gemacht wurde, als ich gebildet wurde unten in der Erde. Deine Augen sahen mich, als ich noch nicht bereitet war. (Ps 139,14–16)

Gott zu danken und zu loben, angesichts seines unerforschlichen und unbegreiflichen Wesens und Willens über unserem Leben, kann nur, wer sich von Gott gehalten weiß.

Wenn sich also unser Sprechen als Rede zu Gott versteht, kann in diesem Sinn gesagt werden, daß unser ganzes Leben letztlich Gebet ist. Wenn das Leben des Menschen, das ein Sprechen ist, zu einem Reden mit Gott wird, das niemals aufhört, auch im Traum nicht, dann ist unser ganzes Leben ein Gebet. Dann ist das Gebet die Urfunktion des menschlichen Geistes. Gebet ist dann nicht die Ausnahme vom Normalen, eine Unterbrechung unserer Tätigkeit, unserer Arbeit, sondern es ist umgekehrt. Augustin hat in seinen „Bekenntnissen“ das Reden und Reflektieren über sein ganzes Leben in ein einziges großes Gebet gefaßt.

Wenn wir jedoch vom Gebet als Wort und als Rede sprechen, sollte nicht übersehen werden, daß Wort für Luther prinzipiell das „mündliche“, das heißt: das durch lebendige menschliche Stimme zum Erklingen gebrachte Wort ist. Das ist nicht nur das gesprochene, sondern auch das gesungene

Wort, weil es „erklingt“ – freilich sofern es vom Geist erfüllt ist. Luther kann – zugespitzt – sagen, daß sich die Christen von den andern nur durch zwei Organe unterscheiden: durch das Ohr und durch die Zunge.[9] Er wußte: „Doppelt betet, wer singt“ (Augustin). Singen kann zum Gebet werden und bewirken, was durch das sprechende Beten so vielleicht nicht möglich ist. So kann im Singen der Wunsch nach Veränderung aufkommen oder die Selbsthingabe an Gott sich stärker äußern. Singen kann trösten, ermahnen, erfreuen, erwecken. Darum soll dem Kirchenlied und dem Gemeindegesang in dieser „Weise“ zu beten besondere Aufmerksamkeit geschenkt werden.[10] Daher die berechtigte Bedeutung des Psalmgesanges, der bereits in der alttestamentlichen Gemeinde bekannt war.

Dieses Verständnis des Gebets als Rede zu Gott, im „Singen und Sagen“, kann auch etymologisch begründet werden, und zwar durch die enge sprachliche Verwandtschaft von „Bitten“, „Gebet“ und „Beten“.[11] Gebet wird in diesem Fall als „Sprachhandlung“ beschrieben. Der enge Zusammenhang zwischen „Beten“ und „Reden“ ist nicht nur in der deutschen, sondern auch in anderen Sprachen auffällig. So wird bisweilen auf den Zusammenhang zwischen „orare“ und „os“ (Mund) in der lateinischen Sprache, aber auch auf die Tatsache hingewiesen, daß das alte chinesische Schriftzeichen für Gebet sich aus den Zeichen für Gott, Mensch und Mund zusammensetzt. Auch im Alten Testament wird für das Beten nur selten ein eigenes Wort verwendet; in der Mehrheit werden besondere Formen des Redens zur Bezeichnung des Betens gebraucht.[12] Sprache und Person als das unterscheidend Menschliche sind daher wesentlich für das Beschreiben des Gebetsvorganges. Gebet ist Wort, aber nun an Gott gerichtetes Wort als Antwort auf Gottes Anrede. Darum ist nicht alles und jedes Reden schon Gebet, denn es bedarf des Adressaten. Neben der Grenzerfahrung, aus der heraus der Mensch betet – wie bereits gezeigt wurde – kommt als zweites die Erfahrung oder das Bewußtsein einer Macht hinzu, die die dem Menschen erreichbare Wirklichkeit übersteigt und umgreift. Im christlichen Gebet ist dies der Gott der Bibel. Die zentralen Merkmale des biblischen Gebetsverständnisses sind demnach durch das Reden und das Personsein Gottes bestimmt, dem der Mensch als Redender und als Person antwortet.

Es ist verständlich, daß diese einseitig von dem Personsein Gottes und dem Sprachgeschehen her beschriebene Gebetsauffassung nicht allgemein akzeptiert wurde. Sie ist in der Tat nicht die einzige Möglichkeit, das Wesen des Gebets zu kennzeichnen. Wird einem Stummen, der also der Rede

---

[9] WA 37, 513,5f.
[10] Reich: Evangelium, 129–136.
[11] Mössinger: Zur Lehre des christlichen Gebets, 15ff.
[12] ThW II, 782ff.

nicht mächtig ist, die Möglichkeit des Betens abgesprochen, wenn Beten primär „Sprachhandlung" ist?[13] Darum müssen auch andere Formen des Gebets beachtet werden, in denen das „Sprechen" diesen Stellenwert nicht hat. Von ihnen soll im folgenden die Rede sein, wenn das „betrachtende" und das „Herzensgebet" näher beschrieben werden.

2. Das betrachtende Gebet

Das „betrachtende" Gebet ist besonders in der katholischen Kirche bekannt, während es im evangelischen Raum vielfach verlorenging. Bekannt geworden ist es durch die Schrift von *Hans Urs von Balthasar* „Das betrachtende Gebet".[14] Es geht hier in erster Reihe um ein umfassenderes Verständnis des Gebets, wie es in der Geschichte der christlichen Kirche, auch des Westens, in früheren Jahrhunderten immer wieder vorhanden war. „Das betrachtende Gebet macht vom Denken, von der Einbildungskraft, von der Gefühlsbewegung und vom Verlangen Gebrauch. Dieser Einsatz ist notwendig, um die Wahrheiten des Glaubens zu vertiefen, die Umkehr des Herzens anzuregen und den Willen zur Nachfolge Christi zu stärken."[15] In seinem Buch „Wege zum betrachtenden Gebet" bietet *Giacomo Kardinal Lercaro* einen Überblick über die Gebetsauffassungen in den Blütezeiten des Gebetslebens der Kirche und stellt dar, daß das Verständnis des Gebets – vor allem im 17. und 18. Jahrhundert – viel umfassender und tiefreichender war, als wir uns das heute überhaupt vorstellen können.[16] Man sollte daher vom Gebet in einem umfassenden Sinn und vom Begriff des Gebets als alle Formen des Gebetes übergreifend sprechen, im Unterschied zu dem außerordentlich engen Begriff des dialogischen Gebets, wie es im mündlichen Beten oft einseitig und einengend praktiziert wird. Giacomo Kardinal Lercaro weist darauf hin, daß die reichen Gebetsmethoden des 17. und 18. Jahrhunderts selbst in den Orden verlorengegangen sind und daß das Gebet bei der großen Mehrzahl der Laien wie der Priester heute nicht mehr das ist, was es früher war. Den Grund dafür sieht er in der Tatsache, daß jene Formen des Gebets, in denen die Elemente der kontemplativen Betrachtung und der Meditation überwiegen, weitgehend vernachlässigt und aufgegeben wurden.

---

[13] Mössinger: Zur Lehre des christlichen Gebets, 16. Mössinger (Mössinger, 50) z.B. grenzt sich sehr bewußt von Meditation und anderen Formen des Gebets ab. Vgl. auch den Versuch von Caspar, das Ereignis des Betens mittels der Gebetssprache zu verstehen (Caspar: Das Ereignis des Betens, 72ff).

[14] Von Balthasar: Das betrachtende Gebet, passim.

[15] Katechismus der Katholischen Kirche, 679.

[16] Scharf: Das große Buch, 197ff.

Es geht also um die Vertiefung des Gebetsverständnisses und der Gebetspraxis. Es muß vom Gebet im engen Sinn zum „inneren Gebet“ oder zur „kontemplativen Betrachtung“ kommen. Man betont hier den Unterschied zwischen „aktiven“ und „passiven“ Gebeten. Mit dem aktiven Gebet ist das mündliche, das heißt das „dialogische“ Gebet gemeint, als Bitt- oder Dankgebet. Das passive, innere oder „betrachtende“ Gebet kann „diskursives“ Gebet sein, in dem das Nachdenken und die Erwägung vorherrscht, oder „affektives“ Gebet, in dem die frommen Affekte und Willensakte den Vorrang haben. An der Schwelle des Übergangs zum passiven Gebet steht das Gebet der Einfachheit.

Lercaro unterscheidet darum drei Arten dieses Gebets, die auch drei Stufen darstellen: das diskursive, das affektive (das Gebet des Herzens) und das Gebet der Einfachheit. Es sind die drei Wege, die auch in der orthodoxen Tradition bekannt sind und hier als Weg der Anfänger, Weg der Fortgeschrittenen und Weg der Vollkommenen bezeichnet werden.[17]

Als *diskursiv* (von „discursus“ = Betrachtung, Überlegung) wird dasjenige Gebet bezeichnet, an dem das verstandesmäßige Nachdenken einen bedeutenden Anteil hat.

In diesem Diskurs vertieft der Verstand, wenn er einer Glaubenswahrheit oder einem Geheimnis aus dem Leben des Herrn gegenübersteht, dessen Begriff mit Hilfe von Analysen, entwickelt die sich daraus ergebenden Folgerungen durch logische Ableitungen, erhellt deren Inhalt durch Gleichnisse und Vergleiche; mit einem Wort: er studiert ihn und versucht, ihn sich zu eigen zu machen.[18]

Sobald aber der Mensch sich über längere Zeit hindurch mit diesen Wahrheiten vertraut gemacht und das Herz innerlich davon angerührt und erfüllt wurde, tritt das Nachdenken immer mehr zurück, bis die Überlegungen allmählich ganz aufhören und das diskursive Gebet zum *affektiven Gebet* wird.

Hierin gibt die Seele ihren innersten Gefühlen Ausdruck, indem sie sich in liebender Hingabe und Zwiesprache zu Gott erhebt. Doch je weiter die Seele fortschreitet und sich der Vereinigung mit dem Herrn nähert, um so mehr neigt ihr Beten zu weiterer Vereinfachung. An die Stelle der Überlegung tritt der einfache Blick, die liebende Intuition; die Vielfalt der Gefühle wird abgelöst von einem oder nur ganz wenigen Affekten, in denen die Seele lange Zeit ausruht. Das ist das *Gebet der Einfachheit* oder die erworbene Beschauung der Vollkommenen.[19]

---

[17] Stăniloaie: Teologia morală, Bd. 3, 218ff.
[18] Scharf: Das große Buch, 200.
[19] Scharf: Das große Buch, 201.

Man unterscheidet ebenso die *gegenständliche Weise des Gebets* (die Betrachtung), die mehr an der Oberfläche des Geistes stattfindet, von der *übergegenständlichen Weise des Gebets*, die ein Gebet der Ruhe und der Sammlung ist. „Die Sinne und Seelenkräfte sind beim Gebet der Sammlung oder Ruhe an ihren Ursprung zurückgekehrt und dort gewissermaßen aufgehoben, sie werden nicht mehr voneinander getrennt betätigt. Statt dessen öffnet sich eine Quelle, die von innen her fließt, unmittelbar von Gott.“[20]

Wir haben hier ein anderes Bild vor Augen, mit der diese Form des Gebets veranschaulicht wird. Beim dialogischen Verständnis herrscht das Bild einer Kluft vor, die durch das Wort zu überwinden ist, das einem Seil gleicht, welches das andere Ende erreicht. Hier nun wird das Bild der Quelle suggeriert, die von innen kommt. Gott ist nicht außerhalb, sondern innen. Diese Vorstellung kommt von der „mystischen Gebetsauffassung“, von der noch die Rede sein wird. Klassisch ist sie bei *Meister Eckhart* vorzufinden, der sagt:

> Das kräftigste Gebet [...] das ist jenes, das da hervorgeht aus einem ledigen Gemüt. Um so lediger das ist, um so kräftiger, würdiger, nützlicher, löblicher und vollkommener ist das Gebet und das Werk. Das ledige Gemüt vermag alle Dinge.[21]

Nach *Pater Lasalle* ist das äußere, dialogische Gebet mit Zisternen zu vergleichen, die von außen her – durch Regen oder Menschenhand – mit Wasser gefüllt werden. Das ist aber ein stehendes Wasser und wird allemal faul. Die innere, im Seelengrund, meditativ vollzogene Weise des Gebets ist zu vergleichen dem Quellwasser, das unmittelbar aus dem Berg kommt und daher immer frisch ist. Dies Bild stammt von *Johannes Tauler*. Dieser machte es den Leuten zum Vorwurf, daß sie ihr geistliches Wasser immer nur aus den Zisternen beziehen und sich nicht aus dem Quell, dem Grund der Seele, schenken lassen.

Eine sehr konkrete Anweisung für das Vollziehen dieses Gebets lautet in einem alten englischen Werk des 14. Jahrhunderts über Mystik folgendermaßen:

> Wenn du zu dir selbst kommst [...], denke nicht vorher darüber nach, was du dann tun willst, sondern laß alle Gedanken, sowohl gute wie böse, und bete nicht mit dem Mund, sondern hebe dich empor [...] und siehe zu, daß nichts in deinem wirkenden Geist lebendig sei als ein nacktes Streben, das sich nach Gott streckt, nicht gekleidet in eine besondere Vorstellung von Gott, wie er in sich selbst oder in irgendeinem seiner Werke ist, sondern nur daß er ist, wie er ist. Laß ihn so sein [...] und mache ihn nicht zu etwas anderem, noch forsche in ihm mit Feinheit des Verstandes, sondern glaube mit demselben Grund. Dies nackte Streben, das im Glauben selbst seinen Anker gefunden hat, soll für dein Denken und Fühlen nichts anderes sein als ein nacktes

---

[20] Scharf: Das große Buch, 202.

[21] Scharf: Das große Buch, 202.

Denken und ein bleibendes Fühlen deines eigenen Seins [...]. Dies Dunkel sei dein Spiegel und dein ganzer Sinn. Denke auch ebensowenig an dich selbst; wie ich dich bitte, an deinen Gott zu denken, so daß du im Geist und im Denken mit ihm eins werdest, ohne dich ablenken und zerstreuen zu lassen, denn er ist dein Sein und in ihm bist du, was du bist; nicht nur durch Ursache und Sein, sondern er ist auch in dir, sowohl deine Ursache sowie dein Sein. Und daher denke an Gott, wie du an dich selbst denkst, daß er ist, wie er ist, und du bist, wie du bist, und laß deine Gedanken nicht ablenken und zerstreuen, sondern laß sie eingeschlossen sein in ihm, der alles ist.[22]

Es geht hier demnach um ein mystisches Verständnis des Betens gegenüber dem sogenannten prophetischen, von dem im nächsten Kapitel die Rede sein wird. Zunächst aber soll auf die östliche Ausprägung des „kontemplativen Gebets" näher eingegangen werden, die große Ähnlichkeit mit dem westlichen Verständnis dieses Gebets aufweist, aber dennoch in eine andere Richtung weist. Gemeint ist das sogenannte „immerwährende Gebet" oder „Herzensgebet".

3. Das Herzensgebet

Das immerwährende Gebet, auch Herzensgebet oder Jesusgebet genannt, hat im Klosterleben des Ostens, aber auch in der westlichen Welt große Aufmerksamkeit erfahren, weil es – in vereinfachter Form – auch von Laien gebetet werden kann. In dieser Beziehung haben die „Aufrichtigen Erzählungen eines russischen Pilgers"[23] geradezu Aufsehen erregt. Die in diesem Werk beschriebene Methode zum Weg der völligen Ruhe (Hesychia = Ruhe, Schweigen, Stille), hat auf den „Hesychasmus" der orthodoxen Kirche aufmerksam gemacht, der in unsern Tagen durch eine Reihe von Veröffentlichungen im Westen mehr und mehr bekannt wurde. Dabei ist festgestellt worden, daß es sich hier um recht alte Gebetstraditionen handelt, die mit den Jahren in immer neuen Varianten und Variationen verbreitet wurden.[24]

Das Jesus- oder Herzensgebet[25] ist ein sogenanntes „Ein-Wort-Gebet", wie es in der Mönchstradition genannt wird und lautet: „Herr Jesus Christus, erbarme dich meiner" oder zuweilen etwas ausführlicher: „Herr Jesus Christus, du Sohn Gottes, erbarme dich meiner" (oder: „über mich Sünder"). Es hat seine Wurzeln im Neuen Testament, wo uns bereits von kur-

---

[22] Scharf: Das große Buch, 203.

[23] Das in der zweiten Hälfte des 19. Jahrhunderts anonym in Rußland veröffentlichte Buch heißt in der deutschen Fassung „Aufrichtige Erzählung eines russischen Pilgers".

[24] Plămădeală: Tradiţie şi libertate, 290ff.

[25] Ware/Jungclaussen: Hinführung zum Herzensgebet, 94ff.

zen Stoßgebeten berichtet wird. Beispiele sind das Gebet des Zöllners „Gott, sei mir Sünder gnädig“ (Lk 18,13) oder das Gebet des Blinden am Weg: „Jesus, Sohn Davids, erbarme dich meiner“ (Lk 18,38). Doch auch der Psalmvers „Eile, Gott, mich zu erretten, Herr, eile, mir zu helfen“ (Ps 70,2.12) liegt dem Stoßgebet zugrunde. Ein früher nachapostolischer Zeuge der Verehrung des Namens Jesu ist sodann der „Hirt des Hermas“ (um 140 n.Chr.). Durch eine jahrhundertelange Entwicklung entsteht so aus den erwähnten Stoßgebeten und der Verehrung des Namens Jesu das „Jesusgebet“ im eigentlichen Sinn. Es gibt drei Phasen der Entwicklung des Jesusgebets.

Die *erste Phase* beginnt in Ägypten, wo die Anfänge des christlichen Mönchtums zu suchen sind. Der erste Mönch, der im Anschluß an *Origenes* (gest. 254) über das Gebet geschrieben hat, war *Evagrius Pontikus* (gest. 399). Dieser „Wüstenvater“, ein Mönch also, der sich in die Einöde der Wüste zurückzog, stellt zwar noch nicht das Jesusgebet selbst heraus, aber eine Lehre vom „reinen Gebet“, das heißt vom gedanken- und bildfreien Beten, als eine der Grundlagen für die spätere Auffassung vom Jesusgebet. Der andere Wüstenvater ist *Makarios* (gest. um 410), der Verfasser der sogenannten Makarios-Homilien. Sie enthalten fünfzig geistliche Ansprachen, in denen die Rolle des Herzens beim Beten herausgestellt wird und die Grundlage für das Jesusgebet wurde, das darum auch als Herzensgebet bezeichnet wird. Neben dem *Jesusnamen* und der Rolle des *Herzens* muß noch ein dritter Begriff, der für dieses Gebet wichtig ist, genannt werden und zwar der der *Hesychia* (Ruhe, Schweigen, Stille), weil das Ziel des Gebets die Erlangung der inneren Ruhe oder des Herzensfriedens ist. Die Hesychia bezeichnet in besonderer Weise den Weg der orthodoxen Mönche als einen Weg der Versenkung. Aus diesem Grund nennt man auch die ganze Bewegung, die im ägyptischen Mönchtum ihren Anfang nahm, den Hesychasmus.

Das Jesusgebet wird später weiter verbreitet. Im 5. Jahrhundert hören wir darüber von Männern wie *Diadochos*, dem Bischof von Photike im Alt-Epirus, und *Markos Eremites*, einem Mönch in Galatien (Kleinasien). Die erstmalige Formulierung „Herr Jesus Christus, erbarme dich meiner (unser)“ finden wir im 6. Jahrhundert in der Lebensbeschreibung des *Dositheos* durch zwei zur gleichen Zeit lebende Schweigemönche, den Heiligen *Barsanuphios* und den Heiligen *Johannes den Propheten*, sowie durch dessen Schüler *Dorotheos*, der Lehrer und Biograph des Dositheos war. Im 7. Jahrhundert ist es dann *Johannes Klimakos* (gest. 649), ein Mönch vom Sinai, der mit seinem Buch „Die Leiter zum Paradies“ zu den meistgelesenen Autoren innerhalb der hesychastischen und überhaupt orthodoxen monastischen Frömmigkeit gehört. Eine weitere methodische Ausgestaltung des Jesusgebets erfolgte dann bei dem Abt *Hesychios* (7.–8. Jahrhundert), bei *Philotheos vom Sinai* (9.–10. Jahrhundert) und vor allem bei *Gregor vom*

Sinai (1255–1346), der von dort über Kreta zum Berg Athos zog. Von diesen Meistern des Hesychasmus wird besonders die Verbindung des Jesusgebets mit der inneren Wachsamkeit, der geistlichen Nüchternheit und der „Bewahrung des Herzens" betont.

Damit beginnt die *zweite Phase* in der Entwicklung des Jesusgebets, die mit dem Berg Athos in Zusammenhang zu bringen ist. Hier ist zunächst *Symeon, der neue Theologe* (949–1042), zu nennen, der die erste „Methode für das heilige Gebet und die Wachsamkeit" entwickelt und in der orthodoxen Theologie als erster von den sieben Männern genannt wird, die „Methoden" zur Erlangung des reinen Gebets dargestellt haben.[26] Der zweite Methodenlehrer des Gebets ist der Mönch *Nikephoros* (geb. 1215), der zusammen mit dem erwähnten *Gregor vom Sinai* ausführlich die Rolle des Herzens zusammen mit der Atmung abhandelt.[27] Der Höhepunkt in der Geschichte des Jesusgebets ist durch *Gregor Palamas* (1296–1358) erreicht. Dieser gelangt – besonders durch seine Auseinandersetzung mit den Mönchen *Barlaam* aus Kalabrien – bei der Verteidigung der hesychastischen Gebetsweise und der damit verbundenen mystischen Erfahrungen in das Licht der Öffentlichkeit. Doch durch die kirchliche Bestätigung seiner Anschauungen wird er zu einem Symbol des orthodoxen Denkens gegenüber dem theologischen Denken des Abendlandes.

Eine Zusammenfassung und Synthese dieser Periode in der Geschichte des Jesusgebets ist die „Zenturie" des *Kallistos* und *Ignatios Xanthopoulos* aus dem 14. Jahrhundert. Es handelt sich um 100 Sprüche (darum Zenturie), die einen Lehrtext darstellen, in dem durch die hundert Kapitel in kürzeren oder längeren Sprüchen eine ausführliche Lehre über den Hesychasmus geboten wird.[28] Hier finden sich zudem genaue Hinweise auf die äußere Übung des Jesusgebets, verteilt auf den Tagesablauf und Hilfen zur Beständigkeit im Beten des „immerwährenden Gebets". So heißt es unter anderem:

> Daß Nicht-Beten schlimmer ist als der Tod, lehrt uns am besten jener große Prophet Daniel, der lieber sterben wollte, als nur den Bruchteil einer Stunde des Gebets beraubt zu sein.

Er zitiert dabei *Gregor von Nazianz* mit dem Satz: „Du mußt andauernder an Gott denken als atmen" und den Heiligen *Isaak*: „Ohne unablässiges Ge-

[26] Stăniloaie: Teologia morală, 218f.

[27] Stăniloaie: Teologia morală, 221ff. Hier findet sich auch eine Darstellung der Methode in dem „Wort über Wachsamkeit und Bewahrung des Herzens" des Nikephoros bzw. des Gregor vom Sinai.

[28] In der deutschen Fassung bei Rosenberg (Hg.): Die Meditation.

bet kannst du Gott nicht nahekommen." Darum heißt das Jesusgebet auch *immerwährendes* oder *unablässiges Herzensgebet.*[29]

Die *dritte Phase* der Geschichte des Jesusgebets spielt sich in *Rußland* ab. Sie wird eingeleitet durch das Erscheinen der sogenannten „Philokalie" (Tugendliebe). Diese erschien 1782 auf Griechisch in Venedig als Sammlung von Texten von mehr als dreißig Schriftstellern des christlichen Ostens aus dem 3.–15. Jahrhundert, die sich alle in irgendeiner Weise mit dem Jesusgebet befassen. Der Herausgeber war – zusammen mit dem Bischof *Makarios von Korinth* (1731–1815), einem Mönch vom Berg Athos – *Nikodemos* (1749–1809), der als nächster Methodenlehrer des Jesusgebets gilt.[30] Erwähnt werden muß weiterhin, daß 1793 eine kirchenslawische „Philokalie" aus der Feder des großen Erneuerers des Mönchwesens und Starzentums in Rumänien und Rußland, *Paissi Welitschkowski* (1722–1794), erschien, die weithin eine Übersetzung der griechischen Philokalie darstellt. Dieser hat einen wichtigen Beitrag für das Verständnis und die Praxis des Hesychasmus in Rumänien und Rußland durch die Verbreitung und Verallgemeinerung des Jesusgebets geleistet.[31] Zur Verbreitung des Jesusgebets haben auch Bischof *Ignatius Briantschaninow* (1807–1867) und *Teophan Goworow der Eremit* (1815–1894) durch ihre Neubearbeitung der Philokalie und anderer Werke in russischer Sprache beigetragen.

Damit aber setzt die eigentliche Blütezeit des Jesusgebets ein, dessen schönste Zeugnisse und wichtigste Vertiefungen in den berühmten „Aufrichtigen Erzählungen eines russischen Pilgers" zu finden sind.[32] Die weite Verbreitung dieses Buches in den letzten Jahrzehnten auch im Westen, hat den Blick erneut auf die Methode des Jesusgebets gelenkt. Sie war hier bereits im Mittelalter bekannt, doch verhinderten die theologischen Schulstreitigkeiten ihre Verbreitung. Heute sieht man in ihr eine Meditationsmethode, die eine große geistliche Hilfe für viele moderne Menschen bedeutet.[33] *Emmanuel Jungclausen* fragt am Ende seiner Ausführung über das Jesusgebet:

> Wird es eine neue Blütezeit geben, weil das Jesusgebet und die geistliche Weisheit des christlichen Ostens eine Antwort auf die Suche des heutigen Menschen darstellt, sein Leben ganz neu gestalten zu können? Wer werden die Vermittler sein?

Und er antwortet:

---

[29] Rosenberg (Hg.): Die Meditation, 58f.

[30] Stăniloaie: Teologia morală, 230ff.

[31] Plămădeală: Tradiţie şi libertate, 290ff.

[32] Siehe Anmerkung 23.

[33] Ware/Jungclaussen: Hinführung zum Herzensgebet, 85; Rosenberg (Hg.): Die Meditation, 133–153.

Vieles wird davon abhängen, ob der Weg des Jesusgebetes in der rechten Absicht beschritten wird, nämlich in der ausschließlichen Absicht, Christus zu gehorchen, um ihm zu gehören und nicht etwa, um etwas für sich zu haben und geistlich „genießen" zu können mit dem geheimen Wunsch, dadurch der Probleme des Alltags enthoben zu sein.[34]

Fragt man nach dieser mehr historischen Übersicht über die Entwicklung des Jesusgebetes nun nach dessen *Wesen und Inhalt*, so wird man zunächst feststellen, daß es hier, im Unterschied zum Verständnis des Gebetes als Akt oder Handeln, nicht so sehr um eine Tätigkeit, sondern um einen Zustand geht. Dieses Gebet wird definiert als ein „vor Gott Stehen mit dem Geist im Herzen und immerfort".[35] „Stehen vor Gott" bedeutet, in eine unmittelbare und persönliche Verbundenheit mit ihm einzutreten. Es ist also ein inneres Beten, mit dem Ziel, daß Gott alles selbst wirkt. „Beten ist Gott, der alles in allem wirkt", sagt *Gregor vom Sinai.* Es geschieht also nicht etwas, was vom Beter ausgeht, sondern etwas, an dem er teilhat. Hier handelt nicht in erster Linie der Beter, sondern es ist Gott, der in ihm handelt (Gal 3,20: „Nicht ich lebe, sondern Christus lebt in mir"). In unserer Sprache, der „Wort-Theologie", ist es nicht so sehr Antwort des Menschen, als vielmehr Wort Gottes. Im Gegensatz dazu wird beim Jesusgebet betont:

> Du mußt still sein; laß das Gebet sprechen und genauer: laß Gott sprechen. Wahres, inneres Gebet bedeutet: Aufhören mit dem Reden und Hören auf die wortlose Stimme Gottes in unserem Herzen; es bedeutet, damit aufhören, die Dinge aus uns selbst zu tun. Es bedeutet: einzutreten in das Handeln Gottes.[36]

Ein weiteres Kennzeichen gibt *Gregor vom Sinai* an, wenn er dieses Handeln Gottes näher bestimmt: „Beten ist die Offenbarung der Taufe." Damit soll gesagt werden: Beten bedeutet das Wiederentdecken und Offenbaren der Taufgnade.

> Beten ist der Übergang von dem Zustand, bei dem die Gnade in unseren Herzen verborgen und unbewußt gegenwärtig ist, zu dem Punkt völliger innerer Erkenntnis und bewußten Gewahrwerdens, wobei wir das Wirken des Heiligen Geistes direkt und unmittelbar erfahren und spüren.

Mit den Worten aus der „Zenturie" des *Kallistos* und *Ignatios* heißt das:

---

[34] Ware/Jungclaussen: Hinführung zum Herzensgebet, 104f.
[35] Ware/Jungclaussen: Hinführung zum Herzensgebet, 10.
[36] Ware/Jungclaussen: Hinführung zum Herzensgebet, 12.

Das Ziel des christlichen Lebens ist es, umzukehren zur vollendeten Gnade des Heiligen und lebensspendenden Geistes, die uns am Anfang in der göttlichen Taufe verliehen wurde.[37]

Es geht also um den Übergang vom „angestrengten“ Gebet zum „selbsttätigen“ Gebet, wie *Teophan* sagt. – Aber *wie* ist das möglich?

Die erwähnten Lehrer des Herzensgebetes haben dazu Hinweise und Erklärungen gegeben, die man als Methoden bezeichnet. Doch ist der Begriff „Methode“ insoweit irreführend, als er zur Meinung verführen kann, das Jesusgebet sei bloß durch eine Technik erlernbar. Gemeint ist, was *Theophanos*, der Eremit, so formuliert: „Eine bestimmte Ordnung fördert das Gebet.“ Und weiter heißt es: „Man muß handeln“, und darunter versteht er das Üben des Jesus-Gebets und spricht sogar von einer „Kunst des Gebets“, die man lernen muß.[38]

Ein erstes Element auf diesem Weg besteht in der Anrufung des Namens Jesu („Herr Jesus Christus, Sohn Gottes, erbarme dich meiner / unser.“). Es geschieht auf eine „freie“ oder „formelle“ Weise. Mit dem freien Gebrauch ist gemeint, daß man das Gebet im Laufe des Tages spricht, wenn man mit bestimmten alltäglichen Tätigkeiten beschäftigt ist (beim Anziehen, Warten, wenn man nicht schlafen kann, bei Hausarbeiten und schwierigen Gesprächen). Dies ist das Element des „immerwährenden“, ununterbrochenen Gebetes in der Interpretation des Paulus-Wortes „Betet ohne Unterlaß“. (1Thess 5,17) Es ist ein Hinweis darauf, daß die Kluft zwischen unseren Gebetszeiten im Gottesdienst oder privat und dem Alltag mit seinen vielfältigen Tätigkeiten überwunden werden soll. Das „formelle“ Sprechen des Herzensgebetes ist eine unbedingt erforderliche Ergänzung dieses freien Gebetes. Dabei spielt auch die Körperhaltung und die rechte Atmung eine Rolle; doch gibt es hier keine bestimmten Regeln oder eine einzige Technik. Das Jesusgebet ist aber auch insofern mehr als Technik, als es nicht einfach Konzentration und Entspannung, abgesehen von der Verbindung zu Jesus, vermittelt. Es enthält die volle Wahrheit der Schrift und ist eine „Zusammenfassung des ganzen Evangeliums“ – wie der Pilger sagt. Denn es enthält die zentralen Geheimnisse des christlichen Glaubens, das der Inkarnation und der Trinität, den göttlichen Kyriosnamen und den menschlichen Jesusnamen, der die eine Person des dreieinigen Gottes ist. Es ist dem Inhalt nach Anbetung, Reue, Klage und Bitte zugleich und nimmt als Dankgebet das Erbarmen Jesu vorweg.[39]

---

[37] Ware/Jungclaussen: Hinführung zum Herzensgebet, 14.

[38] Selawry: Das immerwährende Herzensgebet, 66; 71.

[39] Ware/Jungclaussen: Hinführung zum Herzensgebet, 28–31.

Hier sollte auch an die Macht des *Namens* erinnert werden, dessen Bedeutung im Alten Testament und Neuen Testament bekannt ist und der für die ganze Gotteslehre immer wieder ausschlaggebend war. Wenn man den Namen anruft, bedeutet dies, seine Person wirksam zu vergegenwärtigen, denn der Name ist eine Macht. Doch durch eine rein mechanische Wiederholung allein erreicht man nichts. Das Jesusgebet ist kein magischer Glücksbringer. Wie bei allen sakramentalen Handlungen ist der Mensch aufgefordert, durch seinen Glauben und durch sein asketisches Bemühen ein Mitarbeiter Gottes zu sein.[40] Worauf es beim Herzensgebet wirklich ankommt, ist Sammlung angesichts unserer inneren Zerrissenheit und unseres Mangels an Einheit und Ganzheit. Es soll uns helfen, durch die wiederholte Anrufung des Namens Jesu durch Gottes Gnade unter dem Gegliedertsein zur Ganzheit und aus der Zerstreuung und Vielfalt zur Einheit zu kommen. Das Jesusgebet ist ein Weg, sich abzuwenden und den Blick in eine andere Richtung zu lenken. „Durch die Erinnerung Jesu Christi sammelst du deinen unbehausten Geist, der weit umher zerstreut ist" (*Philotheos vom Sinai*, 9.–10. Jahrhundert). Aber das Jesusgebet ist keine Form der Meditation über bestimmte Ereignisse im Leben Jesu oder über Worte und Gleichnisse des Meisters. Dadurch unterscheidet es sich von den Methoden der diskursiven Meditation, wie sie im Westen bekannt sind und zum Beispiel von *Ignatius von Loyola* entwickelt wurden.[41]

Das bedeutet, daß man nicht nur vom „Gebet der Lippen" (mündlichen Gebet) zum „Gebet des Geistes" (betrachtenden Gebet), sondern von diesem auch zum „Gebet des Herzens" (zum inneren Gebet) kommen soll. Was dies bedeutet, versteht man nur, wenn man sich vergegenwärtigt, was *„Herz"* in diesem Zusammenhang meint. Es bezeichnet nicht nur etwa das Gefühl oder die Affekte, sondern die Gesamtheit der menschlichen Person. Es ist als zentrales Organ „die Mitte nicht nur des Bewußtseins, sondern auch des Unbewußten, nicht nur der Seele, sondern auch des Geistes, nicht nur des Geistes, sondern auch des Körpers, nicht nur des Verstehbaren, sondern auch des Unverstehbaren; mit einem Wort: die absolute Mitte".[42] Das Ziel des hesychastischen Gebetes ist, in diese „Mitte" einzutreten, das heißt zum Geist in das Herz hinabzusteigen. Die Väter sprachen von der Vereinigung des Geistes mit dem Herzen, die Konzentration, Sammlung, Freiheit von Ablenkungen ermöglicht und zum selbsttätigen Gebet führt, also zu dem Gebet, das Christus im Beter spricht. So wird das Herz zum Ort der Begegnung zwischen Gott und Mensch.

---

[40] Ware/Jungclaussen: Hinführung zum Herzensgebet, 33; 36.

[41] Ware/Jungclaussen: Hinführung zum Herzensgebet, 39; 44.

[42] Plămădeală: Tradiție și libertate, 281f.

Hier ergibt sich freilich die Frage: Ist das nicht bloß ein Weg für die Vollkommenen, allenfalls für Mönche, die dafür leben und sich ein Leben lang damit beschäftigen? Welchen Sinn hat diese Gebetsweise für das Verständnis von Gebet überhaupt, und zwar in unserer säkularen unruhigen, vielbeschäftigten Welt?

Es wurde bereits gezeigt, wie das Herzensgebet als „freies Gebet" den Alltag bestimmen kann. Aber auch das sogenannte „formelle Gebet", das regelmäßig geübte Gebet ist jedem Christen auf einfache Weise zugänglich:

> Das Gebet, das Gott unaufhörlich in der Seele gegenwärtig hält, steht jedem zur Verfügung. Es versteht sich von selbst, daß eine solche Gegenwart Gottes die Gabe des Heiligen Geistes schenkt, Hilfe im Lebenskampf gibt und schließlich durch die Gnade Gottes zur Vollendung führt.[43]

---

[43] Plămădeală: Tradiție și libertate, 281f.

VII. Die Typen des Gebets

Der Theologe und Religionswissenschaftler *Friedrich Heiler* (1892–1967), der als einer der bedeutendsten protestantischen Erforscher des Gebets gilt, hat in seinem Standardwerk „Das Gebet" zwei „Gebetstypen", den „mystischen" und den „prophetischen" Gebetstypus unterschieden. Den Unterschied zwischen beiden charakterisiert Heiler wie folgt:

Der Unterschied des mystischen und prophetischen Gebets offenbart sich in jeder Hinsicht: im Motiv, in der Form, im Inhalt, in der Gottesvorstellung, in der Relation zu Gott, in der Gebetsform. Das mystische Beten wurzelt in der Sehnsucht des Frommen nach Vereinigung mit dem Unendlichen – das prophetische Beten quillt aus der tiefen Not des Herzens und aus dem Verlangen nach Heil und Gnade. Das mystische Gebet ist kunstvoll präpariert durch die feine Psychotechnik und Meditation – das prophetische Beten bricht spontan und gewaltsam hervor aus den unbewußten Tiefen der religiös erregten Seele. Das mystische Beten ist ein stilles, schweigendes Anbeten, Schauen und Genießen – das prophetische Beten ein leidenschaftliches Rufen und Seufzen, ein ungestümes Klagen und Bitten. Das mystische Gebet ist eine feierliche Erhebung des Geistes zum höchsten Gut – das prophetische Gebet ein schlichtes „Ausschütten des Herzens". Das mystische Gebet ist ein Heraustreten aus sich selbst und ein Eingehen und Einsinken in den unendlichen Gott – das prophetische Beten ist eine Aussprache der das Innerste bewegenden tiefen Not. Das mystische Beten ist ein langwieriges, stufenweises Emporklimmen zu den Höhen der Gottesschau und Gotteseinigung – das prophetische Beten ein stürmisches Hinandringen an Gottes Vaterherz. Das mystische Beten stellt eine geradlinige Bewegung, einen kontinuierlich fortschreitenden Prozeß dar: Reinigung, Erleuchtung, Einigung – im prophetischen Gebet vollzieht sich eine innere Umwandlung, eine radikale Umwälzung: die banale, quälende Angst, das drängende Verlangen schlagen über in die ruhige, heitere Zuversicht und die gelassene, frohe Ergebung. Der Gott des mystischen Beters ist das unendlich Eine, das *summum bonum*, an das er sich ganz verliert – der Gott des prophetischen Beters ist der lebendige Herr, dem er verhaftet ist mit der letzten Faser seines Wesens, der gütige Vater, an den er sich klammert in absoluter Zuversicht und unerschütterlicher Hoffnung. Das mystische Beten ist ein Sichverzehren im Feuer der Gottesliebe, ein Zerschmelzen in der Glut des Unendlichen, ein Zerfließen in der Flut des Unerläßlichen: „mach mich zum Nichts" – das prophetische Beten ist ein kraftvolles Ringen mit dem fordernden und gebietenden Gott: „ich lasse dich nicht, du segnest mich denn". Das mystische Beten ist ein Vergehen vor Sehnsucht nach dem göttlichen Geliebten: „kehre zurück", und dann wieder ein wonniges Ruhen und trunkenes Schwelgen in der zarten Umarmung des himmlischen Bräutigams: „ich bin dein und du bist mein" – das prophetische Beten ist ein ehrfürchtiges Niedersinken vor der Majestät des ewigen Königs und Herrn: „schau gnädig auf uns", ein scheues Flehen des Schuldbeladenen vor dem strengen Richter: „*Miserere mei*", „Gott, sei mir armen Sünder gnädig", ein herzliches und vertrautes Reden des Kindes zum liebevollen Vater: „Vater unser, der du bist im Himmel". Das mystische Beten ist gegenüber dem primitiven Beten etwas absolut Neues: die völlige Loslösung vom eigenen Ich, das Aufgehen im *summum bonum* – im prophetischen Beten erwacht das primitive Beten, zwar unendlich geläutert und veredelt, aber doch in seiner ganzen kraftvollen Leidenschaft, in seiner urwüchsigen Naivität, in seiner dramatischen Lebendigkeit; das prophetische Gebet ist genau wie das primitive Gebet wesentlich Aussprache der Not, Bitte um Heil und Seligkeit, Glaube an den erhörenden, helfenden Gott.[1]

Gemäß diesem Verständnis wird im Blick auf das Christentum das „mystische" Gebet der orthodoxen Tradition und das „prophetische" Gebet der protestantischen Tradition zugewiesen. Allerdings weist Friedrich Heiler darauf hin, daß diese beiden Typen nur selten eine völlig reine Ausprägung haben und daß bei der „überwiegenden Mehrzahl der religiösen Genien [...] das Frömmigkeitsleben eine Mischung des mystischen und prophetischen Typs" darstellt – „natürlich in den mannigfaltigsten Graden und Abstufungen".[2] Eindeutig wird Luther jedoch dem prophetisch-biblischen Gebetstypus zugeordnet, während wir heute längst von der „Mystik bei Luther" sprechen.[3] Es lohnt sich, die gängige Charakterisierung der beiden Typen etwas näher ins Auge zu fassen, da die Schwierigkeiten im Gebetsverständnis ebenso wie die Vorurteile über die Gebetsweise des jeweils anderen Typs auf einer einseitigen Betrachtung dieser Typen sowohl im Westen als auch im Osten beruhen. Das Gemeinsame und Verbindende beider Typen kennzeichnen wir sodann als „Gebetstypus des Jüngers".

1. Der prophetische Gebetstypus

Friedrich Heiler hat diesen Gebetstypus ausführlich beschrieben und anhand der Belege von sogenannten „religiösen Genien" die hervorragenden Merkmale des „prophetischen Beters" herausgestellt. Der wichtigste Gewährsmann für diesen Typus des Gebets ist *Martin Luther*. Es ist hilfreich, diese „religionsphänomenologisch" aufschlußreichen Ergebnisse Heilers in unserem Zusammenhang zur Kenntnis zu nehmen und in unsere Erwägungen einzubeziehen.

---

[1] Heiler: Das Gebet, 407f.

[2] Heiler: Das Gebet, 347.

[3] Wehr: Mystik, 17–25. Dazu E. Iserloh, Luther und die Mystik, bei: Wertelius, Oratio continua, 222.

Während das mystische Gebet in der stetigen, beständigen Sehnsucht des Frommen nach Vereinigung mit dem Göttlichen wurzelt, quillt das prophetische Beten – spontan – aus der tiefen Not des Herzens und dem Verlangen nach Hilfe, Rettung und Heil.[4]

Krisen, Anfechtungen und Nöte des eigenen Lebens, aber auch der Gemeinschaft, in der man lebt, sind die hauptsächlichsten Anlässe zum Gebet. Neben der Not kann es auch das Glück oder die Freude sein, die zum Anlaß des Gebets werden, auch das Staunen über die Größe Gottes oder die Dankbarkeit für erfahrene Hilfe. Allerdings sind die Dank- und Preisgebete – auch bei Luther – von geringerer Anzahl als die Bittgebete. Im prophetischen Beten tritt das Preis- und Dankgebet, das in der Mystik im Vordergrund steht und den Höhepunkt bildet, hinter dem Bitt- und Fürbittgebet zurück.

Ein anderes Kennzeichen des prophetischen Gebets ist das, was wir die größere *Ich-Bezogenheit* nennen können. Während sich der Mystiker im Blick und Streben nach dem höchsten Gut selbst verliert und vergißt, wird der prophetische Beter zum Träger eines Wertes oder Unwertes zugleich. Furcht, Angst, Niedergeschlagenheit, Scham, Reue, Kummer, Gram, Zorn einerseits und Stolz, Entzücken, Seligkeit und Wonne andererseits beziehen sich unmittelbar auf das Selbstgefühl: in den Unlustaffekten wird eine Bedrohung, in den lustbetonten Affekten eine Steigerung des Gefühls vom Wert des eigenen Lebens und der Welt überhaupt erfahren. Im Gebet soll eine Steigerung der Lebensfreude – das Bewußtsein von einem zuverlässigen Halt – erfahren und der Unlust, Resignation oder Depression entkommen werden, um so zugleich Stärkung und Hilfe zu empfangen.

Das wird im Gebet nur dort erwartet, wo es ein Bewußtsein der Abhängigkeit von Gott und seinem „höheren Willen" gibt, an dessen lenkende Hand man im Glück und Unglück, im Alltag und im Heiligtum glaubt. Zu diesem Gebet gehört daher auch Vertrauen auf Gottes Möglichkeiten, zu retten und zu helfen. Hoffnung, Zuversicht, Glaube sind also wichtige Motive beim Beten. Luther sagt:

> Der erste Stein zum Gebet ist die Zuversicht. [...] Wer beten will, muß zuvor glauben. Das allerbeste am Gebet ist der Glaube. [...] Das rechte Gebet muß aus solchem Glauben und Vertrauen her fließen. [...] Die wirkliche und tätliche Ursache [...] des Gebets ist der Glaube.[5]

---

[4] In den folgenden Ausführungen beziehen wir uns auf die entsprechenden Kapitel bei Heiler: Das Gebet, 348ff.

[5] Predigt am 5. Sonntag nach Ostern/Erl. 2, 273; Tischreden 15,10, Erl. 95, 8; Erl. 8, 36; 23, 240; 50,110, bei Heiler: Das Gebet, 351.

Furcht und Hoffnung gehören daher gleicherweise zu den Voraussetzungen des Gebets. Der Mystiker kann auch ohne diese Furcht oder Hoffnung beten. In seiner Erwartung der Vereinigung mit dem Göttlichen ist er unabhängig von einem solchen Glauben.

Das prophetische Beten ist weiterhin eine spontane „Affektäußerung", die Ausdruck des Mitleids ebenso wie der Dankbarkeit ist, was im Alten Testament als „Ausschütten des Herzens" oder „Auftun des Herzens" beschrieben wird (1Sam 1,15; Ps 42,5; 62,9; 142,3; Klgl 2,19), Ausdrücke, die auch Luther übernommen hat. Es treibt den Beter zum Gebet. Es ist ein innerer Drang, der ihn beten heißt. Beten ist nicht möglich aufgrund menschlichen Geheißes. Luther meint dazu:

> Wo ein recht Gebet sein soll, da muß ein Ernst sein, daß man seine Not fühle um solche Not, die uns drückt und treibt, zu rufen und zu schreien; so geht denn das Gebet von sich selbst, daß man keines Lehrers bedarf, wie man sich dazu bereiten und Andacht schöpfen soll.[6]

Andererseits kennt Luther auch die Situation, daß die „Gebetsstimmung" fehlt. Dann muß der Fromme sich „bewußt und willentlich" zum Gebet sammeln, indem er über eine religiöse Vorstellung meditiert oder zu einer Gebetsformel greift und ihre Worte nachspricht. Dazu sagt er:

> Ich bin bisweilen so kalt und unlustig, daß ich nicht kann beten; da stopf ich meine Ohren zu und spreche: Ich weiß, Gott ist nicht weit von mir, darum muß ich schreien und ihn anrufen. Setze mir dagegen vor die Undankbarkeit und das gottlose Wesen der Widersacher etc., also daß ich erwärme und vor Zorn und Haß brenne und danach sage: O Herr, geheiliget werde dein Name, zukomme dein Reich etc. Also erwärmet mein Gebet und wird hitzig.[7]

An einer anderen Stelle sagt er:

> Es ist eine sehr gute Hilfe und Rat, das Gebet zu erwecken, auf daß es hitzig und heftig werden möge; nämlich, daß wir gerne lesen, singen und hören Gottes Wort und daß wir ja den Psalter fleißig durchlesen, oder auch in die gemeine Versammlung der Kirche gehen: daselbst wird das Herz allgemach warm und der Geist in uns angezündet werden.[8]

In der *Form* ist das prophetische Gebet „ein freier Herzenserguß". Die Worte sind improvisiert, nicht formelhaft, eine individuelle Schöpfung des

---

[6] WA 30/I, 196.
[7] WA 44, 575.
[8] Erl. 60,107.

Augenblicks, ein selbständiger Ausdruck der eigenen Persönlichkeit. Luther empfiehlt:

So jemand bei sich selbst in der Kirche oder daheim sonderlich beten will und weiß nicht besser Worte oder Weise, der nehme vor sich das Vaterunser und reize mit diesen oder dergleichen Worten seine Andacht.[9]

Aber dieses gebundene Beten besitzt ausschließlich pädagogische Bedeutung, ist nur ein „Präludium“ zum echten, freien Gebet, Mittel, um erst recht beten zu lernen, eine „Anreizung und Bewegung der Seele, daß sie dem Sinn und den Begierden nachdenke, die die Worte anzeigen“.[10]

In Worms betete Luther in einer Kette von kurzen Rufen. Das paßt zu seiner Regel „Je weniger Worte, je besser Gebet; je mehr Worte, je ärger Gebet“, oder: „Kurz soll man beten, aber oft und stark“.[11] Dabei kann das Gebet auch stilles Herzensgebet sein: „Auch ein Seufzerlein eines Christen ist Gebet, sooft er seufzet, so betet er.“[12]

Inhaltlich ist das prophetische Gebet Klage, Frage, Bitte, Fürbitte, Sündenbekenntnis, Ausdruck der Zuversicht, Dank und Lobpreis. Luthers Gebete in Worms sind auch hierfür ein wichtiges Zeugnis. Es beginnt mit einer wehmütigen Selbstbetrachtung der Situation, in der er sich befindet. Sein Schicksal ist ungewiß, auf die Menschen ist kein Verlaß: „Die Glocke ist schon gegossen und das Urteil gefället.“ Die bangen Gedanken verdichten sich zu einem Klageruf: „Ach Gott, ach Gott, o du mein Gott!“ Der Seele des Gequälten entringen sich leidenschaftliche Hilferufe: „Stehe du mir bei, tue es, du mußt es tun, du allein!“ Das Vertrauen wächst mit dem Gedanken an den Wert und das Recht seiner Sache. „Es ist doch nicht mein, sondern deine Sache.“ Die aufkeimende Zuversicht wird wieder von aufsteigenden Zweifeln gehemmt, die sich in ungestümen Fragen an Gott aussprechen: „O Gott, hörst du nicht? Mein Gott, bist du tot?“ Der Beter droht an Gott irre zu werden, aber die mutige Zuversicht bannt die Zweifel. „Nein, du kannst nicht sterben, du verbirgest dich allein.“ Er bittet erneut: „Steh mir bei.“ Aber nochmals gewinnt die Unsicherheit und Angst die Oberhand: „Herr, wo bleibest du? Du mein Gott, wo bist du?“ Endlich zerstieben alle Zweifel, die Spannung löst sich, der Glaube triumphiert über den Zweifel, die Hoffnung hat über die Furcht gesiegt. Eine heldenhafte Entschlossenheit erfüllt den, der eben noch gezagt und gezittert, geklagt und gefragt hat. „Komm, komm! Ich bin bereit, auch mein Leben darum zu lassen, geduldig wie ein Lämmlein; denn gerecht ist die Sache und dein.“ Kühnen Blicks

[9] Erl. 32,88.
[10] WA 2,82.
[11] WA 2,80f.
[12] WA 42, 662.

sieht er dem Tod ins Auge, denn ob tot oder lebendig, er fühlt sich unter dem Schutze des Höchsten, nichts Böses kann ihm widerfahren:

Und sollte mein Leib [...] darüber zu Grund und Boden, ja zu Trümmern gehen, dafür aber dein Wort und Geist mir gut ist, und ist auch nur um den Leib zu tun, die Seel ist dein und gehört dir zu und bleibet auch bei dir ewig. Amen. Gott helfe mir.[13]

Das prophetische Beten ist ein seelischer Kampf, wie das ganze Leben der Propheten meist ein stetiges Ringen war, während das Beten der Mystiker ein stilles Sinnen, ein wonniges Versunkensein, ein entzücktes Schauen, ein Dahingleiten in einer gleichmäßigen, Breite und Tiefe besitzenden Stimmung. Das prophetische Gebet kennt auch die Ergebung: Der Beter verzichtet völlig auf seinen Wunsch, widerruft die zuletzt im Gebet ausgesprochene Bitte oder er läßt die Erfüllung des Wunsches offen und besteht nicht auf seiner Verwirklichung. Ein Beispiel dafür ist Luthers jäher Umschlag des Pochens und Drängens in die Ergebung, das Sichschicken in dem Gebet, das er für den kranken Kurfürsten Johann spricht. Nachdem er zuerst Gott droht, die Schlüssel vor die Füße zu werfen und ihm Ehre und Zinsgüter zu künden, sagt er schließlich gelassen: „Ach, lieber Herr, wir sind dein, mach' es, wie du willst, allein gib uns Geduld."[14]

In seiner Krankheit in Schmalkalden bittet er ganz schlicht um Genesung, dann fügt er voll Demut hinzu:

Gereicht es zu deiner Ehre, so hilf mir, daß es besser werde, wo aber nicht, so schleuß mir die Augen zu, es muß doch einmal sein. Ich will nun tun, was Gott will und ergebe mich gar in seine Gnade.[15]

Ein andermal betet er:

Lieber Vater, das Übel und die Pein drückt mich und leide viel Unglück und Beschwerde, und fürchte mich vor der Hölle. Erlöse mich davon – doch nicht anders, denn so es dir ehrlich und löblich und dein göttlicher Wille ist. Wo das nicht, so geschehe nicht mein, sondern dein Wille, denn mir deine göttliche Ehre und Wille lieber ist denn all meine Ruhe und Gemach, zeitlich und ewig.[16]

Es ist also nicht so, daß Ergebung im Sinne des Jesusgebetes „Nicht mein, sondern dein Wille geschehe" allein dem Mystiker zuzuordnen ist. Die rein mystische Resignation und Ergebung ist der absolute Verzicht auf allen Ei-

[13] WA 35,213f. Vgl. Originaltext und Kommentar bei Schulz: Die Gebete Luthers, 262f.
[14] Erl. 59,5.
[15] Erl. 61,436.
[16] WA 2, 126.

genwillen, „die vollendete Affektlosigkeit“, eine totale Indifferenz, Passivität, ausgesprochener Quietismus. Die Ergebung des prophetischen Beters ist nicht auf einen bestimmten Wunsch im Interesse eines höheren Willen, ja vielleicht überhaupt kein völliger Verzicht, sondern ein Anheimstellen der Erfüllung des Wunsches an das freie Ermessen und Gutdünken Gottes.

Das prophetische Gebet ist von einer bestimmten Gottesvorstellung geprägt. Gott ist hier nicht einfach ein „höchstes Wesen“, sondern Person und Persönlichkeit, der Helfer in der Not und Gebetserhörer – wie Luther ihn nennt –, der in das Weltgeschehen eingreifen und Dinge zum Besten verändern kann.

Beten ist darum kein Selbstgespräch und keine Selbstbetrachtung, sondern wirkliches Reden mit einem persönlichen Du. Auch das Wissen um die Gegenwart – nicht nur die abstrakte Existenz – Gottes ist eine wesentliche Voraussetzung für dieses Gebet. Im Gebet äußert sich also ein bestimmtes Verhältnis des Menschen zu Gott, das in einem der vorhergehenden Kapitel als „dialogisches“ Verständnis des Gebets bezeichnet wurde.

In der Praxis, bei den großen Betern und ebenso bei den schlichten Frommen des Christentums, gibt es keinen dieser Typen rein, sondern beide sind meistens ganz eng miteinander verbunden. So kann man auch Luther in erster Linie diesem Gebetstypus einordnen, was im Vorausgehenden deutlich geworden sein mag. Das prophetische Gebet Luthers ist außer durch sein episches Gepräge auch durch seine genuine Einfachheit und Ursprünglichkeit gekennzeichnet. Friedrich Heiler urteilt:

> Das ist das Wunderbare in Luthers Frömmigkeit, daß er, der durch die Schule der mittelalterlichen Mystik gegangen war, ihr Kostbarstes und Wertvollstes: den grandiosen Individualismus wie die herzliche Gottinnigkeit und die zarte Christusminne, in sein Gebetsleben aufnahm, daß er die schlichte und kraftvolle prophetisch-biblische Gebetsfrömmigkeit mit einem mystischen Element bereicherte, ohne ihre Reinheit dadurch zu trüben oder zu entstellen. Luthers Gebet ist echtes prophetisches Gebet, aber zeigt einen deutlichen mystischen Einschlag, der in seiner reformatorischen Frühzeit (bis 1525) stärker ist als später, der aber nie ganz verschwindet.[17]

2. Der mystische Gebetstypus

Die Bezeichnung „mystisch“ ist einer Reihe von Mißverständnissen ausgesetzt. Im gewöhnlichen Sprachgebrauch wird das Wort für etwas Rätselhaftes, Unverständliches, Anormales verwendet. Pseudowissen wie parapsychologische Phänomene, Spiritismus und Magie werden als Mystik be-

[17] Heiler: Das Gebet, 245.

zeichnet. Allerdings hat sich dafür eher die Variante „Mystizismus“ herausgebildet, ein Begriff, mit der in der atheistischen Propaganda in den marxistisch ausgerichteten kommunistischen Ländern alle religiösen, kirchlichen und frommen Tätigkeiten abgewertet wurden. Doch ist zu bedenken, daß in anderen Sprachen – wie im Englischen oder Französischen – es nur ein einziges Wort für „Mystik“ gibt, das beiden Bedeutungen entspricht, der legitimen religiös-theologischen und der abwertenden oder mißverständlichen. Auch die Übernahme des Begriffes in nationalistische, militaristische oder naturromantische Traditionen haben die „Mystik“ mißbraucht, etwa im Nationalsozialismus, wo Traditionen der deutschen Mystik ebenso wie Rituale, Weihestätten, Kult um Blut und Boden, um Feuer und Wind, um Märtyrer und Führer übernommen und den eigenen Zielen unterworfen wurden.[18]

Mystik ist ein religiöses Phänomen, das nicht nur im Christentum, sondern in jeder Religion und Philosophie thematisiert wird. Wir begegnen ihr in allen Hochreligionen, besonders im Judentum, Islam, Buddhismus und natürlich im Christentum. Im Christentum hat die Mystik eine alte Tradition und entsteht etwa im 3. Jahrhundert nach Christus. Das Wort kommt von *mystikon*, wobei das Verbum *myein* „verschließen“ bedeutet (und „die Augen oder den Mund schließen“ meint), das heißt, in die Mysterien „eingeweiht zu werden“, wo das Schweigen, Verschließen des Mundes von den Initiierten verlangt wird. Neuplatonische Deutungen verstanden es als das Verschließen der Sinne überhaupt. Mystisch ist also das Geheimnisvolle, das, was mit der Abwendung der Sinne von der Welt und der Zuwendung zu einer höheren Schau zu tun hat.[19] Der Begriff „Mystik“ kommt allerdings erst im 18. Jahrhundert auf und bezeichnet das „Mystische“ in diesem allgemeinen Sinn. Während das Wort „Mysterion“ (Geheimnis) in beiden Testamenten der Heiligen Schrift vorkommt, ist das Adjektiv „mystisch“ erst bei *Hippolyt* (3. Jahrhundert) zu finden. Es enthält eine liturgische, eine exegetische und eine theologische Bedeutung. So wird es als das Geheimnis des Glaubens verstanden in der Deutung dessen, was in der Taufe und in dem Heiligen Abendmahl geschieht.

In der mittelalterlichen Mystik unterscheidet man die ostkirchliche, von *Dionysios Areopagita* geprägte,[20] die romanische und die deutsche Mystik. In allen diesen Ausprägungen geht es um die Vereinigung mit Christus, die Unio oder Unificatio mystica, die auf dem dreifachen Weg der Reinigung, Erleuchtung und Vereinigung zu erlangen ist. Zu der Abkehr von der Welt durch die Askese (*via purgativa* – Reinigung) kommt die Meditation hinzu

[18] Sölle: Mystik und Widerstand, 77–79.

[19] EKL/II, Sp. 1477; vgl. Crainic: Sfinţenie, 9ff.

[20] Crainic: Sfinţenia, 46ff.

(*via illuminativa* – Erleuchtung) und diese sind die beiden Vorstufen zu der vollen inneren Einheit, die als Einheit mit Gott erlebt wird (*via unitiva* – Vereinigung).[21] In dieser Weise wird die Dreiteilung zum ersten Mal von *Dionysios Areopagita* formuliert und sodann in der östlichen und westlichen Theologie übernommen.

Friedrich Heiler sieht in der Entstehung der Mystik in allen Kulturreligionen (Griechenland, China, Indien und Ägypten) eine negative Reaktion gegen die kulturelle Entwicklung. In Zeiten eines hochentwickelten, aber bereits im Niedergang begriffenen Kulturlebens „erschlafft in feinfühligen und begabten Menschen das naive Lebens- und Selbstgefühl, der gesunde Wille zum Leben erlahmt, der zukunftsfrohe Glaube an konkrete Lebenswerte, -ziele und -aufgaben bricht zusammen; es erfaßt sie ein ungestümer Ekel an der Welt und Kultur, ein brennendes Verlangen nach einem unendlichen Wert quält sie und drängt sie mit Gewalt zur Loslösung von Welt, Kultur und Gesellschaft." Ein Beispiel für dieses Motiv der Weltflucht und Inneneinkehr gibt *Gerhard Tersteegen* (1697–1769) mit folgenden Worten:

> Ich bin so satt der fremden Dingen,
> So müd der Mannigfaltigkeit;
> Es kann doch nichts als Plage bringen:
> Wie enge wird mir's in der Zeit!
> O Ewigkeit, ich sterbe schier,
> Laß doch dem Geiste Luft in dir.
> Sollt' ich so Zeit und Kraft verzehren
> In Dingen, die nicht machen satt?
> Mein Geist muß sich zum Ursprung kehren,
> Der ihn für sich geschaffen hat:
> Weg Schein und Traum! Weg Kreatur!
> Dem Einen will ich leben nur.[22]

In der Mystik geht es demnach um eine „Entleerung" und „Entblößung" des Seelenlebens, eine radikale Ablehnung alles Irdisch-Menschlichen, um gänzliche Innenkehr (Introversion) als Vorbereitung zur ausschließlichen Hinwendung und Konzentration auf das Unendliche, Göttliche, Ewige. Dadurch kommt es zu außerordentlichen Erlebnissen, die sich jenseits des normalen Bewußtseins abspielen: Ekstasen, Visionen und Auditionen, in denen sich mit rein geistigen Erfahrungen Sinneserregungen verbinden. Das hat zur Folge, daß der Gottesbegriff durchgehend statisch ist. Der in der Ekstase Versunkene steht jenseits aller Werte, der Gott der Mystik besitzt weder ethische noch ästhetische Wertprädikate, er ist „höher, als die Tu-

---

[21] Crainic: Sfinţenia, 81.
[22] Heiler: Das Gebet, 250f.

gend" und „höher als das Gute und Schöne". Er ist der „unendliche Wert", das „höchste Gut" (*summum bonum*). Damit hängt auch zusammen, daß der Mystiker individualistisch ist. Er kennt nichts anderes als „Gott und die Seele" *(Augustin)*. „Die fromme Seele muß so mit Gott geeint sein, als gäbe es nichts außer allein Gott und die Seele selbst." *(Albertus Magnus)*[23]

Von dieser Beschreibung des Wesens der Mystik her wird der „mystische Gebetstyp" verständlich. Das Ziel des Gebets ist hier, „daß es die Vereinigung mit dem Ruhepunkte herstelle, alles, was aus der göttlichen Einheit entsprungen ist, wieder in das Eine hineinsetze", wie *Proklus*, der neuplatonische Gebetstheoretiker, sagt. Und *Angelus Silesius* singt:

> Das edelste Gebet ist, wenn der Beter sich
> In das, vor dem er kniet, verwandelt inniglich.

Meister Eckhart sagt es so:

> Also kräftiglich soll man beten, daß alle die Glieder des Menschen und Kräfte, beide, Augen und Ohren, Herz, Mund und alle Sinne dazu gekehrt wären, und nicht soll man aufhören, man finde denn, daß man sich wolle vereinen mit dem, den man gegenwärtig hat und bittet, das ist Gott.[24]

Versucht man, dieses Gebet mit Definitionen zu umschreiben, so könnte man mit einem *Augustin* zugeschriebenen Satz sagen:

> Das Gebet ist ein Aufsteigen der Seele vom Irdischen zum Himmlischen, ein Emporstreben zu dem, was oben ist, ein Verlangen nach dem Unsichtbaren.

Noch kürzer und prägnanter ist folgende Definition des Augustin:

> Das Gebet des Gerechten ist der Schlüssel zum Himmel. Es steigt das Gebet hinauf und es senkt sich herab das Erbarmen Gottes.[25]

Das hat eine völlige innere Hingabe zur Folge, durch die der Beter auf allen Eigenwillen verzichtet und sich ganz seinem Gott schenkt. Diese restlose Hingabe alles persönlichen Wollens an das Göttliche, diesen vollkommenen Verzicht auf das eigene Ich bezeichnen die Mystiker gerne als „Opfer". *Gerhard Tersteegen* dichtet in diesem Sinn:

> Was ich denke und verrichte,
> Ist vor deinem Angesichte:

---

[23] Heiler: Das Gebet, 272.
[24] Heiler: Das Gebet, 286.
[25] Heiler: Das Gebet, VI.

Tun und Lassen, Freud und Pein,
Soll dir aufgeopfert sein.

Was ich bin von auß- und innen,
Was nur vorkommt meinen Sinnen,
Wär' die Sache noch so klein,
Alles soll dein Opfer sein.[26]

Was dabei geschieht, kann man als Ergebung bezeichnen, die die Bitte um irdische Güter verwirft. *Meister Eckhart* veranschaulicht es an einem Gleichnis:

Man fragte einen siechen Menschen, warum er Gott nicht darum bäte, daß er ihn gesund machte. Da sagte der Mensch, das wollte er ungern tun aus drei Gründen. Der eine war, er wollte das wissen und dessen gewiß sein, daß der minnigliche Gott nimmer möchte das leiden, daß er siech wäre, denn zu seinem Allerbesten. Ein anderer Grund war der: Wenn der Mensch gut ist, so will er alles, was Gott will und nicht, daß Gott wolle, was der Mensch will, denn das wäre gar unrecht. Und darum, so will er, daß ich siech sei; denn wollte er es nicht, so wäre ich es auch nicht; so soll ich auch nicht wünschen gesund zu sein. Sonder Zweifel, möchte das sein, daß mich Gott gesund machte sonder seinen Willen, mir wäre unwert und ungenehm, daß er mich gesund machte. Leiden wollen kommt von Minne, nicht wollen kommt von Unminne. Viel lieber, besser und nützer ist mir, daß mich Gott minne und ich auch siech sei, denn daß ich gesund an dem Leib wäre und mich Gott nicht minnet. Was Gott minnet, das ist etwas, was Gott nicht minnet, das ist nichts ... Die dritte Sache, warum mir unwert und ungenehm wäre, daß ich Gott wollte bitten darum, daß er mich gesund mache, ist die: Ich will und soll den reichen, minniglichen Gott nicht um solche Kleinigkeiten bitten. Gesetzt, daß ich zu dem milden Papste käme hundert oder zweihundert Meilen und so ich käme vor ihn und spräche: „O Herr, heiliger Vater, ich bin gekommen wohl zweihundert Meilen schweren Weges mit großen Kosten und bitte euch, warum ich auch her zu euch gekommen bin, daß ihr mir gebet eine Bohne". Wahrlich er selber und auch wer das vernähme spräche mit Recht, daß ich ein großer Tor wäre. Nun ist das eine gewisse Wahrheit, die ich spreche, daß alles Gut, auch alle Kreatur gegen Gott ist minder denn eine Bohne. Darum verschmähe ich billigerweise, wenn ich ein weiser und guter Mensch bin, daß ich wollte beten darum, daß ich gesund würde.[27]

Friedrich Heiler urteilt über das mystische Gebet:

Das mystische Gebet ist in seiner klassischen Ausprägung die sublimste Form alles Betens. Es ist frei vom Egoismus, Eudämonismus und Anthropomorphismus des primitiven Betens – und ist doch echtes, lebendiges Beten, kein blasses Abstraktions-

[26] Heiler: Das Gebet, 304.
[27] Heiler: Das Gebet, 308.

produkt wie das aus der rationalen und ethischen Kritik geborene philosophische Gebetsideal. Die feierlich-erhabene Kontemplation des *summum bonum*, in der der Fromme sich völlig verliert an den unendlichen Gott, erscheint vielen als die reinste und zarteste, innigste und tiefste Form alles Gebetes. Viele sind geneigt, das mystische Gebet, den Aufstieg der Seele zum höchsten Wert, als die vollendeteste Form des Gebetes zu bezeichnen [...] Dennoch steht die biblisch-reformatorische Gebetsweise in ihrer anspruchslosen Schlichtheit und kindlichen Treuherzigkeit, in ihrer gesunden Leidenschaft und urwüchsigen Kraft dem rein menschlichen Fühlen ungleich näher als die kontemplativ-mystische Gebetsfrömmigkeit in ihrer stillen Abgeklärtheit und majestätischen Feierlichkeit, ihrer schmelzenden Zärtlichkeit und verzehrenden Liebeshingabe.[28]

Im Sinne dieses Urteils ist es naheliegend zu fragen, wie Luther sich zur Mystik gestellt hat. Für Luthers Anliegen der existentiellen Aneignung des Glaubens durch die Gemeinschaft mit Christus war es wichtig, Gedanken und Erfahrungen aus der mystischen Tradition zu übernehmen, die sich dann auf die protestantischen Kirchen übertragen haben. *Johann Arndt* und *Jakob Böhme*, *Gerhard Tersteegen* und *Friedrich Christoph Oetinger* sind Beispiele für die Bedeutsamkeit der Mystik in der westlich-protestantischen Kirche.

Gewiß steht Luther der neuplatonischen Mystik als dem Aufgehen des Menschen in der Gottheit fremd gegenüber. Versteht man dagegen unter Mystik die Lebensgemeinschaft mit Christus, die Überzeugung, daß Christus im Herzen wohnt, dann kann man von Mystik auch bei Luther wie bei Paulus sprechen. Es geht also nicht um eine neuplatonische Identitätsmystik, sondern um eine Wortmystik in dem Sinne, daß das persönliche Verhältnis zu Christus immer als durch das Wort verwirklicht vorgestellt wird. „Das persönliche Christusverhältnis, das in der Einheit zwischen dem Gebet Christi und unserem Gebet zum Ausdruck kommt, wird nie unabhängig vom Wort gedacht. Die Gegenwart Christi im Leben des Menschen ist eine Gegenwart im Wort und durch das Wort, so daß man sagen kann, daß das Wort und das Herz des Menschen eins werden."[29]

Luther verwendet dafür verschiedene Bilder, die das Verhältnis zwischen Christus und dem Christen verdeutlichen. Hier finden wir das Bild des Bräutigams und der Braut, das aus der mittelalterlichen Brautmystik *(Bernhard von Clairvaux)* stammt, aber ohne den Grad der Intimität jener Art aufzunehmen. Hierher gehört auch das Bild vom „fröhlichen Wechsel" (mirum commercium), dem Gabenaustausch zwischen Christus und dem Gläubigen, wodurch eine Vereinigung zustande kommt, durch die die Seele

[28] Heiler: Das Gebet, 346.
[29] Wertelius: Oratio continua, 222.

der Gaben Christi teilhaftig wird, während Christus das annimmt, was eigentlich der Seele gehört. Das heißt: Christus nimmt unsere Sünde, unseren Tod und unseren Fluch auf sich und die Seele empfängt seine Gnade, sein Leben und seine Seligkeit.[30] Hier wird die Einheit zwischen Christus und den Christen als ein Prozeß aufgefaßt, durch den der Christ nach dem Bild Christi geformt wird, und durch das Bild der Vereinigung von Feuer und Eisen veranschaulicht. Das Wort läßt die Seele seiner Eigenschaft teilhaftig werden, in der Weise wie ein glühendes Eisen wie Feuer leuchtet aufgrund der Vereinigung von Feuer und Eisen. Das Gebet ist also ein notwendiger Bestandteil in dem Reinigungsprozeß, durch den der Mensch Christus konform wird. In diesem Sinn kann Luther davon sprechen, daß der Mensch „in sich selbst geht", wofür Voraussetzung ist, daß Gott „aus sich selbst geht", womit Gottes eigene Entäußerung durch sein Wort gemeint ist. Nur wenn Gott aus sich selbst herausgeht, kann der Mensch in sich selbst hineingehen. Damit meint Luther kein mystisches Versinken in der Gottheit, sondern das Geschehen, in dem sich der Mensch für das Wort Gottes öffnet, sich vom Wort „formen", das heißt mit Christus „konform" machen läßt.[31] Luther kann sich sogar der mittelalterlichen Gebetsauffassung der Mystiker anschließen, die vom „Aufsteigen der Seele zu Gott" sprechen (so *Johann Tauler*). Ein Beispiel dafür finden wir in seiner Auslegung des Vaterunser aus dem Jahr 1519: „Also beschließen alle Lehrer der Schrift, daß das Wesen der Natur des Gebets sei, nichts anders als eine Aufhebung des Gemütes oder Herzens zu Gott."[32] Auch gibt es Bemerkungen Luthers über die geringe Einschätzung des äußeren Gebets, das ebenfalls auf eine Gemeinsamkeit mit der Mystik hinweist. Im Unterschied zu dem äußeren Gebet wird hier das geistliche Gebet als das wahre Gebet und das Gebet des Herzens verstanden. In Übereinstimmung mit den Mystikern wird den Gebetsworten eine vorbereitende Bedeutung zugeschrieben. Sie sind notwendig, bis der Mensch gelernt hat, ohne Worte zu beten: „Darum soll man sich an die Worte halten und an denselben aufsteigen, so lange, bis daß die Federn wachsen, daß man fliegen kann ohne Worte." Darum heißt es, daß die „am wenigsten beten, am meisten zu beten scheinen" und umgekehrt.[33]

Man kann bei der Beurteilung des Verhältnisses Luthers zur Mystik feststellen, „daß in gewissen Aussagen Luthers eine verbale Übereinstimmung, jedoch ein sachlicher Unterschied besteht", der entscheidend ist. Das Gebet ist für die Mystiker ein Aufsteigen des menschlichen Geistes zu dem unerschaffenen Geist Gottes und ein Verschmelzen mit diesem, für Luther da-

---

[30] WA 7,25f.
[31] Wertelius: Oratio continua, 251f.
[32] WA 2, 85.
[33] WA 2, 85; WA 2,84.

gegen ist damit das „Gebet des Geistes" gemeint. Für Luther ist „der Geist der Beter, der bewirkt, daß der Christ ständig betet."[34]

Im Protestantismus ist erst in den letzten hundert Jahren eine Abwendung von der Mystik erfolgt, die man als „katholisch" ablehnte. In der dialektischen Theologie ist dann „Mystik" der Gegenbegriff zum „Wort Gottes" geworden.[35] Allerdings hat G. Müller überzeugend nachgewiesen, daß – gerade bezüglich Luther, der Johannes Tauler sehr schätzte –, die Alternative „Mystik oder Wort" falsch gestellt sei. „Vielmehr kommt es auf das Wort an, das bewegt, Neues schafft und weiterhilft. Dafür aber vermag die Mystik offenbar hilfreicher zu sein, als von vielen lange Zeit angenommen wurde."[36]

In unserer Zeit ist, auch unter dem Einfluß des ökumenischen Gesprächs, wieder eine offene und vorurteilslose Einstellung zur Mystik festzustellen. Man sieht darin den Versuch, das Geheimnis und die Geborgenheit Gottes ebenso ernst zu nehmen wie seine Offenbarung und Zuwendung zum Menschen. Man erkennt darin die Bedeutung der „schweigenden Anbetung", der Stille und des besseren Verständnisses des Sakramentsgeschehens. Man würdigt in der Mystik den Versuch, Gott mit der ganzen menschlichen Existenz, umfassend, ganzheitlich anzubeten und anzusprechen. Die Mystik wehrt sich gegen den alleinigen Zugriff des Denkens auf den Glauben, das alles begreifen, verrechnen und definieren will, aber auch gegen den Überschwang des Gefühlsmäßigen, Emotionalen. Es geht um neue Wege der Begegnung mit Christus, um ein umfassenderes Verstehen und Beschreiben des Geheimnisses, das sich im Glaubensvollzug ereignet, um die Einbeziehung der Erfahrung in die Erkenntnis Gottes, um die Dimension der „Liebe zu Gott", die aus der Liebe Gottes zu uns erweckt wird.[37] In diesem Sinne ist die Äußerung des katholischen Theologen *Karl Rahner* zu verstehen, daß der Christ der Zukunft Mystiker sein oder überhaupt nicht sein wird. Und vom schwedischen Erzbischof Karl Gustav Hammar stammt der Ausspruch: „Ich bin der Meinung, daß die Mystiker die Christen der Zukunft sind."[38]

Wenn das Wort „Mystik" hierfür auch mißverständlich und vielfach für andere Verstehensvorgänge verwendet wird, so hilft es uns doch, gerade die Eigenart einer unverzichtbaren Dimension des Betens zu beschreiben, die eine wichtige Rolle in der Geschichte der Religionen und auch des Christentums gespielt hat und noch spielt. Sie ermöglicht – gemeinsam mit dem

---

[34] Wertelius: Oratio continua, 305f.

[35] Brunner: Die Mystik, 279–289.

[36] Müller: Die Mystik, 42f. Ähnlich Wehr: Mystik, 9–25. Hier heißt es: „Protestantische Mystik beginnt bereits bei Luther selbst ...", 17.

[37] Sölle: Mystik und Widerstand, 16ff.

[38] Müller: Die Mystik, 42.

prophetischen Beten – ein umfassenderes Gebetsverständnis, das uns die Augen dafür öffnet, wie hier „Grenzüberschreitung“ möglich ist und immer schon praktiziert wurde. Dafür ist Luther – wie wir gesehen haben – ein sprechendes Beispiel.

3. Der Gebetstypus des Jüngers/der Jüngerin

Die Einteilung des Gebets in einen prophetischen und einen mystischen Gebetstypus ist religionsphänomenologisch gewiß aufschlußreich und trägt zum Verständnis des Gebets entscheidend bei. Vom Wesen des christlichen Gebetes aus gesehen, wie es uns in der Heiligen Schrift entgegentritt, ist eine solche Unterscheidung jedoch – selbst wenn man die Typen nicht gesondert, sondern in ihrer Mischform betrachtet – fragwürdig, ja irreführend, wiewohl sie der Realität entspricht, die zeigt, wie unterschiedlich in der geschichtlichen Entwicklung der östlichen und westlichen Theologie Gebet tatsächlich verstanden und geübt wurde. Diese Unterscheidung trägt auch heute dazu bei, das Trennende in der Gebetsauffassung stärker hervorzuheben als das Verbindende, und ist für ein ökumenisches Verständnis des Gebets unzureichend.

Sucht man nach einer biblisch fundierten Kategorie, um den Typus des christlichen Gebets zu beschreiben, so kann man feststellen, daß es im Neuen Testament ebenfalls Typisierungen gibt, die von anderen Gesichtspunkten her entworfen wurden und – anders als die Unterscheidung zwischen prophetischem und mystischem Gebet – übergreifend sind. Hier, besonders im Matthäusevangelium, stehen sich zwei Typen des Menschen gegenüber: der des „Pharisäers und Schriftgelehrten“ und jener des „Jüngers“. Es ist in der theologischen Forschung darauf hingewiesen worden, daß diese Gruppen – wie alle Gestalten in der Darstellung des Matthäus – sehr stereotyp gezeichnet sind. Die „Schriftgelehrten und Pharisäer“ stehen hier für die Menschen, die „befangen sind in der Vergangenheit, ohne Blick für das Kommende; die befangen sind in der Form, ohne Sinn für den eigentlichen Inhalt; die befangen sind im Ich, ohne die Offenheit für den anderen Menschen in seiner besonderen Situation“.[39] Dem „Befangenen“ gegenüber steht der Typus des „Jüngers“, dem griechischen Wortlaut nach eigentlich der Schüler oder Lehrling. Er stellt den Typus des „Lernenden“ dar. Seine Lebenshaltung ist die des Lernens und Lernenwollens. Es ist also die Art der selbstkritischen Bewegung zwischen Wissen und Nichtwissen, zwischen Bewährung und Versagen. Im Sinne der „Typisierung“ bei Matthäus kann man die Art, wie Petrus in seinem Evangelium herausgestellt

[39] Von Oppen: Der sachliche Mensch, 137.

wird, in diesem den „Typus des Lernenden" wiederfinden. Bei diesem Apostel wird das Unfertige, Lernbedürftige und Lernbereite, das Widersprüchliche in Einstellung und Reaktion besonders deutlich. Petrus ist der Bekenner, der zu Jesus sagt „Du bist der Christus" und, als Jesus ankündigt, er werde gefangengenommen und gekreuzigt, doch ganz anders reagiert: „Das widerfahre dir nur nicht" (16,22), so daß der Herr ihm sagen muß: „Geh weg von mir, Satan! Du bist mir ein Ärgernis; denn du meinst nicht, was göttlich, sondern was menschlich ist." (16,22f) Ähnlich geschieht es in der Erzählung vom sinkenden Petrus. Mutig begibt er sich auf dessen Geheiß Jesus entgegen, den er am Meer wandeln sieht. Doch als er den starken Wind spürt, erschreckt er, beginnt zu sinken und ruft: „Herr, hilf!" (14,22). Dieselbe Art offenbart sich auch in der Gethsemane-Szene. Er begleitet Jesus in seiner Einsamkeit vollmündig, wird aber von Schlaf und Schwäche übermannt und muß die Worte seines Herrn hören: „Könnt ihr denn nicht eine Stunde mit mir wachen?" (26,40). Und nicht anders geht es bei der Verleugnung, die Jesus ihm voraussagt, worauf Petrus ihm mit den Worten widerspricht: „Und wenn ich mit dir sterben müßte, so will ich dich nicht verleugnen" (26,35) und ihn dann doch am Rande des Verhörs Jesu vor dem Hohen Rat verleugnet (26,74).[40] Am deutlichsten zeigt sich diese Haltung des „Jüngers" in dem Wort, das Markus – allerdings als Ausruf eines Vaters, dessen Kind Jesus heilen soll – überliefert und wie eine klassische Formel klingt, die bis heute gültig geblieben ist: „Ich glaube, hilf meinem Unglauben." (Mk 9,24) Diese Darstellung des „Jüngers" anhand der Petrusgestalt ist nicht etwa psychologisch als „innere Widersprüchlichkeit" zu deuten, sondern für Matthäus die „Vorabbildung der späteren Gemeinde [...] Sie hat primär nicht historische, sondern typologische Bedeutung; in ihr konkretisiert sich das Christsein des Einzelnen in der Gemeinde, für das demnach das Nebeneinander von ‚negativen' und ‚positiven' Elementen charakteristisch zu sein scheint [...]. Die Gestalt des Petrus wird [...] im Blick auf das widerspruchsvolle Sein des Christen transparent".[41] Bezeichnend ist, daß es hier um eine Heilungsgeschichte Jesu geht – die Heilung des „besessenen Knaben" –, zu der Jesus auf Anfrage der Jünger, die sie selbst nicht vollbringen konnten, kommentiert: „Diese Art kann durch nichts ausfahren als durch Beten." (Mk 9,29)

Denn Beten ist in diesem Sinne jenes Geschehen, durch das sich der „Jünger" mit dieser seiner Art in einen „größeren Zusammenhang" hineinbegibt. Dieser größere Zusammenhang oder die „größere Wirklichkeit" ist die unsichtbare Welt Gottes, von der bereits die Rede war[42], die ein „Vater"

---

[40] Von Oppen: Der sachliche Mensch, 142; 144.

[41] Strecker: Der Weg der Gerechtigkeit, 205f.

[42] Siehe Kap. V, 3.

regiert und erhält und die uns durch den Sohn Jesus Christus „geoffenbart" wurde, das heißt aus der Unsichtbarkeit herausgetreten ist. Beten ist die Möglichkeit, sich dieser Welt und diesem Vater gegenüber zu öffnen, mit ihm in Verbindung zu treten, Gemeinschaft mit ihm zu pflegen. Und das als lernender, offener, unfertiger, hilfsbedürftiger Mensch. Erst im Gebet, durch das diese Verbindung zu dem Vater tatsächlich zustande kommt, wird die „größere Wirklichkeit" lebendig, konkret und nicht bloßes „Wissen" oder „Glauben" in einem profanen Sinn. Der Beter als der Typus des „Jüngers" „lernt den Umgang mit der größeren Wirklichkeit, die ihm in jeder ‚Sache' seines Lebens entgegentritt".[43]

Der Jünger ist also der „Typus", der für die *beiden* Gebetsweisen – die prophetische und die mystische – offen ist und sie in sich zu vereinen sucht. In seiner Unfertigkeit, Begrenztheit und Offenheit ist er darauf angewiesen, mit dem Vater zu „reden", wie „die lieben Kinder" zu ihrem „lieben Vater".[44] Denn er ist angewiesen auf konkretes, vorstellbares, bildhaftes Verständnis der „größeren Wirklichkeit" und damit des Gebets überhaupt. Das Vaterunser bedient sich solcher Bilder („Vater", „Himmel", „Reich Gottes") ebenso wie es das Unsagbare mit gedanklichen Begriffen bezeichnet („dein Wille", „Versuchung", „erlöse uns") und es bezieht sich auch auf ganz handgreifliche Dinge unseres Lebens (das „tägliche Brot"). In diesem Sinn geht es in der Jüngerschaft um Nachfolge, die im Gebet bewußt gemacht, ausgesprochen und für die Kraft, Mut, Zuversicht erbeten wird. Der Beter, der Jesus „nachfolgt", nimmt im Gebet gehorsam sein Kreuz, sein Leiden, seinen Kelch auf sich, so wie es Jesus in Gethsemane und auf dem diesem vorausgehenden Gehorsamsweg tut. Er ringt um Hilfe, Befreiung, aber auch um Kraft, es zu tragen, oder gar um sich zu ergeben. Das ist das „Prophetische" an seinem Gebet.

Gleichzeitig aber lernt der Jünger offen zu sein für das unermeßliche, unbegreifliche Geheimnis, sich dem Vater zu öffnen, mit ihm in Verbindung zu treten, mit ihm in seiner Sprachlosigkeit reden zu wollen. Er erkennt und akzeptiert die ungeheure Kluft, die ihn vom großen Gott trennt, und sucht sie zu überbrücken, die Distanz zu überwinden. Diesen Zug finden wir in der Geschichte von der „Verklärung Jesu" veranschaulicht, in der sich diese geheimnisvolle Nähe der Jünger zu ihrem Meister verwirklicht, in der die Kluft zwischen Himmel und Erde so stark überwunden ist, daß den Jüngern Mose und Elia erscheint und sie mit Jesus reden (Mt 17,3). Wieder ist es Petrus, der ausruft: „Hier ist gut zu sein!", ein Ausdruck der Verzückung oder „mystischer" Glückseligkeit. Doch sie müssen erfahren, daß das nur eine Vorwegnahme eines Zustandes ist, der erst im Reich Got-

[43] Von Oppen: Der sachliche Mensch, 152.
[44] Luther in der Erklärung des Vaterunser im Kleinen Katechismus.

tes seine Vollendung erfährt, das „durch einen Spiegel ein dunkles Bild Schauen", dem erst dereinst das Schauen „von Angesicht zu Angesicht" (1Kor 13,12) folgt. Das Gebet ist jedoch eine Wirklichkeit, in der diese Erfahrung schon jetzt und hier gemacht werden kann. Es erhält auch jene Dimension, in der das Reden, die Sprache, an Bedeutung verliert und die innere Verbindung, das Näherkommen, ja die „Vereinigung" mit Gott zum letzten Ziel wird. Die äußere Sprache wird – wie *Dorothee Sölle* sagt – zur „Sprache der Liebe".[45] Das ist das „Mystische" am Gebet des „Jüngers".

Diese „mystische" Dimension ist auch bei Paulus festgestellt worden. In der protestantischen Theologie der Neuzeit ist die „Mystik des Apostels Paulus" von Albert Schweitzer untersucht worden. Seine entscheidende These zu diesem Thema, die heute erneut Aufmerksamkeit findet, besagt, daß Paulus Mystiker, aber nicht nur Mystiker war.[46] Der bekannte Theologe und Arzt zeigt, daß Paulus keine Gottesmystik, aber eine Christusmystik kennt.[47] Das „Sein in Christus" ist seine entscheidende Verkündigung, die kein „Sein in Gott" meint, es sei denn am Ende der Zeit, „wenn Gott alles in allem ist" (1Kor 15,26–28). Christusmystik besteht also so lange, „bis Gottesmystik möglich ist".[48] Paulus läßt „nichtmystische" Anschauungen über die Erlösung als gleichberechtigt neben diesem mystischen Verständnis gelten.[49] Ja, mehr noch: Nirgend setzt er die Mystik des „Seins in Christus" über andere Formulierungen der Erlösung. Es kommt ihm darauf an, „daß man den ganzen Umfang und die ganze Tragweite der am Kreuz geschehenen Erlösung überschaue und den ganzen Reichtum dessen, ‚was uns von Gott geschenkt ist' (1Kor 2,12)". Seine mystische Auffassung von der Erlösung geht neben der „eschatologischen" und neben der „juridischen" einher. Paulus ist „ein Mystiker, aber er hat nicht die Mentalität des Mystikers".[50] Für A. Schweitzer war das Christentum Christusmystik, „das heißt gedanklich begriffene und im Erleben verwirklichte Zusammengehörigkeit mit Christus als unserem Herrn [...] Alle Versuche, dem Christentum den Charakter als Christusmystik zu nehmen, bedeuten eine ohnmächtige Auflehnung gegen den ‚Geist der Erkenntnis und der Wahrheit', der in dem ersten und größten aller christlichen Denker zu Wort kommt". Dagegen ist „Gottesmystik" als „unmittelbares Einswerden mit dem unendlichen Schöpferwillen Gottes unvollziehbar [...] Darum muß alle religiöse Mystik irgendwie messianischen Glauben in sich aufnehmen, um den Lohn des Lebens zu

[45] Sölle: Mystik und Widerstand, 368.
[46] Schweitzer: Die Mystik, 24.
[47] Schweitzer: Die Mystik, 3.
[48] Schweitzer: Die Mystik, 13
[49] Schweitzer: Die Mystik, 25.
[50] Schweitzer: Die Mystik, 25f.

empfangen".[51] Allerdings: „Niemals kann Mystik Dogma werden, niemals aber kann Dogma, ohne von Mystik umgeben zu sein, lebendig bleiben. So ist uns die mystische Erlösungslehre eine Kostbarkeit, ohne die wir uns das Christentum und unser Christsein nicht denken können."[52]

In diesem Sinn ist Paulus in der Tat der „Jünger", der offen und nicht befangen gerade dadurch sich als Jesu Schüler erweist, daß er dessen Lehre nicht einfach nachspricht, sondern weiterführt in einer Zeit, in der die Erwartung des „Reiches Gottes" nicht mehr jene Aktualität hatte wie zur Zeit Jesu. Seine „Christusmystik" ist eine andere Weise das zu beschreiben, was Jesus mit der Nachfolge zu seinen Lebzeiten gemeint hat.[53] Das läßt sich an der Auffassung vom Gebet veranschaulichen, wie sie bereits dargestellt wurde.[54] Es hat sich weiterhin gezeigt, daß auch Luther – wie sein großer Lehrer Paulus – diese Tradition der „Christusmystik" nicht verleugnet, sondern in sein Gebetsverständnis als unentbehrlichen Bestandteil aufgenommen hat.

In ähnlicher Weise läßt sich im Neuen Testament auch eine „Typisierung der Jünger/der Jüngerin" feststellen. Ein Beispiel dafür sind die beiden Gestalten der Schwestern Maria und Martha, die – besonders deutlich bei Lk 10,38–42 – als zwei unterschiedliche Typen, die gleichzeitig die Besonderheit weiblicher Spiritualität repräsentieren, gegenübergestellt werden. Diese Perikope wurde im Laufe der Kirchengeschichte immer wieder als Grundlage für das Modell der Einheit einer „vita contemplativa" mit der „vita activa" interpretiert.[55] Die Eigenart weiblicher Spiritualität[56] ist besonders für das Gebet relevant. Susanne Heine hat darauf hingewiesen, daß es beim Gebet in erster Linie um „bewußtes Beten" geht, das von einer verantwortbaren Gottesvorstellung her auch einen sinnvollen Bezug zum Handeln ermöglicht. Solches „bewußtes Beten" äußert sich auch in der „Praxis" der Sprache und dem Ziel des Gebets, das der weiblichen Spiritualität entspringt. Als ein aus der „Erlebniswelt der Frau" sehr subjektiv formuliertes Gebet zitiert *Susanne Heine* folgenden, von *H. Oosterhuis* stammenden Text:

> Komm in mich. Nimm. Entwaffne mich.
> Sieh mich. Rühr mich an.
> Besteh mich. Triff mich. Wart auf mich.
> Und tau mich auf.
> Enträtsle, was ich bin.

---

[51] Schweitzer: Die Mystik, 367f.
[52] Schweitzer: Die Mystik, 376.
[53] Jüngel: Paulus und Jesus, passim.
[54] Siehe Kap. III/2.
[55] Mieth: Die Einheit von vita activa, 147.
[56] Barth: Spiritualität, 78–91.

Komm in mich. Mach Geräusche in mir.
Tief sitzt Tod in mir.
Versteint mein Wort. Entspring in mir.
Tu weh. Durchglüh mich.
Leb mich. Leucht in mir.

Komm aus mir. Kind du. Reiß mich auf.
Mensch, in mir erwacht.
Empfange mich. Überschatte mich.
Und geh mit mir,
wo niemand mit mir geht.[57]

Dorothee Sölle hat darauf hingewiesen, daß die weibliche Spiritualität in der Tradition des Gebets, besonders der mystischen, einen unverzichtbaren Beitrag für das Verständnis des Betens darstellt. Dazu gehört die Rolle des Gebets für die „Einübung in die Sichtweise Gottes", wie das in einer Äußerung der Mystikerin *Mechthild von Hackeborn* aus dem Kloster Helfta hervorgeht, die an einer Stelle die mystische Einheit der Seele mit Gott nicht als ekstatisch-erotische Verschmelzung, sondern so deutet, daß die beschenkte Seele es lernt, die „Sinne Gottes zu gebrauchen":

Sie bat einmal den Herrn, daß er ihr etwas schenke, das verständig in ihr sein Gedächtnis erregen möchte. Darauf empfing sie vom Herrn diese Antwort: „Siehe, ich gebe dir meine Augen, daß du mit ihnen alle Dinge sehest und meine Ohren, daß du mit ihnen alle Dinge vernehmest; auch meinen Mund gebe ich dir, daß du alles, was du an Reden, Beten oder Singen auszusprechen hast, durch ihn tust. Ich gebe dir mein Herz, daß du dadurch alles denkst und mich und um meinetwillen alle Dinge liebst." In diesem Worte zog Gott diese Seele ganz in sich, daß es ihr erschien, sie sehe mit Gottes Augen und höre mit seinen Ohren, und rede mit seinem Munde, und fühle kein anderes Herz zu haben als das Herz Gottes. Dies ist ihr auch hernach oftmals zu fühlen gegeben worden.[58]

Die Sinne Gottes in Gebrauch zu nehmen – so führt *D. Sölle* weiter aus – „bedeutet nicht einfach eine Wendung nach innen, sondern ein Freiwerden für eine andere Lebensweise: Sieh, was Gott sieht. Hör, was Gott hört. Lache, wo Gott lacht und weine, wo Gott weint. – Dazu gehört auch das ‚Reden mit seinem Mund'." Das ist Beten als mystischer Akt, in der „das Herrschaftsverhältnis zwischen Gott und Mensch in ein Liebesverhältnis verwandelt" wird. Und die Theologin kommt zum Schluß:

---

[57] Heine: Bewußt Beten, 187.
[58] Sölle: Mystik und Wiederstand, 364f.

Die Beziehung zu Gott macht auch ein Ende mit der Unterscheidung von aktivem und passivem Verhalten. Alle Mystiker wußten, daß diese Kategorien unzureichend sind, weil alle wirklichen Erfahrungen zwischen Menschen und zwischen Gott und Menschen immer beides sind: radikales Geschenk, Überfall, Überwältigtsein und zugleich aktives Annehmen, die Hände öffnen, Jasagen, Trinken. Keiner ist mehr nur Handelnder oder nur Behandelter [...] In genau diesem Sinne, in dem die Liebe Herrschaft abbaut, indem sie sich angewiesen weiß, arbeitet auch das Gebet. Es ist eine Sprache der Liebe, und wo es das nicht ist, kann man es weglassen. Es ist Bitte und lehrt, unsere Wünsche an das Leben genauer und gemeinsam zu formulieren, aber es ist auch und zugleich Selbstauslieferung an Gottes Gnade – und nicht Unterwürfigkeit.[59]

Das ist eine wichtige Ergänzung bei der Beschreibung des Wesens der Jüngerschaft in unserer Zeit.

Eindrücklich hat dieses Wesen der „Jüngerschaft" der Theologe und Märtyrer *Dietrich Bonhoeffer* beschrieben. Der Titel seines Buches „Nachfolge" ist ins Englische in diesem Sinne übersetzt worden: „The Cost of Discipleship", das heißt „Die Kosten der Jüngerschaft". Jüngerschaft wird hier verstanden als eine besondere Weise der Nachfolge, zu der der Jünger von Jesus berufen wird, die er nicht selbst anträgt, die ihn loslöst von allen Bindungen, für die er darum keine Bedingungen stellen darf (Lk 9,57–62). „Der Ruf in die Nachfolge ist also Bindung an die Person Jesu Christi allein, Durchbrechung aller Gesetzlichkeiten durch die Gnade dessen, der ruft [...] Nachfolge ist Bindung an Christus; weil Christus ist, darum muß Nachfolge sein."[60] Doch die Nachfolge als Bindung an die Person Jesu Christi stellt die Nachfolgenden unter das Gesetz Christi, das heißt auch unter das Kreuz. Die letzte Bestimmung des Jüngers ist darum, zu werden „wie Christus" (Röm 8,29). Paulus hat diesen Gedanken als Einwohnung Jesu Christi in unseren Herzen weitergedacht: „Nun aber lebe nicht ich, sondern Christus lebt in mir." (Gal 2,20)[61]

Wie „Jüngerschaft" sowohl das prophetische als auch das mystische Element in sich vereinigen kann, zeigt der Weg einer anderen großen Persönlichkeit des 20. Jahrhunderts: *Dag Hammarskjöld* (1905–1961). Er hat ein Leben lang um die Jüngerschaft Jesu als Nachfolge gerungen, indem er aus einer für unsere Zeit und für seine Position typischen Einsamkeit und Ichbezogenheit zu einem „Lebenssinn" finden wollte. Als der damalige UNO-Generalsekretär in einer wichtigen Friedensmission im Kongo am 18. September 1961 durch einen Flugzeugabsturz ums Leben kam, ahnte man nicht, daß sich hinter diesem anerkannten und geschätzten, gleichzeitig unnahbaren einsamen Karrierediplomaten ein Christ verbarg, der zu einem

[59] Sölle: Mystik und Wiederstand, 365–368.
[60] Bonhoeffer: Nachfolge, 63.
[61] Bonhoeffer: Nachfolge, 82.

tiefen Christusglauben gefunden und diesen in seinen hinterlassenen Aufzeichnungen auch bezeugt hat. Erst durch das posthum entdeckte Tagebuch, das unter dem schwedischen Titel „Vägmärken" (deutsch: „Zeichen am Weg"[62]) später in viele andere Sprachen übersetzt wurde, erlangte die Nachwelt Einblick in dieses besondere Leben des „ranghöchsten Beamten der Welt", wie man ihn genannt hat. Denn das war der Posten des Generalsekretärs der UNO, den er 1953 antrat und den er mit ganzer Hingabe ausfüllte. Er stammte aus einer Familie des schwedischen Geistesadels und hat in seinem Vaterland eine Reihe von hohen politischen Funktionen wahrgenommen. Das Tagebuch enthält knapp fünfhundert Eintragungen in einer Kette von Aphorismen, geschrieben in den Jahren 1925 bis 1961, und also begonnen lange bevor er Generalsekretär der UNO wurde, und ist eine Art „Weißbuch meiner Verhandlungen mit mir selbst – und mit Gott",[63] oder „das einzige richtige Profil" seiner selbst, wie er es in einem hinterlassenen Brief an einen Freund sagt. In diesen Aufzeichnungen entpuppt sich der Diplomat als wacher Christ, der in langem Ringen zum Gebet findet, und zwar in einer religiösen Entwicklung, die, gepaart mit seiner Höchstbegabung, zu einer Lebenswende führte. Sie ist dadurch charakterisiert, daß sein Leben „an *einem* zeitlich ganz bestimmten Punkt[64] plötzlich senkrecht durchschnitten" wird „von einem einzelnen, völlig unverfügbaren transsubjektiven Eingriff", aus dem heraus er eine vollständig neue Existenz in einer überwältigenden Gottes- und Christusgeborgenheit erfährt.[65]

Hammarskjöld hat erfahren, was er im „Tagebuch" so festhält:

> Gott ist eine bequeme Formel auf dem Bücherbrett des Lebens – stets zur Hand und selten gebraucht. In der reinen Ruhe von Stunden der Geburt ist er ein Jubel und frischer Wind – den die Erinnerung nicht halten kann. Werden wir aber gezwungen, uns selbst zu sehen Auge in Auge – dann erhebt er sich über uns in furchtbarer Wirklichkeit, jenseits von allen Diskussionen und allem „Gefühl", stärker als alles schützende Vergessen.[66]

Das mystisch bestimmte Gottes- und Christusbild wird an vielen Stellen des Tagebuches deutlich:

> Wer einmal unter Gottes Hand war, hat seine Unschuld verloren: er allein kennt die furchtbare Sprengkraft der Nachgiebigkeit.

---

[62] Hammarskjöld: Zeichen am Weg.

[63] Hammarskjöld: Zeichen am Weg, 21.

[64] Es handelt sich um die Jahreswende 1952/53, dem Zeitpunkt, der fast genau mit seiner Berufung als Generalsekretär der UNO zusammenfällt.

[65] Beyschlag: Dag Hammarskjöld, in: Reller/Seitz (Hg.): Herausforderung, 27.

[66] Hammarskjöld: Zeichen am Weg, 32.

Aber wie stark ist er in der Sammlung [...], die er gewinnt, wenn Gott darum in ihm ist, weil er in Gott ist. Stark und frei, weil er selbst nicht mehr ist.[67]

In dem Glauben, der „Gottes Vereinigung mit der Seele" ist, bist du eins mit Gott
und Gott ganz in dir,
gleichwie er ganz für dich ist in allem, was dir begegnet.
In diesem Glauben steigst du im Gebet hinab in dich selbst, um den Anderen zu treffen,
im Gehorsam und Licht der Vereinigung;
stehen für dich alle, gleich dir, einsam vor Gott. [68]

Aufgrund vieler Eintragungen im „Tagebuch" wurde Hammarskjöld als christlicher Mystiker eingestuft, der in den Traditionen von *Meister Eckhart*, *Juan de la Cruz*, *Blaise Pascal*, *Henri Bergsson*, *Saint John Perse* und *Albert Schweitzer* dachte, allerdings als einer, bei dem „Mystik und Handeln" zusammengehörten.[69] Er war nicht das, was man einen „Erlebnismystiker" nennen könnte, weist aber in seinem Denken viele „mystische Züge" auf. Dazu gehört der mystische Grundbegriff des „Nackt"-Werdens aus den Verkleidungen des Menschen, wie er in folgender Äußerung zutage tritt:

Verkleidet ist das Ich, das nur aus gleichgültigen Urteilen, sinnlosen Auszeichnungen und protokollierten „Leistungen" geschaffen ist. Eingeschnürt in die Zwangsjacke des Naheliegenden.

Aus dem alle heraustreten, nackt, auf des Morgenlichts Klippe – empfangen, unversehrbar, frei: im Licht, mit Licht, vom Licht. *Einer*, wirklich in dem einen.

Heraus aus mir selbst, dem Hindernis, hinaus zu mir selbst, der Erfüllung.[70]

Als mystisch ist ebenfalls seine Beschreibung des Zusammenhanges von Demut und Stolz einzuschätzen:

Keiner ist demütig als im Glauben. Denn die Masken der Schwäche und des Pharisäertums sind nicht der Demut nacktes Gesicht.

Keiner ist stolz als im Glauben. Denn die Spielarten geistlich unreifer Anmaßung sind kein Stolz.

Demütig und stolz im Glauben: das heißt dies *leben*, daß ich nicht in Gott bin, aber Gott in mir.[71]

---

[67] Hammarskjöld: Zeichen am Weg, 94.
[68] Hammarskjöld: Zeichen am Weg, 144.
[69] Sölle: Mystik und Widerstand, 281f.
[70] Hammarskjöld: Zeichen am Weg, 133.
[71] Hammarskjöld: Zeichen am Weg, 85.

Der Durchbruch zum „Ja des Glaubens" ist für ihn der Durchbruch zur Bereitschaft in die Nachfolge, die bei Hammarskjöld als „Opfer" verstanden wird und die er mit dem Gedanken der „Christuskonformität" verbindet. Darüber, wie Nachfolge für ihn zur Christusnachfolge wird, geben die nach 1953 niedergeschriebenen „Christusmeditationen" Aufschluß, und zwar wie Christus zum Vorbild für das bedingungslose Selbstopfer werden kann, das Hammarskjöld in den Mittelpunkt seiner Gedanken stellt. Hier denkt er über den Christus nach, den er von der „Caesarea Philippi-Erfahrung" her[72] versteht (Mk 8,27ff). Gemeint ist damit die Eröffnung Jesu gegenüber seinen völlig verständnislosen Jüngern, daß er ans Kreuz gehen muß, er, den Hammarskjöld doch als den *Menschen* im Sinne der „konsequenten Eschatologie" Albert Schweitzers beschreibt, dessen „Geschichte der Leben-Jesu-Forschung" er nachweislich studiert hat. Es ist der eschatologische und messianische Mensch, der durch den freiwillig gewählten Entschluß zum Selbstopfer die Möglichkeit des von ihm geschauten „Reiches Gottes" förmlich herbeizwingen will, selbst auf die Gefahr hin, daß er sich in dieser Möglichkeit getäuscht haben könnte.[73]

Hammarskjöld hat seine Christusauffassung auch in traditionellen trinitarischen Formeln eingebracht:

> Vor dir, Vater
> in Gerechtigkeit und Demut,
> mit dir, Bruder,
> in Treue und Mut,
> in dir, Geist,
> in Stille.
>
> Dein – denn dein Wille ist mein Geschick,
> geweiht – denn mein Geschick ist,
> gebraucht und verbraucht zu werden,
> nach deinem Willen.[74]

Daraus hat man den Schluß gezogen, daß es bei Hammarskjöld keine Christusmystik gibt,[75] während andere Rezensenten gerade in ihm einen Mystiker sehen, bis dahin, daß ihm eine fast pathologische oder blasphemische Christusidentifikation vorgeworfen wurde.[76]

---

[72] Hammarskjöld: Zeichen am Weg, 43.

[73] Schweitzer: Geschichte, 426ff. „Was Hammarskjöld faszinierte, ist der rein menschliche Aspekt im Mysterium Jesu" (Sundén: Die Christusmeditationen, 60).

[74] Hammarskjöld: Zeichen am Weg, 109.

[75] Schäfer: Glaube und Werk, 372.

[76] Sundén: Die Christusmeditationen, 9ff.

Aber gerade das ist das Besondere, das uns hier interessiert, daß D. Hammarskjöld – ähnlich wie Paulus – ein Mystiker, aber nicht nur ein Mystiker war. Er selbst sagt einmal:

Wie nahe in Sonne und Wind, wie fern. – Wie anders, als was die Weisen Mystik nennen.[77]

Andererseits ist seine Christusnachfolge ein „Sichfallenlassen" und „Loslassen", das uns auf eine mystische Dimension in seinem Christusverständnis schließen läßt und in einer Reihe von Texten deutlich zum Ausdruck kommt:

Den Griff loslassen von der Gestalt, die vor der Welt einen Namen trägt [...] Loslassen um zu fallen, fallen – in blinder Hingabe vertrauend. Zu etwas anderem, einem anderen.[78]

Gewiß ist also seine religiöse Erfahrung – besonders in der Gestaltung der Christuskonformität – mystisch geprägt, das heißt „von jener antik-mittelalterlichen Erlebnisfrömmigkeit, die das Ziel des Christseins in einer (meditativ) gesteuerten Einswerdung (unio mystica)" mit Gott sucht (Meister Eckhart). Aber er ist nicht nur ein Mystiker. Denn bei allen Eintragungen des Tagebuches erkennt man, daß diese „Mystik", wo immer die erlebnishafte Erfahrung der „unio mystica", der mystischen Einigung, über den Horizont zu steigen beginnt, alsbald „wie von einer mächtigen Gegenbewegung erfaßt wird, die das mystische Erleben-Wollen mit wahrhaft numinoser Gewalt hineinstürzt in das ‚sola fide' eines letztlich lutherischen Glaubens." Sein „Reden mit Gott" ist gleichzeitig ein „Reden in Gott".[79] Der Mystiker Dag Hammarskjöld ist gleichzeitig der, der noch vor seinem Tod im Flugzeug an der Übersetzung des Buches von *Martin Buber* „Ich und Du" arbeitet – man hat die Blätter im Gepäck gefunden. Hier heißt es:

Daß Du begegnet mir von Gnaden – durch Suchen wird es nicht gefunden. Aber daß ich zu ihm das Grundwort spreche, ist Tat meines Wesens – Alles wirkliche Leben ist Begegnung.[80]

In diesem Sinn schreibt er am 19. Juli 1961:

Du,
den ich nicht kenne,

[77] Hammarskjöld: Zeichen am Weg, 99.
[78] Hammarskjöld: Zeichen am Weg, 37.
[79] Beyschlag: Dag Hammerskjöld, 52.
[80] Stephan: Der einsame Weg, 81.

dem ich doch zugehöre,

Du,
den ich nicht verstehe,
der dennoch mich weihte
meinem Geschick,
Du –[81]

Aus dem Gedicht 1956 (Vor dir, Vater)[82] ist 1961 ein Gebet geworden:

Erbarme dich unser.
Erbarme dich unseres Strebens,
daß wir
vor dir,
in Liebe und Glauben,
Gerechtigkeit und Demut
dir folgen mögen,
in Selbstzucht und Treue und Mut
und in Stille dir begegnen.[83]

Dieses Übergehen vom Ich zum Wir ist nicht nur ein Zeichen, daß hier nicht eine „Jesusidentifikation" vorliegt, sondern auch eine größere Distanz zu Christus, einem Christus, der sich weitgehend mit dem deckt, an den die Kirche ihr „Kyrie eleison" richtet. 1954 schreibt er:

Gib mir einen reinen Sinn, – daß ich dich erblicke,
einen demütigen Sinn, – daß ich dich höre,
einen liebenden Sinn, – daß ich dir diene,
einen gläubigen Sinn, – daß ich in dir bleibe.

Am 19. Juli 1961 schreibt er – verändert in der Form –:

Gib uns
reinen Geist,
damit wir dich sehen,
demütigen Geist,
damit wir dich hören,
liebenden Geist,
damit wir dir dienen,
gläubigen Geist,
damit wir in dir leben.[84]

---

[81] Hammarskjöld: Zeichen am Weg, 177.
[82] Vgl. Anmerkung 74.
[83] Hammarskjöld: Zeichen am Weg, 177.

Der schöne Zusammenklang von prophetischem und mystischem Gebet eines demütigen, gehorsamen „Jüngers" zeigt sich in Schlußgedanken des Jahres 1955:

Das „mystische" Erlebnis. Jederzeit: *hier* und *jetzt* – in Freiheit, die Distanz ist, in Schweigen, das aus Stille kommt. Jedoch – diese Freiheit ist eine Freiheit unter Tätigen, die Stille eine Stille zwischen Menschen. Das Mysterium ist ständig Wirklichkeit bei dem, der inmitten der Welt frei von sich selber ist; Wirklichkeit in ruhiger Reife unter des Bejahens hinnehmender Aufmerksamkeit. Der Weg zur Heilung geht in unserer Zeit notwendig über das Handeln.[85]

Das letzte Gebet im Tagebuch lautet:

Allmächtiger ...
Verzeih
meinen Zweifel,
meinen Zorn,
meinen Stolz.
Beuge mich
durch deine Gnade.
Richte mich auf
durch deine Strenge.[86]

---

[84] Hammarskjöld: Zeichen am Weg, 177.
[85] Hammarskjöld: Zeichen am Weg, 108.
[86] Hammarskjöld: Zeichen am Weg, 179.

VIII. Die Wege des Gebets

Das Gebet wird seit jeher auch als Weg beschrieben. Gemeint ist damit nicht in erster Linie, daß es „Stufen" des Gebets gibt, die man „durch"-gehen muß, sondern daß das Wesen des Gebets als Weg verstanden werden kann. Mit dem Gebet begibt sich der Mensch auf eine Wanderung, eine Reise, er macht sich auf, einem bestimmten Ziel entgegen, das unterschiedlich definiert wird. Gebet hat etwas mit Anfang, Neubeginn, Vertiefung, Fort-Schreiten in unserem Leben zu tun. Die Frage ist dann, wo und wie man den Anfang macht, womit man einsetzt, in welche Richtung man sich begibt. Die Antwort auf diese Frage hängt vor allem davon ab, wie Gott einen Menschen führt, wie er in das Leben eingreift, wie er einen Menschen „anpackt", in welche Schule er ihn nimmt. Von dem großen Scholastiker des Mittelalters, *Thomas von Aquino* (1225–1274), der durch sein umfangreiches Schrifttum die damalige westliche Theologie am nachhaltigsten geprägt hat und bis heute einer der größten Lehrer der römisch-katholischen Kirche ist, wird erzählt, daß er eines Tages – es war der 6. Mai 1273 –, als er vom Gottesdienst in seine Mönchszelle zurückkehrte, die Feder aus der Hand gelegt und gesagt hat: „Alles, was ich geschrieben habe, erscheint mir wie Spreu, verglichen mit dem, was ich geschaut habe und was mir geoffenbart worden ist." Seither schrieb er kaum noch etwas und sprach nur noch das Notwendigste. Man weiß, daß er zu dieser Erkenntnis durch sein geordnetes Gebet gekommen ist. Er hatte es von früh auf in sein Leben und Arbeiten hineingenommen. Und selbst am Abend des Lebens, nachdem er sozusagen sein Werk abgeschlossen hatte und schon eine absolute kirchliche Autorität war, machte er eines Tages nochmals einen neuen Anfang: Das Gebet und das geistliche Leben wurde die alles andere hintenansetzende Priorität.[1]

Der Weg des Gebets – das soll damit veranschaulicht werden – hängt davon ab, was einem von Gott offenbart wurde und man erlebt, „geschaut" hat. Luther wurde in seinem „Turmerlebnis" offenbart, worin die „Gerechtigkeit Gottes" bestehe, nämlich daß der Gerechte seines Glaubens lebt, das heißt, diese durch „Glauben" geschenkt wird. Diese „Schau" hat sein Glaubens- und Gebetsleben entscheidend geprägt.

[1] Seitz: Praxis des Glaubens, 200.

Unser „Weg“ kann eine Folge von bestimmten Schritten sein, „die wir durchlaufen, so wie sie die Blume durchläuft vom Samen zur Knospe, zur Blüte, zur Frucht.“[2] Der Weg des Gebets kann uns von uns selbst wegführen – nach außen – oder in uns hineinführen – nach innen. Die Adresse des Gebets kann außerhalb des Menschen oder in seinem Inneren gesucht werden. Die Richtung des Gebets kann daher erkannt werden nach dem „Namen“, der angerufen wird, nach den „Aussagen“, die über den Adressaten gemacht werden, nach dem Inhalt – den Bitten, die ausgesprochen werden. Auf diesen Unterschied in der Richtung des Gebets weist *Dietrich Bonhoeffers* tiefsinnige Überlegung, die er uns in dem Gedicht „Christen und Heiden“ hinterlassen hat, wo er den Weg der Christen und der Heiden beschreibt. Er stellt das „menschliche Beten“ – von Christen und Nichtchristen –, das sich an die „Macht Gottes“ wendet und Erfüllung von Wünschen anstrebt, dem Beten des Christen gegenüber, der von der Ohnmacht Gottes ausgeht, die am Kreuz Christi offenbar wird, und beschreibt als den „dritten“, eigentlichen Weg den Weg Gottes zu den Menschen:

Menschen gehen zu Gott in ihrer Not,
flehen um Hilfe, bitten um Glück und Brot,
um Rettung aus Krankheit, Schuld und Tod.
So tun sie alle, alle, Christen und Heiden.

Menschen gehen zu Gott in Seiner Not,
finden ihn arm, geschmäht, ohne Obdach und Brot,
sehn ihn verschlungen von Sünde, Schwachheit und Tod.
Christen stehen bei Gott in Seinen Leiden.

Gott geht zu allen Menschen in ihrer Not,
sättigt den Leib und die Seele mit Seinem Brot,
stirbt für Christen und Heiden den Kreuzestod,
und vergibt ihnen beiden.[3]

Wie das zu verstehen ist, deutet Bonhoeffer in einem Satz an, der ebenfalls in der Sammlung von Briefen aus der Zelle, die in dem Buch „Widerstand und Ergebung“ herausgegeben wurden, enthalten ist:

Gott läßt sich aus der Welt herausdrängen ans Kreuz, Gott ist ohnmächtig und schwach in der Welt und gerade und nur so ist er bei uns und hilft uns. Es ist Matth 8,17 („Er hat unsre Schwachheit auf sich genommen, und unsere Krankheit hat er getragen“) ganz deutlich, daß Christus nicht hilft kraft seiner Allmacht, sondern kraft seiner Schwachheit, seines Leidens!

---

[2] Dürckheim: Auf der Suche, 111.

[3] Bonhoeffer: Widerstand und Ergebung, 246.

Hier liegt der entscheidende Unterschied zu allen Religionen. Die Religiosität des Menschen weist ihn in seiner Not an die Macht Gottes in der Welt, Gott ist der deus ex machina. Die Bibel weist den Menschen an die Ohnmacht und das Leiden Gottes; nur der leidende Gott kann helfen.[4]

1. Der Weg nach außen

Der Weg „nach außen" wird im Gebet beschritten, wo beim Beter die Vorstellung von Gott vorherrscht, daß er nicht in unserem Inneren, in der Tiefe zu suchen ist, auch nicht durch den Weg nach innen sein „Kommen zu uns" vorbereitet wird, sondern daß dies durch Hinwendung zu dem außerhalb unser wohnenden Gott geschieht.

Hier hat man es also besonders mit dem Bittgebet zu tun. Beten als Weg nach innen wird eher eingestuft als das „zu sich selbst" oder „mit sich selbst zu Gott Kommen": als Dank, Anbetung oder Lobpreis. Doch Beten muß durch seine „dialogische" Weise und kraft der prophetischen Art auch konkrete Bitte sein, die auf Erhörung, Erfüllung, Re-Aktion aus ist. Im Blick auf das biblische Zeugnis kann darüber kein Zweifel bestehen. „Der Pharisäer dankt, der Zöllner bittet" *(Martin Kähler)* – diese zwei, bereits erwähnten unterschiedlichen Gebetstypen zeigen, worauf es ankommt, womit keineswegs gesagt werden soll, daß der Weg nach innen „pharisäisch" im Sinne von „selbstgerecht" sei und der Weg des Zöllners der einzig richtige. Doch wie noch zu zeigen sein wird, können beide Wege für sich genommen nicht das ganze, umfassende Gebetsverständnis des Christen ausmachen.

Wenn vom Bittgebet als dem Weg „nach außen" gesprochen wird, muß von dreierlei die Rede sein: von der Bitte um äußere Güter, von der Bitte um Gottes Gegenwart und von der Bitte um sein Eingreifen in eine bestimmte Situation oder die Veränderung des Beters.[5]

Die Bitte um äußere Güter ist die einfachste und allgemeinste Art, Bitten auszusprechen, die Christen und Nichtchristen gemeinsam sind. Aus unseren allgemeinen Fürbitten in den Agenden für den Gottesdienst kann entnommen werden, daß für alles Mögliche gebetet wird und um alles gebetet werden kann und soll: nicht nur für Kirche, Volk und Vaterland und die eigene Gemeinde, sondern ebenso um äußere Dinge wie eine gute Ernte, die Früchte des Feldes, günstiges Wetter, Bewahrung vor Unwetter, Dürre und vor wirtschaftlichen, sozialen und politischen Katastrophen. Diese Gebetstradition, die schon im Alten Testament begründet ist (Vgl. 1Kön 17,18)

---

[4] Bonhoeffer: Widerstand und Ergebung, 242.

[5] Barth: Wohin – woher, 25–40.

und besonders in der orthodoxen und katholischen Kirche bis heute lebendig und weitfächrig erhalten wurde, ist allen Glaubensrichtungen eigen. Sie wird biblisch begründet und ist auch im Neuen Testament eindeutig verankert (Mt 7,7: „Bittet, so wird euch gegeben"; Joh 14,13: „Was ihr bitten werdet in meinem Namen, das will ich tun"; Jak 5,16: „Des Gerechten Gebet vermag viel"). Dieses Bittgebet kommt aus der Überzeugung des Bittenden, es sei notwendig und sinnvoll, ein bestimmtes Anliegen vor Gott zu bringen, der als persönliches, hilfsbereites, gütiges Gegenüber vorgestellt wird. Luther ermutigt zu diesem Gebet bei der Auslegung der vierten Bitte des Vaterunsers, wenn er die Frage beantwortet, was denn „täglich Brot" heißt:

> Alles, was not tut für Leib und Leben, wie Essen, Trinken, Kleider, Schuh, Haus, Hof, Acker, Vieh, Geld, Gut, fromme Eheleute, fromme Kinder, fromme Gehilfen, fromme und treue Oberherren, gute Regierung, gut Wetter, Friede, Gesundheit, Zucht, Ehre, gute Freunde, getreue Nachbarn und desgleichen.[6]

Die Bedenken gegenüber dieser Art zu bitten ergeben sich aus der Erwägung, ob das Beten solche Erwartungen vorbringen dürfe und Gott für die Erfüllung aller unserer Wünsche verantwortlich gemacht werden kann, besonders wenn zum Beispiel um den Sieg im Krieg gebetet wird, um den beide sich gegenüberstehende Lager gleichzeitig bitten.

Die Bitte um Gottes Gegenwart. Hier handelt es sich um ein reiferes, geläutertes, wissendes Gebet. Es geht nicht um bestimmte Wünsche – Frieden, Wetter, Gesundheit, persönliche Anliegen – sondern um eine sublime Form der Bitte. Der Beter weiß, daß es im christlichen Leben um mehr geht als um einfache Erfüllung von Wünschen und man bei Gott nicht so unkontrolliert vorstellig werden dürfe. Auch dafür gibt es viele biblische Belege, vor allem in den Psalmen, wo Äußerungen in diese Richtung weisen, wahrscheinlich verbunden mit geschichtlichen und persönlichen Erfahrungen mit Gott. Grundlegend hierfür ist die Erfahrung, daß Gott – nicht weil er es nicht könnte, sondern aus einem weisen Rat heraus – bestimmte äußere Erwartungen nicht erfüllt oder auf andere Weise reagieren will als durch prompte Erfüllung unserer persönlichen Wünsche. Dietrich Bonhoeffer hat das mit dem bekannten Wort ausgedrückt: „Nicht alle unsere Wünsche, aber alle seine Verheißungen erfüllt Gott."[7] Wichtiger als die äußere Erfüllung von Wünschen ist dem Beter des Alten Testaments häufig, daß Gott ihm Zeichen für seine Güte und Zuwendung gibt, daß er Anteil am Verhei-

---

[6] Luthers Kleiner Katechismus: Das Vaterunser.

[7] Bonhoeffer: Widerstand und Ergebung, 265.

ßenen, an Gottes Gnade und Kraft erhält. Klassisch ist das im Ps 73,26 in Luthers Übrsetzung zum Ausdruck gebracht: „Wenn mir gleich Seele und Leib verschmachten, so bist du doch, Gott, allezeit meines Herzens Trost und mein Teil.“ Gottes Nähe und Trost, selbst angesichts von Krankheit und Tod, ist mehr als alle äußeren Güter:

Dennoch bleibe ich stets an dir; denn du hältst mich bei meiner rechten Hand, du leitest mich nach deinem Rat und nimmst mich am Ende mit Ehren an. Wenn ich nur dich habe, so frage ich nichts nach Himmel und Erde. Wenn mir gleich Leib und Seele verschmachtet, so bist du doch, Gott, allezeit meines Herzens Trost und mein Teil. (Ps 73,23–26)

Das bringt auch der Psalmvers 63,4 zum Ausdruck, wenn es dort so lautet: „Deine Güte ist besser als Leben.“ Im Neuen Testament gibt es in diesem Sinn auch eine „Stufung“: „Trachtet zuerst nach dem Reich Gottes und nach seiner Gerechtigkeit, so wird euch das alles zufallen“ (Mt 6,33), heißt es zum Abschluß der Ausführungen Jesu über Beten und Fasten in der Bergpredigt.

Es geht hier also um die Bitte um Nähe und Gegenwart Gottes, die Zuwendung, Schutz, Führung und Gnade bringt, wie immer der äußere Ablauf des Geschehens im Schicksal des Beters auch ausgehen mag. Das bringt das Gebet des französischen Mathematikers, Physikers und Philosophen katholischer Konfession *Blaise Pascal* (1632–1662) in wunderschöner Weise klassisch zum Ausdruck:

Ich bitte dich nicht um Gesundheit, nicht um Krankheit, nicht um das Leben, nicht um den Tod; aber darum bitte ich dich, daß du bei mir über Gesundheit und Krankheit gebietest, über Leben und Tod – zu deiner Ehre, zu meinem Heile, zur Erhöhung der Kirche und deiner Heiligen, an deren Gemeinschaft ich durch deine Gnade teilzunehmen hoffe. Du weißt allein, was mir zum Wohle dient: Du bist der unumschränkte Herr und tust, was dir gefällt. Gib mir, nimm mir; aber mache meinen Willen dem deinen gleichgeformt, auf daß ich in vollkommener Demut und Ergebung mit heiligem Vertrauen mich bereite, die Weisungen deiner ewigen Vorsehung zu empfangen, daß ich alles mit gleicher Verehrung hinnehme, was mir da kommt von dir.[8]

Das kann in der Geschichte der Emmausjünger an der Wendung „Bleibe bei uns, denn es will Abend werden und der Tag hat sich geneigt“ verdeutlicht werden. Obwohl es hier um eine wörtliche Bitte der Jünger an den sie begleitenden Fremden geht – der tut, als ob er gehen würde und genötigt wird zu bleiben –, ist hier für die christliche Gemeinde das Urbild einer Bitte um die Gegenwart Gottes in Jesus erblickt worden, wie das vorausgehende und

[8] Scheele: Vater, die Stunde, 93.

folgende Geschehen als Urbild des Gottesdienstes überhaupt gedeutet worden ist (Lk 24,13–35). Das Urbild dessen, worum es im Gottesdienst, bei Predigt und Abendmahl geht, ist die Gegenwart Christi in seiner Gemeinde und die so mögliche Gemeinschaft mit Christus als Teilhabe an seinem Leben und Weg. Dieses „Mitten unter ihnen"-Sein Jesu ist Hauptmerkmal des Gottesdienstes der Gemeinde, wo nicht wenigstens zehn – wie in der jüdischen Kultfeier – versammelt sein müssen, sondern auch zwei und drei genügen, wenn nur Jesus unter ihnen gegenwärtig ist (Mt 18,20). Darum muß also gebetet werden.

Das wird auch in der Bildrede des Johannesevangeliums deutlich, wo Jesus vom guten Hirten spricht (Joh 10,1–30), der die Stimme der Schafe hört, für sie da ist und sie beschützt, ja unter Lebenseinsatz verteidigt. Hier geht es ebenfalls um dieses „Bei-ihm-Bleiben", das in der Verbundenheit zwischen Hirt und Herde zum Ausdruck kommt. Ähnlich in der Rede vom „Weinstock" (Joh 15,1–8), wo Jesus diese Verbundenheit als das Entscheidende für das „Frucht-Bringen" im Leben herausstellt: „Wer in mir bleibt und ich in ihm, der bringt viel Frucht; denn ohne mich könnt ihr nichts tun". Das ist auch mit dem Gebetsruf am Ende der Offenbarung gemeint: „Komm, Herr Jesus" (Offb 22,20). Diese Bitte versteht Gott als den Geber der geistlichen Gaben, wie den sich selbst Gebenden und Schenkenden durch seine Gegenwart der Gnade und Liebe. Diese Gegenwart kann zur Erneuerung und Heiligung des Menschen führen und damit erst recht Wünsche und Erwartungen erfüllen.[9]

Die Bitte um Eingreifen und Veränderung der Situation des Beters. Hier geht es um ein Gebet, das nicht Bitte um äußere Güter und auch nicht Bitte um Gottes Gegenwart und Hilfe ist, sondern von der eigenen Situation ausgeht. Gebet ist Reflektieren der eigenen oder der Situation eines anderen vor Gott, Rechenschaft über die persönliche Lage oder die Lage der Welt im Angesicht Gottes. Es ist also eine Art Standortbestimmung, von der man hofft und erbittet, daß Gott in sie eingreife. Der Pharisäer in Jesu Gleichnis (Lk 18,10ff), der neben dem Zöllner betet, führt zunächst an, was er alles tut, und reflektiert so seine Situation vor dem Allmächtigen: Wie stehe ich vor Gott da? Was tue ich, was kann ich von Gott demnach erwarten? Er kann anführen: „Ich faste zweimal in der Woche und gebe den Zehnten von allem, was ich einnehme." (Lk 18,12) Das ist mehr, als was von ihm als Pharisäer durch das Gesetz erwartet wird. Der Pharisäer – will Jesus sagen – meint aufgrund dieser Selbstbetrachtung, daß er vor Gott recht dastehe. Er zieht eine positive Bilanz über sein Leben und hofft, daß Gott ihm auf Grund dessen gnädig sei. Der Zöllner dagegen hat nichts aufzuweisen, er

[9] Barth: Wohin – woher, 40–42.

kann nur seine sündige Situation reflektieren und sagt einfach: „Gott, sei mir Sünder gnädig!" Jesus führt dieses Gleichnis an, um zu zeigen, daß diese Reflexion – wenn sie als Selbstrechtfertigung geschieht – auch zum Gegenteil führen kann: „Dieser ging rechtfertigt hinab in sein Haus, nicht jener", also gerade der nicht, der es aufgrund seiner Überlegung erwartet hat.

Ein anderes Beispiel haben wir im Psalm 23. Hier findet sich auch ein Rückbezug auf den Ort und die Situation des Beters: „Und ob ich schon wanderte im finsteren Tal". Der Beter macht sich nichts vor, aber in diesem Wissen läßt er sich von der Hoffnung, ja von der Glaubensgewißheit lenken, daß der „Stab und Stecken" des guten Hirten ihn „trösten" wird, das heißt ihn selbst verteidigen, beschützen und in Gefahren retten wird. Von dieser Gewißheit her ändert sich dann – im Glauben – seine Situation. Er bekennt:

> Der Herr ist mein Hirte, mir wird nichts mangeln. Er weidet mich auf einer grünen Aue und führet mich zum frischen Wasser. Er erquicket meine Seele. Er führet mich auf rechter Straße um seines Namens willen. (Ps 23,1–3)

Das Bild vom finsteren Tal, die Situation der Gefahr hat sich in das Bild von den grünen Auen verwandelt. Hier wird also um die Veränderung der Situation als Gefährdeter, Bedrohter in die Situation des Getrösteten, Beschützten und von Gott Getragenen gebetet und schließlich bekannt:

> Du bereitest mir einen Tisch im Angesicht meiner Feinde. Du salbest mein Haupt mit Öl und schenkest mir voll ein. Gutes und Barmherzigkeit werden mir folgen mein Leben lang, und ich werde bleiben im Hause des Herrn immerdar. (Ps 23,5–6)

Jesus wird bei der Taufe und bei der Verklärung gewiß, daß er der Sohn Gottes ist: „Du bist mein lieber Sohn, an dir habe ich Wohlgefallen." (Mk 1,11; Lk 3,22) Er kennt seine Situation vor Gott als die des Sohnes. Die Gewißheit der Sohnschaft Jesu und – für seine Jünger – der Kindschaft führt zu der Zuversicht, mit dem Schutz und der Fürsorge des Vaters rechnen zu dürfen. Das wird auch im Gebetskampf in Gethsemane nach Lukas deutlich. Hier heißt es: „Es erschien ihm aber ein Engel vom Himmel und stärkte ihn." (Lk 22,43) Die Situation kann im Gebet insofern verändert werden, als man gestärkt wird, das Kreuz zu tragen, auch wenn es einem nicht abgenommen wird. Das bewirkt das Gebet um das Eingreifen Gottes. Die Veränderung ist in diesem Sinne meist nicht die Veränderung der äußeren Situation, sondern die des Beters.

Hier kann ebenso daran erinnert werden, daß es im Gebet auch zu Visionen kommen kann, wo dem Beter Erkenntnisse geschenkt werden, die eine Antwort auf Fragen sind, mit denen er zu kämpfen hat oder womit ihm Gott den rechten Weg zeigt, die auch eine Veränderung der Situation zur Folge haben kann. Ein Beispiel ist die Gebetserfahrung des *Petrus* (Apg 10,9ff). Petrus steigt auf das Dach, um zu beten und gerät in Verzückung, indem er den Himmel aufgetan sieht. Obgleich er „vierfüßige und kriechende Tiere der Erde und Vögel des Himmels“ vor sich erblickt, die ihm nach seiner jüdischen Erziehung verboten waren zu essen, hört er eine Stimme, die ihm sagt: „Steh auf, Petrus, schlachte und iß! ... Was Gott rein gemacht, das nenne du nicht verboten.“ Das war für ihn die Botschaft über ein neues Verhalten zu den Speisevorschriften des Alten Testaments, ja überhaupt zu der Frage, ob man als Christ zuerst Jude werden müsse, das heißt nur als Jude Christ werden dürfe: „Nun erfahre ich in Wahrheit, daß Gott die Person nicht ansieht, sondern in jedem Volk, wer ihn fürchtet und recht tut, der ist ihm angenehm“ (Apg 10,34f). Das führt bei Petrus zur Aneignung des paulinischen Verständnisses der Mission unter den Heiden, nach dem diese nicht erst den Umweg über die Beschneidung machen müssen, um Christen zu werden. Das war der Durchbruch zu einer neuen Situation, in diesem Fall auch einer neuen Geschichte der Ausbreitung und Weitergabe des Christentums.

Ähnlich berichtet *Paulus* (2Kor 11,16–12,10) von seinen Leiden und Mühen als Apostel und davon, wie ihm eine „höhere Offenbarung“ durch eine Art „Verzückung in das Paradies“ geschenkt wurde, als er „unaussprechliche Worte“ hörte. Dabei wurde ihm, nach dreimaligem Flehen wegen dem „Pfahl im Fleisch“ die Antwort zuteil: „Laß dir an meiner Gnade genügen; denn meine Kraft ist in den Schwachen mächtig.“ Und die Folge, die veränderte Situation ist, daß er dann bekennen kann: „Darum bin ich guten Muts in Schwachheit, in Mißhandlung, in Nöten, in Verfolgung und Ängsten, um Christi willen; denn wenn ich schwach bin, so bin ich stark.“

Gott kann durch das Gebet aber auch in der Art „eingreifen“, daß er den Menschen einfach wachsam, aufmerksam, präsent macht für das Tun des Willens Gottes oder im Angesicht von Gefahren und Versuchungen: „Wachet und betet, daß ihr nicht in Anfechtung fallt“ (Mk 14,38). In diesem Sinn betet *Johann Arndt* (1555–1621), der lutherische Pfarrer und Superintendent aus Celle, der durch seine „Vier Bücher vom wahren Christentum“ und sein Gebetbuch „Paradies-Gärtlein“ starken Einfluß ausgeübt hat:

> Weise mir, Herr, deinen Weg, daß ich wandle in deiner Wahrheit. Gib mir ein Herz, das dich fürchte, einen Glauben, der dich ergreife, Liebe, die dir nachfolge, Hoffnung, die deine Herrlichkeit sehe, ein Gemüt, das dich liebe, einen Sinn, der dich erkenne, Ohren, die dich am Kreuz in deinem Leiden rufen und schreien hören, Augen, die dich sehen in deiner Demut, einen Mund, der mit dir bete für die Feinde.[10]

[10] Scheele: Vater, die Stunde, 62.

In dieser Weise sind auch die Bibelstellen Eph 6,18 „Betet allezeit mit Bitten und Flehen im Geist und wacht dazu mit aller Beharrlichkeit im Gebet" zu deuten. In dem Sinn des Wortes 1Petr 5,8 „Seid nüchtern und wacht; denn euer Widersacher, der Teufel, geht umher wie ein brüllender Löwe und sucht, wen er verschlinge" heißt Beten aber auch Kämpfen. Ebenso ist es Partei-Ergreifen und Sich-Solidarisieren mit einem anderen, wie Paulus Röm 15,30 meint, wenn er die Römer aufruft, „daß ihr mir kämpfen helft durch eure Gebete für mich zu Gott." Luther sagt:

> Man bete nicht, damit Gott dadurch belehrt würde, sondern vielmehr, damit *wir* bewegt würden zu fühlen, was uns fehlt und was man bitten müsse [...] Das Gebet lehrt vielmehr mich und zeigt mir, was ich nötig habe und es ermahnt mich zum Schreien zu Gott.[11]

Die Gebetsauffassung des Neuen Testaments gipfelt in dem Verständnis des Gebets als eine das Gesamtleben betreffende und prägende Haltung: „Betet ohne Unterlaß" (1Thess 5,17).[12]

2. Der Weg nach innen

Der Weg „nach innen" wird landläufig als Meditation bezeichnet und beschrieben. Meditation kann als „ein Gang in das Innere des Menschen, und zwar in sein seelisches Zentrum" definiert werden.[13] *Friso Melzer* hat dafür den Begriff „Innerung" geprägt, indem er das Zeitwort „sich erinnern" auf das Hauptwort „Innerung" übertrug.[14] Das Grundphänomen der Meditation kann man in der Bibel wiederfinden. So wird Lk 2,51 von Maria, der Mutter Jesu, berichtet, daß sie „alle diese Worte behielt und in ihrem Herzen bewegte". Das griechische Wort, das hier gebraucht wird, heißt „sie brachte das höchst Verschiedenartige, das sie gehört und erlebt hatte, in sich zu einer lebendigen Einheit zusammen."[15] Luther hat die Meditation mit dem „Wiederkäuen" eines Tieres verglichen.

Die Meditation hat im Laufe der Kirchengeschichte immer wieder neue Ausprägungen erfahren. Daher kann man mit Fug und Recht sagen, daß es eine reiche christliche Meditationstradition gibt.

Freilich stimmt andererseits auch, daß die moderne Psychologie, ja vielleicht schon die Philosophie des vorigen Jahrhunderts Meditationswege wie

---

[11] WA 38, 464.

[12] Barth: Wohin – woher, 54f.

[13] So Happich, bei Melzer: Innerung, 12.

[14] Melzer: Innerung, 16f.

[15] Stählin: Über die Meditation, 402.

die des Yoga oder Zen empfohlen und unsere Zeit eine Reihe von Methoden hervorgebracht hat, die eine Verbindung von fernöstlicher Meditation und westlicher Psychotherapie darstellt. Es werden Praktiken angeboten, die den Weg nach innen lehren, um dem Menschen die Begegnung mit sich selbst zu ermöglichen, sich „selbst zu finden", mit sich „in Einklang" zu kommen, „in sich hineinzuschauen oder zu horchen", wie das dann meist ausgedrückt wird. Auf dem Weg von Reinigung, Erweckung, Erleuchtung, Vereinigung, Erlösung und Rückkehr findet der Meditierende den Urbuddha, das Zen oder das Dan, die wahrhafte „Erlösung". All das sind Wege, die in einem selbst zu suchen und zu finden sind.

Der Weg „nach innen" wird auch in der christlichen Gebetstradition beschrieben. Doch müssen wir uns von vornherein den Unterschied zwischen beiden Wegen deutlich machen. Die Meditationswege der asiatischen Hochreligionen (Hinduismus, Buddhismus, Taoismus) wollen die Persönlichkeit des Menschen, sein Ich, sein Selbst überwinden: Das Ziel ist personlos zu werden. Der Mensch soll durch die Meditation im Meer des Seins versinken, um nie mehr aufzutauchen. Auch der Weg, der dazu führt, geht nicht über einen persönlichen Gott. Die Versenkung erfordert dieses nicht.[16] Christliche Meditation dagegen geht vom Glauben aus, daß Gott ein Du, eine Person ist, der uns bei unserem Namen ruft und darum auch selbst angerufen werden kann und soll. Diese Meditation weiß etwas davon, daß es neben dem rationalen und kritisch denkenden Bewußtsein noch andere Formen und Schichten des Denkens gibt, eine andere Art, mit bestimmten Inhalten umzugehen, als unser verstandesmäßiges Begreifen. Der ursprüngliche Mensch – im weitesten Sinn des Wortes –, also nicht nur der sogenannte Primitive, sondern ebenso das Kind und der Künstler, aber auch jeder Mensch im Traum, ist jenem Denken und anderen Umgehen mit der Wirklichkeit viel näher als dem rationalen Denken. Wir alle sind in diesem rationalen Denken so einseitig erzogen worden, daß wir um jene andere Art des Umgangs mit Denkinhalten nur noch wenig wissen. Denn das Entscheidende vollzieht sich sozusagen in einer anderen Schicht unserer Seele. Es geht nicht darum, einen Gegenstand begrifflich zu erfassen oder einzuordnen, sondern eher darum, einen Inhalt anschauend zu betrachten. Dieser Vorgang vollzieht sich nicht in Begriffen, sondern in Bildern, die „innerlich betrachtet" werden. Darum ist es ein Weg „nach innen". Der Meditierende stellt sich nicht wie der Wanderer auf der Uferhöhe eines Gewässers seinem „Gegen-Stand" gegenüber, sondern er taucht in einen Stoff ein, so wie der Schwimmer sich dem Element des Wassers anvertraut und sich von ihm tragen und von seiner Strömung treiben läßt. Dazu sagt *Wilhelm Stählin*: „In der Meditation findet eine Begegnung statt zwischen der wesentlichen

[16] Melzer: Innerung, 14–16.

Mitte einer angeschauten Sache und der eigenen Wesensmitte des Meditierenden. Diese Begegnung kommt nicht durch einen einmaligen Akt zustande, sondern gleicht einem Gespräch von Liebenden, das nie fertig ist und nie fertig sein soll. Das meditative Denken ‚umkreist' diese Mitte."[17] Das ist die Art, wie im Johannesevangelium mit den „theologischen Problemen" umgegangen wird. Diese Weise des „Weges nach innen" ist immer „Meditation des Wortes", das in Jesus Christus Person geworden ist und im Heiligen Geist unter uns gegenwärtig wird. Sie ist nicht einfach Besinnung, Konzentration, die ja möglich wäre, auch wenn es keinen Gott gäbe. Jesus Christus als geschichtliche Gestalt bedeutet für die Meditation, daß über ein christliches Wort, Bild oder Symbol meditiert wird, insofern diese in die Meditation Jesu Christi einüben bzw. auf diese hinweisen wollen. Wenn also ein Christ meditiert, tritt an die Stelle des Ichs, das sich bei der außerchristlichen Meditation selbst finden soll, die Gestalt Christi bzw. der dreieinige Gott als Vater, als Mensch gewordener Sohn und als gegenwärtiger Geist Gottes. Der Christ versenkt sich demnach nicht in sich selbst, sondern er denkt über sich hinaus auf diesen dreieinigen Gott hin. Er horcht nicht letztlich in sich selbst hinein, sondern hört auf diesen Vater, der im Wort Christi und durch den Heiligen Geist spricht, der unserem Geist selbst Zeugnis gibt, daß wir Gottes Kinder sind (Röm 8,16).

Freilich hat es auch in der christlichen Kirche Zeiten gegeben, in denen man das christliche Gebet nicht so verstanden hat, sondern diesen Weg „nach innen" als Weg zu sich selbst verstand. Wie bereits erwähnt, verstand *Friedrich Schleiermacher*, der große protestantische Theologe des 19. Jahrhunderts das Gebet eigentlich als eine „meditative Selbstbesinnung", durch den sich der Mensch in einen Prozeß ziehen läßt. Darin nimmt er das Abgeschlossene der Vergangenheit in dankbarer Ergebung an und wendet sich in sehnsüchtiger Hoffnung dem noch unerschlossenen Zukünftigen zu. Für ihn kann darum Beten nicht wirklich Bitten sein, sondern nur dankbares, geduldiges „Sich-Einschwingen in den Prozeß echter Geistwerdung alles Lebendigen." Das ist im Grunde nichts anderes als was *Ludwig Feuerbach* im Gebet sah: „Das Verhältnis des menschlichen Herzens zu sich selbst, zu seinem eigenen Wesen: Im Gebet vergißt der Mensch, daß eine Schranke seiner Wünsche existiert und ist selig in diesem Vergessen."[18]

Anders die Meditation im christlichen Raum. Trotz der tiefgreifenden und bleibenden Unterschiede zu den andersreligiösen Methoden beobachten wir freilich – auch in den Anfängen – manche ähnliche oder analoge Schritte. Doch das spezifisch Christliche ist durch die Bibel vorgezeichnet.

---

[17] Stählin: Über die Meditation, 401.

[18] Feuerbach: Das Wesen des Christentums, 200.

Schon im Alten Testament gibt es Ansätze zur Meditation. Ps 1 spricht vom Frommen, der Lust hat am Gesetz des Herrn und über sein Gesetz Tag und Nacht „sinnt“. Dieses „Sinnen“ heißt im Hebräischen zugleich ein Nachsprechen, Murmeln, Bedenken, Erinnern und Verweilen bei einem vorgegebenen Wort. Der Mensch ist hier beschrieben, der erwägt, wer er selbst, wer Gott und was das Wort ist, das er nachspricht, um es sich „zu Herzen“ zu nehmen.

Im Neuen Testament heißt es von Maria: Sie „behielt alle diese Worte und bewegte sie in ihrem Herzen“. (Lk 2,19) Diese Worte waren die Kontaktstelle mit Gott, und das Verweilen bei ihnen gab ihr die Gewißheit, derer sie bedurfte. Meditation ist hier Hören eines Wortes und Nachvollzug des Gehörten in vertiefter, aneignender, nachsinnender Weise. Das heißt: Es ist etwas, das ich nicht zuerst zu erzählen brauche. Ich richte meine Gedanken darauf. Ich komme zur Ruhe. Ich schaue es an. Ich denke ihm nach. Das alles ohne Anstrengung und Verdruß, gelöst. Ich lasse mich auf etwas ein. Bei *Jörg Zink*, dem Verfasser vieler Schriften über Bibel, Beten und Spiritualität, lesen wir folgende Ausführungen über diese Art der Meditation des „inneren Menschen“:

> Ich nehme ein Wort in meine Hand und prüfe sein Gewicht. Ich beginne, ihm zuzuhören, und indem ich zuhöre, geschieht etwas an mir.
>
> Ich lege das Wort wieder weg. Aber es ist nicht mehr dasselbe Wort; es ist gewichtiger geworden dadurch, daß ich es hörte. Und auch ich selbst bin nicht mehr derselbe. Umgang mit einem Wort, das ist Arbeit, die der eines Bauern gleicht, der Samen aufs Land wirft. Das Wort wächst und verändert das Land, bis die Ernte da ist.[19]

Das Wort „siehe“ kommt rund zweihundertmal in der Bibel vor. Jesus sagt oft: „Siehe“, das heißt: Schau dir an. Besonders bei Johannes, im Evangelium und auch in der Offenbarung, hat das eine große Bedeutung: „Siehe, das ist Gottes Lamm“ (Joh 1,29), oder: „Frau, siehe, das ist dein Sohn“, „Siehe, das ist deine Mutter“ (Joh 19,26f), „Siehe, ich stehe vor der Tür und klopfe an“ (Offb 3,20). „Siehe, ich habe vor dir gegeben eine offene Tür“ (Offb 3,8f). „Siehe, ich mache alles neu“ (Offb 21,5). Ein Bild wird beschworen und wir werden aufgefordert, wirklich hinzusehen. Hören und Schauen sind also die biblischen Anfänge der Meditation. Und so geschieht es, daß dabei etwas in unserem Herzen vor sich geht.[20]

Darum spielt das Bild in der Kirche eine große Rolle, besonders das „Kultbild“, die Ikone in der orthodoxen Kirche. Es wird als gemaltes Dogma vor unsere Seele gestellt. Es soll zum „Meditieren“ anregen. Die Mön-

---

[19] Zink: Wie wir beten können, 41.

[20] Zink: Gebet, II, 2f.

che übten das Nachsprechen biblischer und anderer Texte, tausendfach wiederholt, in Kurzgebeten oder anderen Formen des Stoßgebetes. Daraus ist bald ein durchdachter und geordneter Weg entstanden. In der Mönchsregel des Heiligen *Benedikt von Nursia* (geb. um 540) kommt das Wort „Meditation“ schon vor. Es ist bei ihm Betrachtung im Anschluß an ein Wort, in der er sich meditierend, nachsinnend von der Vielfalt der Möglichkeiten abwendet und sich auf eine einzige Stelle konzentriert. Er sucht sie in einem Bild zu erfassen: Er wiederholt es oft, holt es wieder neu heran, umkreist es, so daß es in ihn eindringt, in ihm wohnt (Kol 3,16a). Meditierender Umgang mit der Bibel heißt: vereinfachen, beschauen, wiederholen, sich überlassen.

Eine wichtige Methode der Meditation ist dann von *Ignatius von Loyola* (1491–1556) ausgearbeitet worden, die für die katholische Kirche von großer Bedeutung war und bis auf den heutigen Tag die Grundlage der „geistlichen Übungen“ bildet. Der katholische Theologe *Franz von Sales* (1567–1622) hat sodann eine Meditationsordnung als Anleitung zum betrachtenden Gebet in fünf Schritten ausgearbeitet. Doch die Meditationsübung nach einer geordneten Methode finden wir bereits bei *Martin Luther*. Treffend sagt er darüber:

> Meditieren heißt ernst, tief und sorgfältig denken, eigentlich im Herzen wiederkauen. Meditieren ist gleichsam „in medio agitare“, das heißt, in der Mitte verweilen oder von der Mitte und dem Innersten bewegt werden.[21]

Auch in der nachreformatorischen Zeit bleibt die Meditation für Theologie und Kirche ein wichtiges Anliegen. So hat *Johann Gerhard*, der bekannte orthodoxe lutherische Theologe des ausgehenden 16. und beginnenden 17. Jahrhunderts (1582–1637) neben seinen vielzitierten „Loci theologici“ ein ebenso weitverbreitetes Werk mit dem Titel „Meditationes sacrae ad verum pietatem excitandam“ (1606) geschrieben sowie das Buch „Schola pietatis“ (1622). Her gehören auch die „Vier Bücher vom wahren Christentum“ des *Johann Arndt*, wo das Wort „Meditation“ zwar nicht gebraucht wird, aber sein großes Anliegen, die Schriftmeditation, ist als solche auch vermittels dieses Buches aufgegriffen worden.

Das 17. Jahrhundert ist bereits geprägt von der Streittheologie, die das Weiterleben der Meditationsfrömmigkeit erstickt hat. Außerdem tritt anstelle der „meditatio“ nun die „pietas“, die Frömmigkeit, weil „Meditation“ im Bereich des Protestantismus als für die katholische Frömmigkeit typisch angesehen und daher allmählich abgelehnt wurde. Doch in der neuen Bewegung des Pietismus wird dieses Thema wieder aktuell, denn bei seinen

[21] Reller/Seitz: Herausforderung, 59; Nicol: Meditation, passim.

Hauptvertretern *Philipp Jacob Spener* und *August Hermann Francke* geht es auch um eine Wiederentdeckung Luthers. So schreibt August Hermann Francke (1663–1727) über das Theologiestudium, daß der Student sowohl Vorlesungen als auch Predigten zu meditieren habe und sich durch Meditation auf die Sonn- und Feiertage vorbereiten solle:

> Ein Studiosus Theologiae muß meditierend lernen, sein Gemüt muß sich gewöhnen, etwas auszuarbeiten, und seine meditationes in eine gute Ordnung zu bringen. Das kann denn in Sonderheit in solchen Tagen geschehen, daß man die Festsprüche fein vor sich nehme und darüber meditiere, das kann man tun, wenn man auf der Straße gehet, wenn man sich zu Bette leget, wenn man wieder aufstehet, und wenn man sonst dazu Gelegenheit hat.[22]

Gerhard Tersteegen, der Übersetzer einer Reihe mystischer Schriften und bedeutender Liederdichter der evangelischen Kirche (1697–1769), hat in einem seiner bekanntesten Kirchenlieder das Wesen des meditativen Betens so besungen:

> Gott ist gegenwärtig.
> Lasset uns anbeten und in Ehrfurcht vor ihn treten.
> Gott ist in der Mitten.
> Alles in uns schweige und sich innigst vor ihm beuge.
> Wer ihn kennt, wer ihn nennt,
> schlag' die Augen nieder;
> kommt, ergebt euch wieder.

In diesem Lied heißt es am Schluß:

> Wo ich geh'
> sitz und steh
> laß mich dich erblicken
> und vor dir mich bücken. (EG Nr. 165,1.8)

Aus einer Reihe von Arien *Johann Sebastian Bachs* tritt uns ebenfalls dieses Meditieren über die biblischen Texte entgegen, wie zum Beispiel „Aus Liebe will mein Heiland sterben" oder „Ich bin's, ich sollte büßen, mit Händen und mit Füßen gebunden in der Höll'."[23]

Ähnlich meditativ sind die Gebete und Lieder von *Nikolaus Ludwig Graf von Zinzendorf* (1700–1760), dem Begründer der Herrenhutischen Bewegung. Bezeichnend für sein meditatives Verständnis des Gottesdienstes und seiner „Herzensmeditation" ist das berühmte Lied „Herz und Herz vereint

---

[22] Rubach: Theologie und Spiritualität, 153.
[23] KuD 40 (1993), 65ff.

zusammen“, das in dieser Fassung von *Christian Gregor* (1723–1801) stammt:

> Herz und Herz vereint zusammen
> sucht in Gottes Herzen Ruh!
> Lasset eure Liebesflammen
> Lodern auf den Heiland zu.
> Er das Haupt, wir seine Glieder,
> er das Licht und wir der Schein
> er der Meister, wir die Brüder,
> er ist unser, wir sind sein. (EG Nr. 251,1)

Im 18. und 19. Jahrhundert verliert die Frömmigkeit und damit auch die Meditation in der evangelischen Kirche immer mehr an Bedeutung. Mit ein Grund dafür mag die heftige Reaktion gegen die Mentalität des Schuldbewußtseins im Pietismus gewesen sein. Diese Frömmigkeit hatte sich zunehmend auf die Funktion des Bewußtseins von Sünde und Schuld als Bedingung des Heilsglaubens konzentriert. Genau dagegen hat sich *Friedrich Nietzsche* in seiner „Genealogie der Moral“ (1887) gewendet. Dem Moralismus und Selbsthaß der pietistischen Mentalität und ihrem Klagen über Sünde und Schuld setzt Nietzsche das Postulat einer neuen, selbstbewußten Unschuld entgegen. Ähnlich hat *Sigmund Freud* die Religion als aus dem Schuldbewußtsein entstandene Massenneurose verstanden. Diese Kritik an der Bußmentalität der christlichen Frömmigkeit im Protestantismus hat eine katastrophale Folge für die spätere Entwicklung gezeitigt.[24]

Der Begriff „Meditation“ ist bis zu seiner Neuentdeckung in den fünfziger Jahren des 20. Jahrhunderts in der Theologie und Frömmigkeit fast ganz abhanden gekommen. Meditation blieb höchstens noch etwas für den Pfarrer in seiner Bemühung um die Predigt, wofür nach der explicatio weiter die applicatio, also nach der Auslegung die Anwendung bedacht werden muß. So erhält sich unser Begriff in den „Predigtmeditationen“, vor allem als ein Hilfsmittel für den Prediger, der seine Vorbereitung bestenfalls in einer „Besinnung“ fortsetzt.

Die Neuentdeckung der Meditation in Gebet und Predigt sowie im Gottesdienst, ja überhaupt in der Liturgie und Kirchenmusik, kam aus mehreren Richtungen.

Da ist zunächst die *Michaelsbruderschaft* und der *Berneuchner Kreis* zu nennen, wo mit der liturgischen Erneuerung eine Vertiefung des geistlichen Lebens Hand in Hand ging. Sie brachten 1926 das „Gebet der Tageszeiten“ hervor. Nach 1945 wurde dies durch das „Stundengebet“ abgelöst. 1967

---

[24] Pannenberg: Christliche Spiritualität, 11ff.

erschien in erster Auflage das „Evangelische Tagzeitenbuch", welches das aus der Berneuchner Tradition stammende „Gebet der Tageszeiten" mit dem traditionellen „Chorgebet" vereinte. Auch das „Evangelische Stundengebet" (1995) will beide Überlieferungen festhalten.[25]

Viele der darin enthaltenen Gebete stammen von *Karl Bernhard Ritter* (1890–1968) und gehören durch ihre klaren Gebetsanliegen, ihre bildhafte, einprägsame Sprache und ihre biblische Fundierung zu den meistverbreiteten Gebeten. So lautet etwa das Montagmorgen-Gebet:

> Herr, unser Gott, du König des Lebens, da aufs Neue beginnt die Arbeit der Woche mit ihren Mühen und Sorgen, mit ihrer Versuchung: Hilf, daß wir dir dienen in allem, was wir beginnen. Führe uns auf rechter Straße; laß uns sichere Schritte tun. Lehre uns tun, was unserem Heil dient; hilf uns lassen, was dir nicht gefällt. Segne unser Werk; gib uns Frucht, die bleibt.[26]

In einem andern Gebet kommt das Lob der Schöpfung bildhaft zum Ausdruck:

> Meine Augen schauen auf, mein Gott, zu deiner Herrlichkeit und Größe. Immer wieder begegnest du mir. Du offenbarst dich im Wunder des Kristalls, in der Blume, im Tier und im Menschen. Auf allen deinen Werken ruht der Glanz deines Namens. Herr, mache mein Herz weit und meine Augen hell, daß sie deine Spuren erkennen.[27]

Eine wichtige und wirkungsvolle, auch ökumenisch bedeutsame Erneuerung des Gebetslebens brachte die *Gemeinschaft von Taizé*, wo im persönlichen und im gottesdienstlichen Leben die Meditation in einer Weise geübt wird, die viele Kreise, besonders auch Jugendliche anspricht. Dies geschieht durch Schweigen, Beten und Singen. Die Lieder sind – wie die Gebete – meist kurz und einprägsam, werden oft wiederholt und sollen meditativ in die Tiefe des Herzens eindringen. So das einfache „Kyrie" oder das „Gloria", manchmal bloß von einem Summen des Tones begleitet und gefolgt. Besonders bekannt geworden sind das „Laudate omnes gentes, laudate dominum" oder das „O, adoramus te, Domine", wie auch das eindrückliche „Veni sancte spiritus" sowie der ebenfalls ganz kurze Text: „Ubi caritas et amor, Deus ibi est." Hier ein Gebet aus Taizé von dem *Prior Frère Roger*, das etwas von der Besonderheit dieser Gebete erkennen läßt:

> Christus, unablässig suchst du jeden, der nach dir sucht und sich fern von dir glaubt. Mache uns bereit, jederzeit unseren Geist in deine Hände zu legen. Während wir dich

[25] Hofhansl/Naglatzki: Vorwort zum „Evangelischen Stundengebet"; Vogel: Das Stundengebet, 284.

[26] Hofhansl/Naglatzki: Evangelisches Stundengebet, 195.

[27] Zippert: Geborgen, 211.

noch suchen, hast du uns schon gefunden. So arm unser Gebet auch sei, du hörst uns weit mehr zu, als wir erahnen und glauben können.[28]

Wichtige und nachhaltige Impulse sind auch aus der *Ökumene* hervorgegangen, besonders aus den Vorbereitungen der Vollversammlungen des Ökumenischen Rats der Kirchen in der Zentrale in Genf. Hier als Beispiel ein Gebet aus Afrika:

Gott, mache unsere Herzen groß, damit sie groß genug sind,
die Größe deiner Liebe anzunehmen.
Und mache unsere Herzen weit, daß sie alle diejenigen im Blick haben, die mit uns zusammen an Jesus Christus auf Erden glauben.
Mache unsere Herzen weit, damit sie denen begegnen können, die dich nicht kennen.
Ja, öffne unsere Herzen, damit sie auch die wahrnehmen, die in unseren Augen nicht liebenswert sind, die wir nicht einmal berühren möchten:
Ja, öffne unsere Herzen.[29]

Von der „Frauendekade" kommt dieses Gebet aus Kanada:

Du stürmiger Gott, du Rufer der Gezeiten,
du fegst die staubigen Ecken der Seele frei,
du wirfst die Gespenster von gestern hinaus.
    Weh' durch uns hindurch mit dem Geist der Veränderung.
    Deinen Töchtern aber verleihe Rede mit Weisheit
    und deinen Söhnen Weisheit mit Rede.
Mögest du gegenwärtig werden durch diese Gemeinde
und wo auch immer zwei oder drei in deinem Namen zusammenkommen.[30]

In Deutschland sind seit Jahren die Bücher von *Jörg Zink* in Kirche und Theologie beliebt als Hilfen zum Gebet. Aus ihrer Fülle sei hier dies Gebet aus dem Band „Wie wir beten können" wiedergegeben:

Ewiger, heiliger, geheimnisreicher Gott. Ich komme zu dir. Ich möchte dich hören, dir antworten. Vertrauen möchte ich dir und dich lieben, dich und alle deine Geschöpfe. Dir in die Hände leg ich Sorge, Zweifel und Angst. Ich bringe keinen Glauben und habe keinen Frieden. Nimm mich auf. Sei bei mir, damit ich bei dir bin, Tag um Tag. Führe mich, damit ich dich finde und deine Barmherzigkeit. Dir will ich gehören, dir will ich danken, dich will ich rühmen, Herr, mein Gott.[31]

---

[28] Hildebrandt/Müller (Hg.): Taizé, 163.
[29] Roth (Hg.): Lege dein Herz, 13.
[30] Roth: Wo Freiheit ist, 60.
[31] Zink: Wie wir beten können, 8.

3. Der Weg „zur Mitte“

Die beiden vorgestellten Wege „nach außen“ und „nach innen“ sind in der Praxis meist keine sich ausschließenden Gegensätze. Freilich gibt es ausgesprochen prophetische und ausgesprochen mystische Beter. Aber das Beispiel Luthers zeigt, wie beide Elemente zugleich das Gebetsverständnis und Gebetsleben bestimmen können. Auch *Friedrich Heiler*, der die Unterscheidung von prophetischem und mystischem Beten vornimmt, sagt: „Bei der überwiegenden Mehrzahl der religiösen Genien stellt das Frömmigkeitsleben eine Mischung des mystischen und prophetischen Typus dar – natürlich in den mannigfachsten Graden und Abstufungen.“[32] Darum zeigen – trotz aller Unterschiede – beide Typen „ein letztes Gemeinsames“.[33]

Um dieses gemeinsame Verständnis geht es letztlich auf dem Weg „zur Mitte“. Gemeint ist der Weg zu einem „umfassenden“ Gebetsverständnis, das wir als das „koinonische und trinitarische Gebetsverständnis“ bezeichnet haben. Der Weg zur Mitte ist eine Umschreibung dessen, worum es in diesem gemeinsamen, umfassenden Gebetsverständnis geht. Denn der dreieinige Gott, der Adressat und Inhalt unseres Gebetes ist, läßt sich – wenn wir an Wege wie den nach außen und nach innen denken – am ehesten als „Mitte“ beschreiben. Der „Verlust der Mitte“[34] ist gleichbedeutend mit dem Verlust Gottes, die Rückbesinnung auf die Mitte mit der Rückbesinnung auf Gott als dem Zentrum unseres Lebens und der ganzen Welt. Um diese Verbindung zum Zentrum, zur Mitte, zum Mittelpunkt der Welt und des Menschen geht es im Glauben und in der Glaubensäußerung, die das Gebet darstellt. Im Gebet kommt es zur Begegnung zwischen dieser Mitte und der eigenen Wesensmitte. Der Apostel *Paulus* beschreibt diese Begegnung oder geheimnisvolle Verbindung als „Teilhabe“ und „Gemeinschaft“ (*koinonia*). Diese Koinonia ist Gemeinschaft mit Jesus Christus oder dem Heiligen Geist, wo unser Beten zum Vater „durch Christus“ und „im Heiligen Geist“ geschieht. So heißt es 1Kor 1,9: „Denn Gott ist treu, durch den ihr berufen seid zur Gemeinschaft seines Sohnes Jesus Christus, unseres Herrn“ oder Phil 2,5: „Seid so unter euch gesinnt, wie es auch der Gemeinschaft in Christus Jesus entspricht.“ Aber auch von der Gemeinschaft im Heiligen Abendmahl oder mit den Leiden Christi spricht der Apostel. In 1Kor 10,16 erinnert Paulus die Korinther an die Bedeutung des Abendmahls: „Der gesegnete Kelch, den wir segnen, ist der nicht die Gemeinschaft des Blutes Christi? Das Brot, das wir brechen, ist das nicht die Gemeinschaft des Leibes Christi?“ Oder Paulus sagt den Philippern (Phil 3,10): „Ihn (Jesus)

---

[32] Heiler: Das Gebet, 347. Vgl. Kapitel VII, 1.

[33] Heiler: Das Gebet, 408.

[34] Sedlmayer: Verlust der Mitte, passim.

möchte ich erkennen und die Kraft seiner Auferstehung und die Gemeinschaft seiner Leiden und so seinem Tod gleich gestaltet werden." Paulus spricht auch von der Gemeinschaft „am Evangelium". Phil 2,5 dankt er „für eure Gemeinschaft am Evangelium vom ersten Tage an bis heute". Die Koinonia ist aber vor allem Gemeinschaft im Heiligen Geist. Im dreieinigen Gruß des Apostels erbittet er „die Gnade unseres Herrn Jesus Christus und die Liebe Gottes und die Gemeinschaft des Heiligen Geistes" für die Korinther (2Kor 13,13). Und die Philipper erinnert er neben „Ermahnung in Christus" (Trost der Liebe, herzliche Liebe und Barmherzigkeit) auch an die „Gemeinschaft des Geistes" (Phil 2,1), also die Gemeinschaft untereinander, die der Heilige Geist schenkt und die sich durch die Gnade seiner Gegenwart verwirklicht.

In dem Verständnis des Gebets als einem „koinonischen" Geschehen treffen sich demnach – in der Mitte, die Gott, der dreieinige ist – der äußere und der innere Weg des Gebets, das mehr dialogisch ausgerichtete Gebet mit dem Herzensgebet. Beide Wege sind unentbehrlich und unverzichtbar im Beten des Einzelnen und vor allem der Gemeinde. In der Gemeinde, in der Kirche, muß das dialogische, sprachlich festgelegte Gebet vorherrschen, obgleich sich der Gottesdienst in seiner ganzen liturgischen Gestaltung und in der Feier des Abendmahls darin nicht erschöpfen darf. Auch die Kirche und die versammelte Gemeinde ist auf das stille Gebet als das mystische Element im Gottesdienst angewiesen. Das dialogische Gebet, das im Alten Testament, vor allem beim „Elohisten" (Ex 33,11) sowie im Psalter vorherrscht und im Neuen Testament bei den Synoptikern besonders ausgeprägt ist, hat das spätere Gebetsverständnis der Kirche maßgeblich bestimmt und tut es bis heute, besonders in den protestantischen Kirchen. Bei Johannes, der eine sehr meditative Art hat, theologische Fragen mit seinem „umkreisenden" Denken zu behandeln, ist das Koinonia-Verständnis ebenso wie bei Paulus zentrales Anliegen.

Das koinonische Verständnis des Gebetes als Gemeinschaft mit Christus steht in der orthodoxen Tradition im Vordergrund und kommt durch die zunehmende ökumenische Begegnung und gemeinsame theologische Arbeit auch mehr und mehr in das Blickfeld der westlichen Theologie und Kirche. Wichtig ist, daß dieses Verständnis mit dem trinitarischen theologischen Ansatz Hand in Hand geht. „Koinonisch" will besagen, daß es sich hier um das geheimnisvolle Geschehen der Gemeinschaft mit Christus im Heiligen Geist handelt, um das es beim Gebet genauso wie beim Abendmahl geht. Gebet wird – wie das Sakrament des Altars – als Teilhabe an Christus durch Einswerden mit ihm verstanden. Insofern muß Gebet vom Gottesdienst her begriffen und beschrieben werden und hier in seiner Eigentlichkeit geübt werden.

Das Gebet in diesem Sinne ist „umfassendes“ Geschehen, weil es nicht *entweder* nur Danken, Loben und Anbeten, Stillwerden und sich Ergeben *oder* Bitte und Fürbitte ist („mystisch“ oder „prophetisch“), sondern beides gleichzeitig und zusammen. Von hier aus wird deutlich, daß in der „Schule des Betens“ Reden *und* wortloses Gebet jeweils ihre eigene Bedeutung und ihren Platz haben. Worte sind – besonders zur Vorbereitung und Einübung – beim Beten unerläßlich. Aber es geht darum, daß es nicht beim „äußeren“ Gebet bleibt, in dem nur Worte gemacht werden – wie bei dem „Plappern der Heiden“ (Mt 6,7) – sondern daß man zum „geistlichen“ Gebet hinfindet. Die vorbereitende und einleitende Bedeutung der Worte gemäß Luther wurde bereits hervorgehoben: „Darum soll man sich an die Worte halten und an denselben nach oben steigen, solange bis die Federn wachsen, daß man ohne Worte zu fliegen vermag.“[35] Doch es muß zum „geistlichen“ Gebet kommen, das durch die Verbindung mit dem Gebet Christi möglich wird. Ohne das Gebet, in dem uns der Geist Christi vertritt, könnten wir gar nicht beten, weil wir um das rechte Beten nicht wissen und es nicht recht üben können. Der Geist aber tut dies mit „unaussprechlichem Seufzen“, d.h. ohne Worte. Damit dieses möglich wird, bedarf es der Einverleibung unseres Gebets in Christus, also des „koinonischen“ Geschehens, weil dann unser Gebet mit dem Gebet Christi zusammengeht, wir also gleichsam mit unserem Gebet von seinem Gebet getragen werden. *Luther* sagt darüber:

> Denn er will sich nicht also aus dem Mittel tun lassen, daß sie sollten ohne oder außer ihm beten. Wenn wir aber diesen Mittler im Herzen haben und glauben, daß es von Gott komme und des Vaters Befehl ausrichtet, unsere Sünde und Tod hinwegzunehmen etc., so können wir alsdann auch selbst beten und ist solches Gebet Gott angenehm um dieses Mannes willen, der da im Mittel stehet zwischen dem Vater und uns.[36]

Besser als mit diesen Ausführungen Luthers läßt sich nicht veranschaulichen, worum es in dem koinonischen Verständnis des Gebetes geht. Die „Mitte“ – bei Luther: „Mittel“ – „als Weg“ ist Christus, durch dessen Vertretung unseres Betens und „Einmengung“ in unser Gebet[37] die unterschiedlichen Anliegen miteinander verbunden und die Schwierigkeiten des Betens überwunden werden können. Das ist seine „Mittlerrolle“ und Teil seines „priesterlichen Amtes“.

Von hier aus wird deutlich, daß dieses Gebetsverständnis auf dem trinitarischen Gottesbild beruht. Nicht umsonst ist die Trinitätslehre auf dem Boden der Liturgie und der Anbetung entstanden und findet hier ihren vollen

---

[35] WA 2, 85. Vgl. Kap. IV, 3.
[36] WA 46,97.
[37] Vgl. Kap. IV, 3.

Sinn und ihre letzte Deutung. In der ostkirchlichen Liturgie steht diese Anbetung der Dreieinigkeit und die dreifaltige Anbetung Gottes des Vaters, des Sohnes und des Heiligen Geistes im Vordergrund. So heißt es in der „Heiligen und göttlichen Liturgie des Heiligen *Johannes Chrysostomos*" schon in der Zurüstung:

Ehre sei dem Vater und dem Sohn und dem Heiligen Geist, jetzt und immerdar und von Ewigkeit zu Ewigkeit. Amen. Allerheiligste Dreifaltigkeit, erbarme dich unser. Herr, vergib uns unsere Sünden. Gebieter, verzeih uns die Verschuldungen. Heiliger, heile unsere Gebrechen um deines Namens willen. Herr, erbarme dich. Herr, erbarme dich. Herr, erbarme dich. Ehre sei dem Vater und dem Sohn und dem Heiligen Geist, jetzt und immerdar und von Ewigkeit zu Ewigkeit. Amen.[38]

Erst wo man Gott als Vater im Gebet anredet und Jesus Christus wegen der Schwachheit und Unzulänglichkeit des Gebetes als Mittler bekennt und auf die Vertretung, Hilfe und Gebetsanleitung des Heiligen Geistes vertraut, stellt sich dieser Gott als der drei-einige und dreifaltige dar. Das Gebet ist dann Gebet zum Vater durch die Vermittlung Jesu Christi und in der Vertretung des Heiligen Geistes, das heißt in dem unaussprechlichen und rational unerklärbaren Reden, das er an unserer Stelle vollzieht. Das trinitarisch ausgerichtete Gebet hat sich auch in der lutherischen Kirche erhalten oder – wo es in Vergessenheit geriet – wieder durchgesetzt. Ein schönes, auf *Karl Bernhard Ritter* zurückgehendes Beispiel finden wir in der „Agende für evangelisch-lutherische Kirchen" (1955):

Gelobet seist du, Herr Gott, allmächtiger Vater: du hast alles aus dem Nichts geschaffen durch dein allmächtiges Wort. Gelobet seist du, Herr, Gottes Sohn, barmherziger Heiland: du hast die ganze Welt erlöst durch dein teures Blut. Gelobet seist du, Herr Gott, Heiliger Geist: du baust die heilige Kirche und entzündest in den Herzen der Gläubigen das Feuer deiner Liebe.

Heilige Dreifaltigkeit, dich preisen und loben wir, dich ehren wir und beten dich an. Wir rühmen deine unaussprechliche und allmächtige Gewalt, durch die du alle Dinge regierst, und deine süße und unermeßliche Güte, durch die du alle Dinge erhältst.

Verleihe uns, o Schöpfer, Heiland und Tröster, deine Gnade, daß wir deinen Willen recht verstehen und vollbringen, dir uns ganz zu eigen geben und also leben und sterben nach deinem göttlichen Wohlgefallen.[39]

Solches Gebet, das die Gemeinschaft mit Jesus zum Ziel hat und in der Verwirklichung dieser Gemeinschaft schließlich Worte findet, die, wie Luther sagt, „Gott angenehm" sind, muß immer neu eingeübt werden. Das sollte

---

[38] Evdokimov: Das Gebet der Ostkirche, 140.

[39] Agende, 353.

auch in der Sprache unserer Zeit möglich sein. Ein Gebet in diesem Sinne finden wir bei *Jörg Zink*:

Wir erkennen dich, Vater.
Wir ehren dein Geheimnis
und danken dir, daß du da bist,
Ursprung und Quelle aller Dinge und Wesen,
der sichtbaren und der unsichtbaren,
aller Kräfte und Gewalten,
der meßbaren und der verborgenen.
Im Abglanz unserer Lichter
und im Spiegel unserer Bilder
schauen wir dein Licht.
Wir glauben, Vater, und lassen uns dir.

Wir lieben dich, Herr und Bruder,
deine Fremdheit und deine Nähe,
und danken dir, daß du da bist.
Du warst reich und wurdest arm,
um uns reich zu machen. Dir glauben wir.
In dir schauen wir die Güte des Vaters.
Du bist der Weg, der uns zum Vater führt.
Du bist die Wahrheit, die wir verstehen.
Du bist das Leben. Bei dir laß uns bleiben,
du Erlöser, du Überwinder des Todes,
du Herr aller Mächte und Gewalten.
Wir glauben, Herr, und folgen dir nach.

Wir freuen uns in dir, Geist aus Gott,
lebendiges Feuer, Glut in unseren Herzen,
und danken dir, daß du kommst.
Du Geist der Freiheit, der uns aus aller Knechtschaft löst,
du Geist der Zuversicht, die uns erfüllt,
du Geist des Friedens, Überwinder des Hasses,
du Geist der Liebe, der die Verzweiflung endet.
Komm, entzünde uns, erfülle uns,
heile uns, stärke uns, verzehre uns.
Du, der Ratlosen Rat,
der Kranken Trost, der Sterbenden Licht.
Wir sind glücklich durch dich, Heiliger Geist,
und preisen dich.

Dreieiniger, heiliger Gott,
du wohnst in einem Licht, das niemand schaut.
Wir beten dich an.
Mit Worten und Taten preisen wir dich,

deine verborgene Tiefe, deine Größe und Hoheit,
deine Güte und Barmherzigkeit.

Nichts sind wir ohne dich.
Alles sind wir, wenn wir in dir sind.
Dir, dem heiligen Gott, gehören Glaube und Dank,
Leib und Seele. Laß dir unser armes Gebet gefallen,
bis wir dich schauen von Angesicht zu Angesicht.[40]

Worte gehören demnach nicht nur an den Anfang, um gleichsam das Herz zu erwärmen und „Federn zum Fliegen“ zu erhalten. Sie gehören ebenso an den Schluß, wo der ohne Worte betende und die Gemeinschaft Jesu Christi erfahrende Mensch befähigt und belehrt wird, Bitten auszusprechen, Fürbitten vorzubringen und das, was er empfangen hat, nun seinem Nächsten weiterzugeben. Denn die „In-korporation“, die Einverleibung des Betenden in Christus, die zum Beten befähigt, ist zugleich ein Geschehen, das sich in der christlichen Gemeinde zwischen den einzelnen Betern ereignen muß. Da werden die, die von Christus durch das Gebet gehalten werden, andere mitreißen, mitnehmen, in-korporieren und ihnen verhelfen, daß ihnen ebenfalls „Flügel wachsen“ und sie in das Gebet der Gemeinde so hineingenommen werden, wie der einzelne in das Gebet Christi hineingenommen wurde.

[40] Zink: Wie wir beten können, 266f.

IX. Die Praxis des Gebets

Über das Gebet kann nicht nachgedacht werden, wenn nicht auch seine Praxis zur Sprache kommt. Der Weg, der für das Gebet vorgeschlagen wird, muß auch begangen, eingeübt, praktiziert werden. Zugänge zum Gebet finden wir nicht allein durch theoretische Erwägungen oder dadurch, daß wir Bedenken zerstreuen, Hindernisse und Schwierigkeiten denkerisch bewältigen. Das Gebet muß gelebt werden.

Auch hierin ist uns Martin Luther das große Vorbild. Von ihm stammt der Satz aus der Vorrede zum 1. Band der Wittenberger Ausgabe seiner deutschen Schriften (1539)[1]: „Oratio, meditatio, tentatio faciunt theologum" („Gebet, Meditation und Anfechtung machen den Theologen aus"). Bei dieser Trias ist die Reihenfolge zu beachten, denn sie kehrt die für das ganze Mittelalter kanonisch gewordene Reihenfolge (lectio – meditatio – oratio – contemplatio) um, wobei der letzte Begriff nicht die Anfechtung, sondern die „Kontemplation" war.[2] Bei Luther steht das Gebet an erster Stelle – das allerdings ein der Meditation vorausgehendes Bitten um Erleuchtung durch den Heiligen Geist ist.[3] Die Meditation folgt erst nachher, und die „geistliche Übung der Erfahrung Gottes", die eigentlich die dritte Stufe (die „Kontemplation") meinte, bringt zum Ausdruck: Die Gotteserfahrung ist nicht ohne Anfechtung möglich. Allerdings hat Luther in seiner Schrift für Meister Peter, den Balbierer „Eine einfältige Weise zu beten, für einen guten Freund" von 1535 die Meditation an die erste Stelle gesetzt, wobei er immer wieder betont, daß Meditation und Gebet unmittelbar ineinander übergehen. Er behält also die Reihenfolge lectio – meditatio – oratio grundsätzlich bei, was auch aus seinen frühesten Äußerungen deutlich wird. Er sieht in der Meditation die Vorbereitung, die Erwärmung für das Gebet. So heißt es in der erwähnten Schrift von 1535:

> Erstlich, wenn ich fühle, daß ich durch fremde Geschäfte und Gedanken kalt und ohne Lust zu beten geworden bin, wie denn das Fleisch und der Teufel stets das Gebet abwehren und hindern, nehme ich mein Psälterlein, lauf in die Kammer oder, wenn's der Tag und die Zeit ist, in die Kirche zu den Leuten und fange an, die zehn Gebote, das Glaubensbekenntnis und je nachdem wie ich Zeit habe, etliche Sprüche Christi,

[1] WA 50,69; Nicol: Meditation, 62.
[2] Nicol: Meditation, 64.
[3] Nicol: Meditation, 92.

des Paulus oder der Psalmen mündlich für mich selbst zu sprechen, ganz und gar wie die Kinder tun [...]
Wenn nun das Herz durch solch mündliches Sprechen erwärmt und zu sich gekommen ist, so knie nieder oder stehe mit gefalteten Händen, die Augen gegen den Himmel und sprich oder denke so kurz du kannst:
Ach, himmlischer Vater, du lieber Gott, ich bin ein unwürdiger armer Sünder, nicht wert, daß ich meine Augen oder Hände zu dir erhebe und bete. Aber weil du uns allen geboten hast zu beten, und dazu auch Erhörung verheißen und uns überdies selbst beides, Wort und Weise, durch deinen lieben Sohn, unseren Herrn Jesus Christus, gelehrt hast, so komme ich, auf dieses dein Gebot hin, dir gehorsam zu sein und verlasse mich auf deine gnädige Verheißung; und im Namen meines Herrn Jesus Christus bete ich mit allen deinen heiligen Christen auf Erden, wie er mich gelehrt hat: „Vater unser, der du bist ..." usw. ganz aus, von Wort zu Wort.
Danach wiederhole ein Stück oder so viele, wie du willst ...[4]

Die Reihenfolge der Trias hat sich in den Äußerungen Luthers zwar verändert – durch die Umstellung von meditatio und oratio –, aber sinngemäß bleibt er bei der mönchischen Tradition, die mit der Meditation einsetzt, zum Gebet führt und in der Kontemplation gipfelt, wobei er die „contemplatio" durch die „tentatio" ersetzt. *Martin Nicol* deutet diesen Zusammenhang so:

„Meditation im Sinn Luthers meint die Erhellung der angefochtenen Existenz durch das Wort, gleichzeitig die existenzielle Erhellung des Wortes durch die Anfechtung."[5]

Im Sinne dieser Dreiteilung soll im Folgenden zunächst die äußerliche Einübung des Gebets (das dialogische Element), sodann die innerliche Einübung des Gebets durch Meditation (das meditative Element) und schließlich die Notwendigkeit der Wachsamkeit (angesichts der Anfechtung) bedacht werden.

1. Die äußerliche Einübung des Gebets

Zwischen Gebet und Meditation eine Grenze zu ziehen ist nicht leicht. Es trifft zu, was schon der mittelalterliche Theologe *M. Goossen* gesagt hat, daß „meditatio und oratio unterschieden, aber nicht geschieden sind".[6] Es ist darum schwer zu bestimmen, wo das Gebet eigentlich beginnt und die Meditation folgt oder wann man vom Einüben und wann vom Vollzug des Gebets sprechen kann. Gerade das, was wir als das Besondere am „umfas-

[4] WA 38,358ff.
[5] Nicol: Meditation, 101
[6] Nicol: Meditation, 64.

senden Gebetsverständnis" beschrieben haben, muß sich auch bei seiner „Einübung" zeigen. Wenn Gebet grenzüberschreitend, also „umfassend" ist und unser ganzes Leben – in Abwandlung der ersten These Luthers von 1517 – ein Gebet sein soll, so bedeutet das, alle Elemente des Gebets, die dialogischen und meditativen, zusammen zu sehen und in das Beten hineinzunehmen. Beten heißt dann, alle Dinge, die uns begegnen, alle Geschehnisse unseres Lebens, der Mitmenschen und der ganzen Welt, die wir aufnehmen, bewußt in unser Gebet einbeziehen, sich auf sie einlassen, sie vor Gott bringen, ihm dafür danken, darin seine Herrlichkeit loben oder – wenn es sich um Nöte handelt – ihn um Hilfe und Rettung bitten. Im Gebet darf man mit Gott reden über das, was man hört und sieht – im Rundfunk, Fernsehen, in der Zeitung –, was man erfährt – im eigenen Berufsleben oder in der Privatsphäre – und vor Gott bringen. Das bedeutet, beim Wahrnehmen von Nöten in der Welt, bei Krankheit eines einzelnen uns nahestehenden oder bekannten Menschen sowie angesichts allgemeiner Nöte uns in sie hineinzuversetzen und ihrer fürbittend zu gedenken. Mit unseren Gedanken bei einem Menschen sein, unser Urteil über ihn zu überprüfen, Vorurteile abzubauen, anderen unvoreingenommen zu begegnen und das alles vor Gott zu bringen, heißt mit ihm reden. Gebet ist dann so etwas wie „die Kunst, sich zu vereinigen", wie *Werner Bergengrün* im Titel einer Erzählung formuliert hat.[7] Hier wird ein Priester beschrieben, der sich zur Aufgabe macht, sich mit Menschen und deren Nöten innerlich so zu identifizieren, daß er ihrer fürbittend gedenkt und ihnen durch sein Nahesein im Gebet hilft, zum Beispiel Gefangenen über die Gefängnismauern hindurch. Das ist eine innere Solidarisierung mit einem Menschen, die ihm unsichtbar hilft und für ihn entscheidend sein kann.

Mit unserer Fürbitte gehen wir auf Christus selbst zurück. Wer Fürbitte tut, setzt fort, was Christus für uns getan hat. Eines der wichtigen „Ämter" Christi, wie sie in der Dogmatik in der Lehre über das Werk Christi beschrieben werden, ist sein „priesterliches Amt". Dies besteht nicht allein in seinem Opfertod, sondern ebenso in seiner Fürbitte für die Jünger und die ganze Welt. Das schönste Beispiel dafür ist sein „hohepriesterliches Gebet", das wir im 17. Kapitel des Johannesevangeliums finden. Doch auch an anderen Stellen ist davon die Rede, etwa wenn Lukas berichtet, daß Jesus für Petrus gebetet hat: „Simon [...] ich habe für dich gebeten, daß dein Glaube nicht aufhöre. Und wenn du dereinst dich bekehrst, so stärke deine Brüder!" (22,31f) Seine Jünger und Apostel setzen diesen Dienst fort, wenn etwa Paulus immer wieder bezeugt, daß er für seine Gemeinden und für einzelne Personen fürbittend einsteht. Er beginnt meist mit einem Dank, der dann in eine Fürbitte übergeht (1Thess 3,10; 2Thess 1,11f). Christus als Ursprung

[7] Bergengrün: Räuberwunder, 203–224.

der Fürbitte muß jedoch in der Tradition der Fürbitte im ganzen Alten Testament gesehen werden. Abraham, Moses und die Propheten haben wiederholt Fürbitte für ihr Volk geleistet.

Fürbitte ist eine Form der Solidarität, die Bereitschaft, dem Nächsten zur Verfügung zu stehen, aber auch, von ihm etwas zu empfangen. Sie schafft eine Gemeinschaft über Grenzen hinweg und verbindet Menschen, Kirchen und einzelne Gruppen. Sie wird besonders in Nöten und Gefahren in Anspruch genommen, geschieht für Verfolgte und Leidende und schafft im Betenden eine Gewißheit, nicht allein, sondern von Brüdern und Schwestern umgeben und gestärkt zu sein.[8] Die Fürbitte kann aber auch helfen, Beziehungen aufzuarbeiten, Störfaktoren ausfindig zu machen und seine Situation einem anderen gegenüber zu reflektieren, ja sogar Schritte zur Klärung folgen zu lassen. Fürbitte kann gerade dort standhaft bleiben, wo solche Aktionen fruchtlos sind oder an Grenzen stoßen. Fürbitte mag eben dort ihre Bedeutung haben, wo sich jemand einem anderen oder einer anderen zuwendet, obgleich ihm Widerstand entgegengesetzt wird oder die Mauer der menschlichen Ablehnung bestehen bleibt. Die realistische Einschätzung einer Situation in den Beziehungen unter Menschen und gleichzeitig die nie aufhörende Hoffnung für andere Menschen äußern sich in der Fürbitte als „Widerstand und Ergebung“: nicht aufgeben, aber zugleich loslassen und verzichten, das heißt, die Sache und die betreffenden Menschen Gott selbst anzuempfehlen. Darum ist es auch gut, von der Fürbitte anderer für uns zu wissen und andere wissen zu lassen, daß wir für sie beten. Aber dieses „Wissen“ soll auch nicht als Instrument dafür mißbraucht werden, andere zum Nachgeben oder Einlenken bewegen zu wollen. Die Fürbitte hat also beides zu leisten: das bewußte Teilhaben an einer Konfliktsituation und gleichzeitig das Ablegen der damit gegebenen Belastung, „das Werfen“ der Sorgen auf Jesus (1Petr 5.7: „Alle eure Sorge werfet auf ihn, denn er sorgt für euch“).

Hierher gehört auch die Fürbitte für Verstorbene. Diese Frage wird in den Kirchen kontrovers beurteilt und behandelt. Denn der Tod schließt die Phase einer direkten Beziehung zu einem Menschen ab und weiß das weitere Schicksal des oder der Verstorbenen in Gottes Hand beschlossen. Doch wenn man die Fürbitte nicht als den Versuch betrachtet, dieses Schicksal zu beeinflussen, so wie wir auch das Gebet für lebendige Menschen nicht verstehen, behält die Fürbitte weiter ihr Recht im Sinne des Dankes, des Ausdrucks einer Glaubensgewißheit über den Tod hinaus. Außerdem löst sich für das trinitarisch verstandene umfassende Gebet der Gegensatz von „Bitte hier und jetzt“ und „Erhörung dort und dann“, da beide, Bitte und Erhörung,

[8] Vischer: Fürbitte, passim.

demselben Ursprung entstammen.[9] Die Zusammengehörigkeit unserer sichtbaren und Gottes unsichtbaren Welt erlaubt uns, in unserem Gebet für Verstorbene zu bitten, daß Gott sein Werk an ihnen in Ewigkeit vollende.[10] In der „Agende für Evangelisch-Lutherische Kirchen und Gemeinden", wird am „Gedenktag der Entschlafenen" gebetet: „Deiner Barmherzigkeit befehlen wir unsere entschlafenen Brüder und Schwestern und bitten dich um Jesu Christi unseres Heilandes willen: Laß sie ruhen in deinem Frieden und sei ihnen gnädig im Gericht, auf daß sie teilhaben an den ewigen Freuden des Paradieses."[11]

Gebet ist aber auch *Anbetung*. In ihr bringt der Beter das Lob Gottes dar. Lob ist nicht dasselbe, was wir Menschen darunter verstehen, wenn wir einen anderen oder eine Sache „loben". Das Gotteslob der Kreatur ist nach der Bibel ursprünglich auch nicht so gemeint, als ob Tiere und Pflanzen Gott ein Lob bringen könnten dafür, daß er sie geschaffen hat. Die Kreatur ist ein Lob Gottes dadurch, daß sie existiert. Sie zeigt, was Gott als Schöpfer kann, was er getan hat. Ähnlich ist es mit dem Lob gemeint, das ein Mensch Gott darbringt. Er staunt über Gottes Macht, über die Herrlichkeit, mit der er die Natur, ihn selbst und alles übrige wunderbar geschaffen hat. Er preist Gott, daß er das erleben und erfahren darf, nicht so, wie der Lehrer, der den Schüler lobt, sondern wie Eltern das Wunder der Geburt ihres Kindes preisen in Staunen und in Dankbarkeit. Und wenn der Mensch sein eigentliches Leben als Wunder annimmt, mit allen Begrenzungen und Fragwürdigkeiten, wie es Gott gegeben hat, und nicht das Fehlende, sondern das Gegebene dankbar sieht, dann lobt er Gott. Es ist demnach letztlich das Bejahen dessen, was Gott mit unserem Leben gemacht und uns auf den Lebensweg mitgegeben hat, daß er damit etwas Gutes gewollt hat, aus dem wir selbst etwas machen dürfen und können.[12]

Die Anbetung ist in der Heiligen Schrift und in der Gebetspraxis der Frommen ein wichtiger Bestandteil ihres Betens. Das Beten darf nicht darauf beschränkt sein, aber es darf auch nicht die Anbetung davon ausschließen. Die „Doxologie" – denn Lobpreis ist eigentlich Doxa, Gloria, Herrlichkeit – schließt nicht zufällig die großen Gebete, wie das Vaterunser, ab: Alles Beten sollte im Lobpreis enden und darauf hinzielen. Wir haben in der Bibel wunderbare Passagen dieses Lobpreises, mit dem etwa neutestamentliche Briefe nicht nur enden, sondern auch beginnen. Die Anbetung

---

[9] Barth: Wohin – woher, 184–186.

[10] Hofhansl/Naglatzki: Evangelisches Stundengebet, 255; die Bitte lautet: „Wir bitten dich für die Entschlafenen, vollende dein Werk an ihnen in Ewigkeit."

[11] Agende, 312. Im Evangelischen Gottesdienstbuch, 485, heißt es in einer Bitte: „Erwecke zu neuem, ewigen Leben, die in dir ruhen, dass wir einst, mit ihnen und allen himmlischen Scharen vereint, vor dir stehen und deine Herrlichkeit rühmen von Ewigkeit zu Ewigkeit."

[12] Vgl. hierzu und zum Folgenden Zink: Gebet, 18ff.

sollte Anfang und Ende unseres Betens sein. Dazu gibt es geeignete Texte zum Einüben des Gebets im Alten und im Neuen Testament.

Der Lobpreis, dieses dankbare Rühmen der Herrlichkeit Gottes, das wir bewußt einüben müssen, kann im Gebet mit einer Rückschau verbunden werden. Denn da gibt es bestimmt Dinge, für die wir dankbar sein dürfen, daß sie geschehen sind, daß etwas gelungen ist, daß eine Sache einen guten Ausgang genommen hat. Und wenn da etwas ist, was falsch gelaufen, wo man schuldig geblieben ist oder ein Problem nicht lösen konnte, dann ist dies Anlaß, Gott möge es selbst in seine Hände nehmen und zu einem guten Ende führen.

Ein Beispiel eines solchen Gebets von *Jörg Zink*:

> Allmächtiger Gott, du ewiger König! Du wohnst im Licht und die Erde ist der Schemel deiner Füße. Dich rühmt der Erdkreis, dich preisen die Menschen.
> Was sind wir, Herr, vor dir, daß du an uns denkst? Viel zu gering sind wir, unwert der Barmherzigkeit und Treue, die du uns erwiesen hast. Allmächtiger Gott, ewiger König, dich rühmen wir. Nimm unsern armen Dank und unsern armen Glauben an."[13]

Alle Elemente des Gebets – Anbetung, Bitte, Fürbitte, Dank und Lob[14] – gehören zum Gebet. Wie das Beten im einzelnen zu geschehen hat, sollte nicht nach einer starren Vorschrift festgelegt werden müssen. Der Beter darf die ihm eigene „Weise" des Betens finden und einüben. Es sollte nicht eine starre „Methode" sein oder in der Gestalt einer „Technik" ablaufen. Aber „methodisch" einüben, seine eigene Gestaltung des Gebets zu finden, ist dennoch wichtig. Hier können und sollen keine „Regeln der Einübung" gewiesen werden. Vielmehr muß daran erinnert werden, daß der Beter durch Tradition – auch konfessionelle, kirchliche Tradition – und durch die Erfahrungen, die „Schule des Gebets", geprägt ist, wobei die Lebensschule die wichtigste sein mag. Ebenso spielen Begegnungen mit Lehrern des Gebets und der Meditation, persönlicher Umgang mit Betern und geistlichen Menschen für sein Gebetsleben eine entscheidende Rolle.

Fulbert Steffensky, ursprünglich Benediktiner, der zum Protestantismus konvertierte und in seinen Büchern über geistliches Leben katholische Überlieferungen und Erfahrungen in die evangelische Spiritualität einbringt, hat sich immer wieder darum bemüht, „dem Glauben eine Gestalt zu geben". Er nennt drei Formen in der Tradition der „geistigen Anleitung". Das erste „Instrument" ist der Gebrauch der „Losungen" der Brüdergemeinde, zu denen für jeden Tag ein durch Los ausgewähltes Bibelwort und dazu ein passender Vers aus dem Neuen Testament gehört. Jeden Morgen

[13] Zink: Wie wir beten können, 252.
[14] Diese Reihenfolge nennt der „Katechismus der katholischen Kirche", 561–565.

einige Minuten darauf zu verwenden, diesen „fremden Text“ als Wort Gottes von „außen“ auf sich einwirken zu lassen, ist eine ausgezeichnete Schule des geistlichen Lebens. Eine zweite Tradition ist, „einen Lehrer oder eine Lehrerin zu haben“. Das war in unterschiedlichen religiösen Traditionen der Beichtvater, ein Seelenführer, der Guru oder der Zen-Meister. Er sagt dazu:

> Wir sind einsam und hilflos, wenn wir keine Lehrer haben; wenn wir für alles selber stehen müssen; wenn sich unser Gewissen auf uns selbst beschränkt; wenn wir uns allein ausdenken müssen, welche Lebensabsichten wir haben sollen. [...] Um sich zu beheimaten, muß man bestimmten Menschen, muß man bestimmten Traditionen einen lebensgeschichtlichen Vorzug geben. Man macht sie sich zu Lehrern. Und das Wort dieses Lehrers gilt für mich mehr, obwohl es vielleicht gar nicht weiser ist als die Worte von vielen anderen Menschen.

Schließlich weist *F. Steffensky* auf den Gottesdienst als das dritte Mittel der Einübung unseres geistlichen Lebens. Was auch immer zum Gottesdienst gesagt werden kann in einer Welt, die meint, ohne ihn auszukommen, dies eine sollte nicht vergessen werden:

> Wo sagt mir denn sonst einer, daß ich zur Freiheit berufen bin; daß mein Leben nicht in zersplitterte Sinnlosigkeit fällt? Wo sagt mir denn einer, daß ich mit meinem Leben mehr machen kann, als nur mich selber zu versorgen? Wo gibt es denn sonst in unserer Gesellschaft eine Stelle für die großen Bilder vom Menschen? [...] Eines macht mir den Gottesdienst besonders kostbar: Ich komme mit Menschen zusammen, mit denen ich normalerweise nicht zusammenkomme. [...] Wo kann ich denn für meinen eigenen Lebensmut bessere Lehrer und Lehrerinnen finden? Sie lehren mich beten.[15]

Jeder muß hier seinen eigenen Weg finden und sich die ihm gemäße Art selbst aneignen, durch die er gewiß wird, wirklich „Zugang“ zu dem „Vater im Himmel“, dem „Vater unseres Herrn Jesus Christus“ zu finden und in der Verbindung zu ihm Lebenshilfe und Lebenshalt zu erfahren. Dabei darf und soll man auch davon ausgehen, daß es im Leben eines Christen eine geistliche Entwicklung gibt, an der er auch selbst arbeiten muß, und die zur Folge hat, daß das Gebet sich verändert, vertieft und bestimmte Schwerpunkte erhält. Das Beten ist im Raum eines geistlichen Lebens beheimatet, durch den es getragen und behütet wird, den es aber andererseits selbst bestimmt und prägt.

In diesem Zusammenhang spricht *Karlfried Graf Dürckheim* von der „Suche nach dem inneren Meister“ und sagt dazu:

---

[15] Steffensky: Wo der Glaube wohnen kann, 48–51.

Der Ruf nach dem Meister bedeutet eine Absage an die Rolle des bisherigen Erziehers und Lehrers, sofern diese den Anspruch erheben, den Menschen nicht nur Wissen und Können zu vermitteln, sondern ihn auch zu einem rechten Menschen und für ein rechtes Leben heranzubilden [...]. Es läßt sich nur andeuten, worum es, wenn man vom „Meister" spricht, geht. Es gibt keine begriffliche lineare Darstellung seines Wesens und Wirkens. Was er ist, was von ihm ausgeht, was durch ihn hindurchgeht und was in ihm gesucht wird, das läßt sich nur umkreisen wie einen geheimnisvollen verborgenen Kern.[16]

Wie soll nun das Gebet konkret eingeübt werden?

Einige „meditative Elemente" des Gebets, von denen im nächsten Abschnitt ausführlicher die Rede sein wird, sollten am Anfang stehen und dazu verhelfen, daß man sich für das Gebet vorbereitet und zu Stille, Entspannung, Sich-Öffnen findet. Dazu gehört, sich zunächst äußerlich mit einigen Entspannungsübungen „zu erwärmen", damit der Körper – das Gefäß unseres Betens – für das geistliche Geschehen des Gebets bereitgemacht wird. Es empfiehlt sich vor allem, eine Körperhaltung einzunehmen, die das völlig ruhige und entspannte Gebet möglich macht, das nicht durch Ablenkung oder eine unbequeme Stellung von vornherein zum Scheitern verurteilt ist. „Auch der Leib will beten", lautet die Überschrift eines Aufsatzes zu dem Thema, in dem es zugleich um die „Entdeckung des ganzen Menschen" geht. Hier wird berichtet, was *Karlfried Dürckheim* tat, als eine Frau in seiner Sprechstunde von ihrem Problem, nicht beten zu können, sprach. Er empfahl ihr hierauf das Knien und nicht mehr. Die Frau, die zunächst irritiert über diesen simplen Vorschlag war, kam bald darauf zurück und berichtete von ihren tiefen Erfahrungen beim Knien. Denn es gilt:

Weil die Seele den Körper zum Leib macht, sich in ihm audrückt, läßt sich die seelische Befindlichkeit am Leib ablesen. Weil die Lebensgeschichte jedes Menschen seinem Leib eingeschrieben ist, läßt sich das Leben vom Leib her deuten. [...] Besonders die Gebetsgebärden verhelfen zu einer Verbesserung des Gebetslebens. In der Haltung des Kniens begreift der Beter sein Verhältnis zu Gott als das der Abhängigkeit und Angewiesenheit.[17]

Die *Gebetshaltung* ist demnach wichtig. Es gibt gewisse Gebärden, mit denen das Gebet verrichtet wird und die äußerlich eine innere Haltung und Einstellung zum Gebet ausdrücken. Beispiele dafür finden wir bereits in den Psalmen, wo vom „Niederfallen vor Gott" (Ps 95,6), vom Aufheben der Augen (Ps 121,1) oder vom Aufheben der Hände (Ps 63,5; 134,2; 141,1) die Rede ist. Der Beter des 139. Psalms führt eine Reihe solcher Gebärden

---

[16] Dürckheim: Auf der Suche, 90–93.

[17] Keller: Auch der Leib, 13–15.

an, die gleichzeitig Gebetshaltungen und Befindlichkeiten im Alltag überhaupt zum Ausdruck bringen: „Ich sitze oder stehe auf ... ich gehe oder liege" (139,1f) im Bewußtsein: „Von allen Seiten umgibst du mich und hältst deine Hand über mir" (V. 5). Das Augen-Schließen oder die Augen gegen den Himmel nach oben wenden, das Falten der Hände, das Aufstehen oder sich beugen beim Vaterunser, schließlich das Knien sind alles bestimmte Haltungen, die unterschiedlich gehandhabt werden, aber dieses „Sein vor Gott" äußern.[18]

Das Knien, das besonders in der katholischen und orthodoxen Kirche seinen festen Platz im Gebetsleben hat, sollte – wenigstens beim privaten Beten – auch bei den evangelischen Christen zurückgewonnen werden, schon um dieser Einstellung des Körpers zum Gebet willen. Das Knien muß allerdings in der Weise geschehen, daß es wirklich totale Entspannung ermöglicht und nicht eine Belastung oder Beschwernis bedeutet. Wo das – wegen einem Leiden oder einer Behinderung – nicht möglich ist, sollte davon abgesehen werden. Es kann auch ein Kniebänkchen zur Hilfe genommen werden, das auf alle Fälle Bequemlichkeit gewährleistet. Auch ein einfacher Stuhl, auf dem man ruhig sitzen kann, tut zur Not diesen Dienst. Geübtere und Erfahrenere mögen eine andere Gebetshaltung bevorzugen, die ruhig auch einer der bekannten „Yogasitze" sein kann. Für andere mag möglicherweise das Stehen in Frage kommen, doch ist hier wenig Entspannung möglich. Eine liegende Haltung birgt die Gefahr in sich, neben der Entspannung auch Müdigkeit und Schläfrigkeit zu fördern und gewährleistet darum „Wachsamkeit" zum Gebet nur in seltenen Fällen.

Eine weitere Hilfe beim Beten ist für viele Katholiken und Orthodoxe der Rosenkranz, der das häufige Wiederholen von Gebeten ermöglichen soll und auch im protestantischen Raum neuerdings Beachtung findet. Hierher gehören auch Bilder, Kult- oder Andachtsbilder, zum Beispiel die „Ecce homo-Darstellungen".[19]

Die geistliche „Erwärmung" und innere Vorbereitung mag nach dem Rat Luthers an den „Meister Peter"[20] durch das laute Nachsprechen der Zehn Gebote, des Glaubensbekenntnisses und „etlicher Sprüche Christi, des Paulus oder Psalmen" – die sogenannte „Katechismusmeditation"[21] – erfolgen. Sie kann aber auch durch eine – selbst kurze – Herzensmeditation eingeleitet werden. Diese könnte einfach darin bestehen, daß man in völliger Ruhe und Entspannung, ohne Anstrengung oder Konzentration, die Worte „Herr Jesus Christus, erbarme dich meiner" eine zeitlang ununterbrochen

[18] Melzer: Innerung, 44–46.
[19] Melzer: Innerung, 119–130.
[20] WA 38,358.
[21] Nicol: Meditation, 153ff.

wiederholt. Die Lehrer der Herzensmeditation beschreiben, welche beruhigende, befreiende, hilfreiche Wirkung dieses Gebet hat.[22] Nun kann das „dialogische Gebet" folgen, das Bitten und Fürbitten zum Ausdruck bringt. Eine dritte Stufe des Gebets mag dann zur „Reflexion" führen, die für die Entscheidungen des Alltags hilfreich sind. Je nachdem, ob es sich um ein Morgen-, ein Mittags- oder ein Abendgebet handelt, steht hier im Vordergrund, was an Aufgaben vor einem liegt und Gott dargebracht werden soll. Am Abend wird dies Gebet als Rückblick und Ausdruck der Dankbarkeit, als Beichte und Buße für das nicht Getane oder verkehrt Getane verstanden werden dürfen, am Morgen als Bitte um Zurüstung, Begleitung und Segen für den Tag. Der Morgen- bzw. Abendsegen Luthers eignet sich hier gewiß durch seine Konzentration und Prägnanz. Der Morgensegen Luthers lautet:

> *Des Morgens, wenn du aufstehst, kannst du dich segnen mit dem Zeichen des heiligen Kreuzes und sagen:*
>
> Das walte Gott Vater, Sohn und Heiliger Geist! Amen.
>
> *Darauf kniend oder stehend das Glaubensbekenntnis und das Vaterunser. Willst du, so kannst du dies Gebet dazu sprechen:*
>
> Ich danke dir, mein himmlischer Vater,
> durch Jesus Christus, deinen lieben Sohn,
> daß du mich diese Nacht
> vor allem Schaden und Gefahr behütet hast,
> und bitte dich,
> du wollest mich diesen Tag auch behüten
> vor Sünden und allem Übel,
> daß dir all mein Tun und Leben gefalle.
> Denn ich befehle mich,
> meinen Leib und Seele
> und alles in deine Hände.
> Dein heiliger Engel sei mit mir,
> daß der böse Feind keine Macht an mir finde.
>
> *Alsdann mit Freuden an dein Werk gegangen und etwa ein Lied gesungen oder was dir deine Andacht eingibt.*[23]

Ähnlich der Abendsegen Luthers:

> *Des Abends, wenn du zu Bett gehst, kannst du dich segnen mit dem Zeichen des heiligen Kreuzes und sagen:*
>
> Das walte Gott Vater, Sohn und Heiliger Sohn! Amen.

---

[22] Scharf: Das große Buch, 68ff; ders.: Herzensmeditation, 58ff; Jungclaussen (Hg.): Das Jesusgebet, 21ff.

[23] Luher: Kleiner Katechismus, in: EG Nr. 815.

Darauf kniend oder stehend das Glaubensbekenntnis und das Vaterunser. Willst du, so kannst du dies Gebet dazu sprechen:

> Ich danke dir, mein himmlischer Vater,
> durch Jesus Christus, deinen lieben Sohn,
> daß du mich diesen Tag gnädiglich behütet hast,
> und bitte dich,
> du wollest mir vergeben alle meine Sünde,
> wo ich Unrecht getan habe,
> und mich diese Nacht auch gnädiglich behüten.
> Denn ich befehle mich,
> meinen Leib und Seele
> und alles in deine Hände.
> Dein heiliger Engel sei mit mir,
> daß der böse Feind keine Macht an mir finde.

Alsdann flugs und fröhlich geschlafen.[24]

Schließlich sei darauf hingewiesen, daß – nach Luther – jedes „äußerliche" Gebet in einem Lobpreis und in gebundenen Gebeten enden sollte, wie dem Vaterunser, einem Psalm oder anderen biblischen Texten, die Ausdruck des Dankes, des Lobes und der Vergewisserung sind.

Nach der in den erwähnten Schriften Luthers ausgeführten Ordnung des Gebets geht es also um folgende Elemente:

I. Bereitung: Dekalog
Credo
und andere Möglichkeiten: Bibelworte oder Psalmen, eventuell die Herrenhuter Losung

II. Hauptteil: Bekenntnis der Unwürdigkeit und Berufung auf Gottes Gebot und Verheißung bezüglich des Betens
Vaterunser und einzelne Bitten, eventuell freies Gebet
Beschluß: „Amen" in der Gewißheit der Erhörung.[25]

Luther beschreibt das Gebet demnach in mehreren Schritten. Nach einer Vorbereitung, in der man die Gebote, den Glauben, Psalmen, Sprüche und das Vaterunser laut nachspricht, folgt eine „Betrachtung" der einzelnen Bitten oder Gebote oder „was es sonst aus der Bibel sein mag". Luther macht ein vierfaches „Gebetkränzlein" daraus. Das heißt, es soll eine „Betrachtung" sein als *Lehre* (es wird bedacht, was in ihm ist: Was habe ich zu vernehmen?), als Anlaß zur *Danksagung* (Wofür habe ich zu danken?), als

[24] Luther: Kleiner Katechismus, in: EG 852.
[25] Nicol: Meditation, 156.

Anlaß zur Beichte (Was habe ich zu bekennen?) und als Ausgangspunkt des Gebets (Wofür habe ich zu bitten?).[26]

Dazu muß gesagt werden, daß die Vorschläge Luthers uns als Orientierung dienen sollten und heute und allgemein nicht sklavisch übernommen werden müssen. Es geht darum, daß das, was er hier anregt, weitergeführt, variiert und ergänzt wird. So können zum Beispiel Psalmen von vornherein für den Anfang eine bessere Möglichkeit sein als der Dekalog. Das „dialogische Gebet" soll den Übergang zum nichtdialogischen einüben. Entscheidend ist, daß dieses Gebet nicht als Zwang, sondern als Hilfe bei der Bewältigung des Alltags empfunden wird. Es sollte darum regelmäßig geübt werden, wobei in besonderen Situationen der Angst, des Stresses, der Unsicherheit und der Anfechtung solche Gebete spontan vor Gott gebracht werden. Die tägliche „Nahrung" und „Stärkung" durch das Gebet kann gerade in Notsituationen am nachhaltigsten empfunden werden, weil dann das Gebet als lebenswichtige Hilfe in Anspruch genommen wird. Doch muß deutlich sein, daß das Gebet ohne Übung im Alltag, allein in der Notsituation, nicht wie ein „Deus ex machina" wirkt. „Not lehrt beten", das heißt vor allem: sie führt zur Not-Wendigkeit der „Einübung des Gebets" und das bedeutet nicht, daß Beten in der Not erst aktuell wird. Ohne eine geistliche Grundlage wird das Beten in der Not zunächst nur wenig bringen, auch wenn das ein wichtiger Anfang, vielleicht auch eine spontane Erfahrung von Hilfe und Trost sein mag. Denn man findet zum Gebet nicht erst, wenn man es braucht, „so wie der Moment des Ertrinkens ungeeignet dazu ist, schwimmen zu lernen".[27]

Für das „Einüben des Gebets" empfiehlt es sich, auf Gebete zurückzugreifen. Dafür eignen sich Psalmen, Lieder und Gebete des Gesangbuchs oder Gebete bewährter Lehrer, und zwar auch neuere und moderne Texte. Hier seien nochmals die wunderschön formulierten Gebete von *Karl Bernhard Ritter* genannt, die im „Rhythmus von Tag und Nacht" dem Beter eine unschätzbare Hilfe beim Verwenden des „Evangelischen Stundengebetes" bieten. Ein einziges Beispiel sei herausgegriffen:

> Lieber himmlischer Vater, höre mich, wenn ich zu Dir rufe,
> Höre mich in der Stille der Nacht.
> Du allein hast Leben, du hast unvergängliches Wesen,
> Du allein stillst mein Verlangen.
> Dein ist das Licht des Tages, dein ist das Dunkel der Nacht.
>
> Leben und Tod sind in deiner Hand.
> Dein bin auch ich und bete dich an.
> Du erkennst mein Herz, du weißt mein Geheimnis.

---

[26] WA 38,359. Vgl. Nicol: Meditation, 160.

[27] Steffensky: Das Haus, 49.

Du hältst mich an deiner Hand und führest mich zu deinem Ziel.[28]

Besonders aufmerksam gemacht soll werden auf die Sammlung von Gebeten des Niederländers *Huub Oosterhuis*, etwa „Ganz nah ist dein Wort“ (Erstauflage 1967). Gebete sind hier als Gespräche mit Gott angesichts der heutigen Welterfahrung und Problematik konzipiert:

Ganz nah ist dein Wort, Herr, unser Gott, ganz nah deine Gnade.
Begegne uns denn mit Macht und Erbarmen.
Laß nicht zu, daß wir taub sind für dich,
sondern offen mach uns und empfänglich für Jesus Christus, deinen Sohn,
der kommen wird, damit er uns suche und rette heute und täglich bis in Ewigkeit.[29]

Viele dieser Gebete sind in den Büchern über das Beten und Gebetsammlungen aufgenommen und angereichert worden. Hier ein Beispiel eines Gebets, das in seiner Kürze und Konzentration den Stil eines Kollektengebetes aufweist:

Gott, unser Vater, du vereinst uns mit allen, die an dich glauben. Gib uns deinen Geist, daß wir in dir verbunden bleiben und voneinander lernen, nach deinem Willen zu leben. Durch Jesus Christus, deinen Sohn, unseren Bruder.[30]

Betont im Sinne der Zwiesprache mit Gott sind die Gebete des französischen Priesters *Michel Quoist*. Hier ein Beispiel:

Herr, ich habe Angst, ja zu sagen.
Ich habe Angst, dir die Hand zu geben, du behältst sie sonst in der deinen.
Ich habe Angst, deinem Blick zu begegnen, denn du bist ein Verführer.
Ich habe Angst vor deiner Forderung, denn du bist ein eifersüchtiger Gott.
Ich bin umzingelt, aber ich verberge mich.
Ich bin gefangen, aber ich sträube mich und kämpfe, obwohl ich weiß, daß ich besiegt bin.
Denn du, Herr, bist der Stärkere, du besitzt die Welt und du entziehst dich mir [...].

Die Antwort Gottes hört der Beter so:

Sage ja, mein Kind. Ich brauche dein Ja, wie ich das Ja Mariens gebraucht habe, um in die Welt zu kommen. Denn ich muß bei deiner Arbeit sein, ich muß in deiner Familie sein, ich muß in deinem Bezirk sein und nicht du, denn mein Blick durchdringt

[28] Zippert: Leben mit Gebeten, 92.
[29] Oosterhuis: Ganz nah, 23.
[30] Zippert: Geborgen, 191.

und nicht deiner, mein Wort trägt und nicht deines, mein Leben wandelt um und nicht deines.
Herr, gib mir alles, überlasse mir alles.[31]

2. Die innerliche Einübung des Gebets

„Einübung“ darf keineswegs als seelische oder geistige und auch nicht als geistliche Leistung verstanden werden. In der Meditation Geübte betonen immer wieder, daß es viel eher um einen Abbau unser immer gesteigerten äußeren und inneren Aktivität geht.[32] In ihr wird Stille und Ruhe, Entspannung und Entkrampfung gesucht, die fähig machen soll, die Haltung der Hingabe einzunehmen, ähnlich wie jemand, der eine schöne Musik oder ein Kunstwerk „in sich aufnimmt“ oder sich der Betrachtung einer blühenden Blume oder der Schönheit einer Landschaft „hingibt“. Auf diese Haltung weist auch die Passivform des „meditari“ hin, das sprachlicher Ausdruck dessen ist, was an einem geschehen soll. Damit hat Meditation auch nichts mit Werkgerechtigkeit oder Selbsterlösung zu tun, wie manchmal auf evangelischer Seite eingewendet wird. Sie ist, umgekehrt, Einübung in das Hören, Wirken-lassen Gottes im Menschen.

Bei der Übung der Meditation wird empfohlen, mit dem Meditieren von Gegenständen und Bildern zu beginnen, bevor man mit der Meditation von Worten der Heiligen Schrift oder „heiligen Texten“ einsetzt. Im Meditieren von Erscheinungen aus der Natur – einer Blume, eines Baumes, einer Quelle – oder von Gegenständen als „Sinnbilder“ – einer leuchtenden Kerze, des Kreuzes[33] – übt man zunächst eine gewisse Sicherheit der Einkehr in diese tieferen Schichten, um die es bei der Meditation geht. Dabei gilt der alte Rat, niemals über negative Inhalte (Sünde, Teufel, Finsternis oder schreckenerregende Bilder) zu meditieren. Die Wahl der Meditationsgegenstände ist darum sehr wichtig; dazu bedarf es der Anleitung eines in dieser Materie geübten Seelsorgers.

Eine Grundregel aller Meditation ist, daß man zuerst die Einübung der Stille lernen müsse. Das kann so geschehen, daß man Augenblicke der Ruhe, Stunden oder selbst Tage des Schweigens einübt. Dazu soll zuerst gesagt werden, daß es nicht in unserer Hand liegt, Stille herzustellen. Es gibt Übungen des Abschaltens und der Ruhe ebenso wie Möglichkeiten des Schweigens, einige Augenblicke, Stunden oder Tage lang. Aber durch Schweigen allein kann man nicht ohne weiteres die Stille erreichen, die hier

[31] Quoist: Herr, da bin ich, 137f.
[32] Stählin: Über die Meditation, 402; Vogel: Neun populäre Irrtümer, 63–67.
[33] Melzer: Innerung, 98–148.

gemeint ist, und die „Kraft des Schweigens“ empfangen.[34] Stille entsteht nicht einfach von selbst durch Nichtstun oder Schweigen, indem man sich zurückzieht und die Hast der Arbeit hinter sich läßt. Das einsame Zimmer oder die Ruhe der Wüste ist noch nicht der hier gemeinte Raum der Stille. Es gibt auch ruhige, abgelegene Räume, etwa von Kranken oder Gefangenen, die diese Stille nicht hervorrufen, jedenfalls nicht notwendigerweise. Abgesehen davon, daß man heute auch im Gebirge oder an einem See gestört wird und sich selbst stört, weil man vielleicht ein Radio oder Bücher und Zeitungen mitnimmt, ist das auch aus einem anderen Grund nicht möglich. Denn wo das äußere Schweigen erreicht wird, setzen innere Stimmen ein, beginnt das Herz zu reden, zu fragen, zu schreien. Es stehen Erinnerungen auf, kommen Gespräche in der Seele zustande, es setzen Selbstgespräche ein: klagende, verteidigende, vorwurfsvolle, die innerlich so laut werden können, daß man trotz oder gerade wegen der äußeren Stille keine Ruhe findet. Es gibt also eine Lautlosigkeit, die leer und trostlos ist, wie eine Wüste, dunkel wie ein Gefängnis, gefährlich wie ein Raubtier, furchtbar wie die Hölle. Darum muß, wer die Stille einüben will, sich zunächst sagen lassen, daß es verschiedene Arten von Stille gibt und daß deutlich zu sein hat, welche Stille hier gemeint ist. Jesus liebte die Stille: es ist bekannt, daß er die Ruhe in der Zurückgezogenheit suchte, um mit Gott allein zu sein. Aber es gibt Stille, die etwas Göttliches ist, und Stille, die etwas Höllisches ist. Wenn zwei Menschen sich lieben, still zusammen sind, kann etwas Wunderbares zwischen ihnen geschehen: Sie empfinden diese Stille als ein inneres Reden, das keiner Worte bedarf. Es gibt aber auch das Schweigen, das tödlich ist. Wenn Eheleute zu schweigen beginnen und sich nichts mehr zu sagen haben, so ist das eine andere Stille, die man sich nicht herbeiwünscht, die nicht wohltuend, sondern erschreckend ist.[35]

Es gibt also viele Arten von Stille:

Es gibt die Stille des Wachstums, der wachsenden Saat, in der das Wort gleichsam wie ein Schatz verborgen bleibt, nachdem es gehört und aufgenommen wurde.

Es gibt die Stille der Anbetung und der Verwunderung beim Anblick von etwas Schönem oder wenn einem die Güte und Herrlichkeit Gottes deutlich wird. Es geschieht dann, wenn man einfach verstummt vor der Größe Gottes, der Herrlichkeit der Welt, der Tiefe des Geheimnisses. Sie ist dann gegenwärtig, wo Worte nicht mehr vermögen das auszudrücken, was man empfindet, und man die Armut menschlicher Rede erkennt.

---

[34] Baden: Die Kraft des Schweigens, passim. Vgl. Dietrich: Das schweigende Gebet, 17–46, 142–195, 240–280.

[35] Dies wird in der modernen Literatur oft beschrieben; vgl. z.B. S. Beckett: Waiting for Godot. Zum Ganzen, Zink: Gebet, IV, 1.

Es gibt die Stille des Leidens, wenn nichts mehr zu sagen ist – etwa bei einer unheilbaren Krankheit – außer der stillen Annahme des Unausweichlichen, dem Gefühl der totalen Ohnmacht, wie das bei Jesaja im 53. Kapitel von dem leidenden Gottesknecht gesagt wird oder von Jesu Verstummen vor seinen Richtern.

Es gibt die Stille der Bereitschaft, wo man still wird, weil sich etwas Großes anbahnt und man in Erwartung ist. So geschah es mit Maria, die nach dem Empfang der Botschaft zum Engel sagt: „Mir geschehe, wie du gesagt hast" (Lk 1,38) oder mit Jesaja nach seiner Vision im Tempel, wo er auf die Frage „Wen sollen wir senden?" schlicht antwortet: „Hier bin ich, sende mich!" (Jes 6,8)

Es gibt die Stille des Wartens, in der sich die Gewißheit ausdrückt, daß Gott dort spricht, wo man Geduld und Vertrauen hat (Ps 25,5.21: „Herr, täglich harre ich auf dich") und Gott einem Ruhe geschenkt hat (Ps 131,2: „Fürwahr, meine Seele ist still und ruhig geworden, wie ein kleines Kind bei seiner Mutter"). Wunderbar, wie der Psalmbeter diese Stille Gottes als Quelle der Hoffnung und als Ausdruck seiner Hilfe erfährt:

> Meine Seele ist stille zu Gott, der mir hilft. Denn er ist mein Fels, meine Hilfe, mein Schutz, daß ich gewiß nicht fallen werde [...] Sei nur stille zu Gott meine Seele, denn er ist meine Hoffnung. Er ist mein Fels, meine Hilfe und mein Schutz, daß ich nicht fallen werde. (Ps 62,2–3.6–7)

Diese Beispiele für Formen der Stille zeigen, daß Stille nicht einfach Leere ist, Aufhören von Lärm und äußerer Ruhe. Es ist nicht die Stille des Urlaubers, die sich einfach einstellt, weil er nicht mehr arbeitet, nicht des Kranken, einfach weil er allein im Zimmer liegt, aber auch nicht des Bergsteigers, der den Gipfel erreicht hat. Sie alle können zwar dazu finden, aber es gehört mehr als Ruhe dazu.

Zur Stille gehört mehr als das, nämlich: eine Verbindung mit einem Du. Sie wird vermittelt durch ein Zeichen oder ein Wort aus einer anderen Welt. Sie hilft uns verstehen, abzulesen, abzutasten, was der Sinn unserer Bedrängnis ist, was das alles soll, was uns beunruhigt, ob es einen Ausweg, einen Durchbruch, eine Befreiung gibt. Stille entsteht dort, wo eine quälende Frage ihre gute und klare Antwort gefunden hat. Sie tritt ein, wenn uns statt eines ängstlichen Bildes ein tröstliches Wort erreicht. Wirkliche Stille entsteht und hält nur dort an, wo jemand zuhört. Darum können wir sie nicht in uns „schaffen", erzeugen. Darum muß auch sie eingeübt werden. Sie wird darum nicht unbedingt eine Vorübung zum Gebet sein, sondern kann auch das Ergebnis unserer Gebetsübung sein.[36] In diesem Sinne

[36] Nouwen: Ich hörte auf die Stille, passim; ders.: Feuer, passim; Carretto: Wo der Dornbusch brennt, passim.

hat *Meister Eckhart* (1260–1327) das Schweigen des Geistes als die höchste Form der Aktivität bezeichnet (vgl. Jes 30,15: „Durch Stille-sein und Hoffen würdet ihr stark sein"; Ps 39,10: „Ich will schweigen und den Mund nicht auftun; denn du hast es getan").

Mit Stille hängt das Hören zusammen. Darum muß auch das Hören neu gelernt werden. Die einfachste Übung kann darin bestehen, Worte, Verse oder gar einzelne Kapitel hörend nachzusprechen und das womöglich so zu tun, bis man sie auswendig kann. Dabei geht es darum, auf das einzelne Wort zu achten. Der Mensch von heute hat so viel zu hören: was in Gesprächen hervorkommt, was Radio und Fernsehen bieten, was in der Zeitung steht, so daß es das Wort wirklich schwer hat, einzeln und vertieft gehört zu werden. In diesem Zusammenhang ist Luthers Erfahrung wichtig:

> Auch sollst du wissen, daß ich nicht alle diese Worte im Gebet gesprochen haben will. Denn da würde doch zuletzt ein Geplapper und lauter leeres Gewäsch daraus, aus dem Buch oder den Buchstaben dahergelesen, wie die Rosenkränze bei den Laien und die Breviergebete der Pfaffen und Mönche gewesen sind. Sondern ich will das Herz damit angereizt und unterrichtet haben, was es für Gedanken im Vaterunser fassen soll. Solche Gedanken aber kann das Herz (wenn's recht erwärmt ist und zum Beten Lust hat) sehr wohl mit ganz andern Worten, auch sehr wohl mit weniger oder mehr Worten aussprechen. Wenn ich auch selber mich an solche Worte und Silben nicht binde, sondern heute so, morgen anders die Worte spreche, je nachdem ich warm bin und Lust habe, bleibe ich doch gleichwohl – so nahe ich auch immer kann – bei denselben Gedanken und bei demselben Sinn. Es kommt wohl oft vor, daß ich in einem Stück oder einer Bitte in so reiche Gedanken komme, daß ich die andern sechs alle lasse anstehen. Und wenn auch solche reichen, guten Gedanken kommen, so soll man die andern Gebete fahren lassen und solchen Gedanken Raum geben, ihnen mit Stille zuhören und sie beileibe nicht hindern. Denn da predigt der heilige Geist selbst, und ein Wort seiner Predigt ist besser als tausend unserer Gebete. Und ich habe so auch oft mehr gelernt in einem Gebet, als ich aus viel Lesen und Denken hätte kriegen können.[37]

Daraus ergibt sich, daß man nicht nur Worte (akustisch) hört, sondern auch „Bilder" hört, das heißt so sieht, daß man sie behält, aufnimmt. Wenn Worte gesagt werden wie „Ich bin der Weg", „Ich bin die Türe" oder „Ich bin das Brot", müssen wir diese Worte Weg, Tür, Brot nicht nur hören, sondern sehen lernen. Das heißt, die Frage muß gestellt werden: Was will dies Wort sagen? – Wir stellen uns jetzt das Bild vor. Was heißt es, daß man von einer „Tür" spricht? Wir denken an einen Raum, zu dem die Tür führt, an einen von uns verschlossenen Ort, einen unerfüllten Wunsch, ein unbekanntes Erlebnis, eine verschlossene Welt. „Türe" sein heißt Eingang,

---

[37] WA 38, 362f.

Zutritt finden, Räume erschließen, von neuen Dimensionen in eine neue Lebensphase eintreten. Wir denken vielleicht an das Märchenmotiv, wo von dem Raum die Rede ist, in dem lauter Silber, in einem anderen lauter Gold, in einem dritten lauter Diamant entdeckt wird. Und wir denken daran, nicht den irdischen Reichtum, sondern das erfüllte Leben zu suchen und zu finden.

Einübung in das Gebet durch Meditation bedeutet, daß man zunächst einfach lernt, Bilder oder Gleichnisse aufzunehmen. Der Alltag ist das Übungsfeld dieser Meditation. Es muß die Einübung in die echte Achtsamkeit geben. Vorgänge, die sonst automatisch ablaufen, sollen bewußt vollzogen werden. Das ist angefangen vom Essen, Gehen, Sitzen möglich: Man kaut bewußt, man sitzt bewußt, man geht Schritt für Schritt und konzentriert sich auf diese Dinge. Ähnlich kann man bei allen Tätigkeiten, beim Autofahren oder bei Küchenarbeiten, beim Warten vorgehen. Oder wenn man einmal stehenbleibt und auf einen Baum sieht, der sich irgendwie von anderen heraushebt, und daran denkt: Auch die Bibel vergleicht den Menschen immer wieder mit einem Baum (Hi 14,7: „Ein Baum hat Hoffnung, auch wenn er abgehauen ist, er kann wieder ausschlagen und seine Schößlinge bleiben nicht aus"). Oder vom Beter wird Psalm 1,3 gesagt: „Er ist wie ein Baum, gepflanzt an den Wasserbächen, der seine Frucht bringt zu seiner Zeit und seine Blätter verwelken nicht. Und was er macht, das gerät wohl". Oder wir denken an Sprüche 3,18: Die Weisheit ist „wie ein Baum des Lebens allen, die sie ergreifen und glücklich sind, die sie festhalten". Schon die alten Religionen kennen den Baum als Bild für eine dahinterstehende Wahrheit: Götterbäume, Seelenbäume, Schicksalsbäume, die Weltesche, den Baum der Erkenntnis oder der Baum des Lebens (Gen 3). Wenn wir einen Baum betrachten, sollen wir uns nicht mit ihm identifizieren, sondern ihm begegnen. Wir begegnen ihm dadurch, daß wir ihn so lange ansehen, bis wir ihn vor uns sehen, auch wenn wir die Augen schließen und ihn in Gedanken nachzeichnen können. Wir sehen seine Gestalt, die ihn mit anderen Bäumen seiner Art verbindet und zugleich aus den anderen heraushebt; er zeigt sein eigenes Schicksal: der Sturm, die Trockenheit, die Nachbarschaft mit anderen Bäumen, die Eingriffe des Menschen, die sein Schicksal ausmachen, geben ihm seine „persönliche Gestalt". Ein solches Betrachten von Gegenständen, Bildern und Worten wäre eine *erste Stufe der Meditation.*[38]

Doch es geht nicht allein um das Erfassen eines statisch beharrenden „Gegenstandes", sondern um einen Vorgang, ein Geschehen. *Wilhelm Stählin* weist darauf hin, daß nicht das sogenannte „Substantiv", das von uns zu Unrecht „Hauptwort" genannt wird, sondern das Zeitwort, das Ver-

---

[38] Zink: Gebet, IV, 3.

bum – das heißt „das Wort" – schlechthin dasjenige ist, das das Wesentliche und Bestimmende in der Aussage darstellt. Denn es drückt Geschehen und Tätigkeit aus, was besonders für die griechische, vielleicht weniger für die substantivisch ausgerichtete lateinische Sprache gilt.[39] In dieser Phase – einer *zweiten Stufe der Meditation* – geht es darum, dieses Geschehen zu erfassen, indem man es auf die Mitte hin ausrichtet, die vielleicht in einem einzigen Wort verdichtet und wie eine „Stimme" eindringlich und unüberhörbar werden kann. „Mit welchem Bild oder an welchem Beispiel kann ich diesen Vorgang innerlich anschauen?", ist eine wichtige Frage, die man sich stellen und auf die man eine Antwort finden muß.

Nachdem nun ein Bild dieses „Vorgangs" vor dem inneren Auge wach geworden ist, kommt es zu der zweiten Stufe der Meditation – ihrem eigentlichen Zentrum –, in der dieser Vorgang als in mir selbst geschehend vergegenwärtigt wird. Wie würde es aussehen, wenn eben dies, wovon die Rede ist, in mir oder an mir geschähe? Gemeint ist die Identifizierung mit dem zentralen Sinn des Geschehens, in der man sich in seiner Innenschau zum Träger der darin beschriebenen oder vorausgesetzten Bewegung macht.

Am Beispiel des Baumes veranschaulicht bedeutet das, daß sich der Meditierende nun daran erinnert, wie erquickend es ist, an einem heißen Sommertag unter seinem Schatten zu sein.[40] Sein Blick umfaßt den Baum liebevoll und geht an ihm entlang vom Wipfel bis an den Boden, wo seine Wurzeln sichtbar werden, die tief hinunterreichen in das Erdreich. Der Meditierende bedenkt seine Beziehung zum Baum. Er bemüht sich, „wie ein Baum zu sein": gerade zu stehen, sich aufzurichten, Wurzeln zu schlagen, Raum zu gewinnen, sich als Mensch zu verstehen, der aufrecht steht, allen Widerwärtigkeiten Stand hält, allen Angriffen und Eingriffen von außen gewachsen ist.

Paul Gerhard hat in seinem Sommerlied den „Baum" als Sinnbild des Menschen dargestellt:

> Mach in mir deinem Geiste Raum,
> daß ich dir werd ein guter Baum,
> und laß mich Wurzel treiben.
> Verleihe, daß zu deinem Ruhm
> ich deines Gartens schöne Blum
> und Pflanze möge bleiben.[41]

---

[39] Stählin: Über die Meditation, 405.
[40] Boeckel: Meditationspraxis, 106.
[41] EG 503,14.

Ähnlich sind viele Gleichnisse Jesu zu verstehen. Sie wollen unseren Blick für unsere Situation und die Welt schärfen und zu Gott emporheben. Diese Vorgangsweise treffen wir in der Bibel immer wieder an. Schon die Gemeinde des Lukas tut dieses, wenn es dort heißt: „Sämann bedeutet ... der Acker bedeutet ... der Same bedeutet ...“ (Lk 8,11ff). Doch gerade die Gleichnisse des Neuen Testaments wollen nicht zuerst mit dem Verstand erfaßt werden, sondern gesehen, erlebt, nachvollzogen werden und so eine Veränderung unserer Situation, ein Neuwerden hervorrufen.

Gerade durch solche Übungen wird uns bewußt, wie weit wir davon sind, uns wirklich zu identifizieren, wie schwer uns die Konzentration fällt, wie lückenhaft und mangelhaft unser Erfassen in der Meditation gelingt, wie sehr wir doch „außerhalb“ eines solchen Geschehens bleiben, wie er in dem Bild oder in dem Wort, über das wir meditieren, sich uns darstellt. Darum muß es unweigerlich zur *dritten Stufe der Meditation* kommen, wo die Frage im Vordergrund steht, woran es liegt, daß wir von dem „Geschehen“ nicht mitgenommen werden, außerhalb bleiben, einen Abstand spüren. Und das führt zur Frage, was der Meditierende tun muß, damit solche Hemmnisse überwunden werden. Das nennen wir die Selbstprüfung, Beichte oder Buße. Die in der Meditation Erfahrenen wissen davon, daß die Meditation eigentlich zunächst nur zur tieferen Erfassung dessen dient, was eigentlich gemeint ist, wie es eigentlich sein sollte, also zu einer tiefen Erkenntnis des eigenen Zustands. Und das auch dann, wenn Meditation immer wieder als positive Einübung erfahren wird.[42]

Viel einfacher zur Einübung des Gebets durch die Meditation ist die weniger dem Denken, Betrachten und Konzentrieren verpflichtende *ostkirchliche Meditationspraxis*, wie sie in dem erwähnten Jesus- oder Herzensgebet bereits vorgestellt wurde. Es eignet sich zur Einübung des Betens besonders durch die große Einfachheit und dadurch, daß es Elemente der Meditation und des Gebets in sich vereinigt. Im Westen wurde es als Meditationsmethode ausgebaut und ist zu großer Beliebtheit gelangt. Das geschieht häufig durch die Vereinfachung dieses Gebets, indem statt der Gebetsformel „Herr Jesus Christus, erbarme dich meiner (unser)“ schließlich nur der Name des Herrn betend und meditierend im Geist und im Herzen bewegt wird, also zu einem Meditationswort wird, durch das eine schlichte problemlose Meditation gelingen kann. Das eigentliche Herzensgebet wird – trotz seiner Vorzüge gegenüber anderen Gebetsweisen – für den modernen Menschen infolge seines Wortumfanges und der Kopplung an Atmung und Herzschlag als nicht einfach und unkompliziert genug empfunden, um ohne Schwierigkeiten geübt zu werden. So hat man eine vereinfachte Form dieses Gebets als Meditation für unsere Zeit herausgearbeitet, in der das Gebet zur Medi-

[42] Stählin: Über die Meditation, 406.

tation, „zu der alles Unwesentliche ausschließenden Hinwendung zum Geist der Wahrheit in Jesus Christus wird".[43]

Diese Herzensmeditation, die ihre Wurzeln in einer alten christlichen Tradition des Ostens hat, mag als „Einübung" empfohlen werden. Doch sollte sie zum Gebet hinführen und als „Herzensgebet" verstanden und geübt werden. Der große Vorzug des Jesus- oder Herzensgebetes besteht darin, daß es auf Bilder und Vorstellungen verzichtet. Gemeint sind die dem persönlichen Vorstellungsbereich entspringenden Bilder, die nicht gleichzusetzen sind mit dem, was der als besondere Methode geübten christlichen Bildmeditation zugrunde liegt, von der wir bereits sprachen (Kerze, Kranz, Christusbild). Hier werden Meditationsbilder verwendet, die von tiefer symbolischer Bedeutung sind und helfen, dem Meditierenden den Zugang zu bestimmten Bereichen unseres Seins – die den Bereich des Denkens und des Rationalen überschreiten – zu erleichtern. Doch ist das letzte Ziel ein Gebet, das frei wird von Vorstellungen und Bildern, denn die Meditation soll vom Haftenbleiben an solchen Bildern gerade befreien.[44] Das Entscheidende der Herzensmeditation ist dabei, daß durch die ständige Wiederholung des Jesusnamens bzw. des Bittgebets um Erbarmen etwas im Betenden „geschieht". Das soll mit keiner Anstrengung, keinem Zwang, nicht durch Willensstärke geschehen, sondern „es", das heißt „er", soll im Herzen des Beters beten. Der Meditierende überläßt sich dem Nennen und Denken des Namens Jesu, das dann „sanfter, wie verschwommen werden kann. Der Name Jesu mag dann wie ein Hauch wahrgenommen werden, den der Meditierende ständig wiederholt bzw. der sich in ihm wiederholt und den er jetzt mehr wahrnimmt als „formuliert".[45] Der Mönch der Ostkirche beschreibt es so:

> Die Wiederholung des Namens gleicht dem Flügelschlag eines Vogels, durch den dieser sich in die Lüfte erhebt. Nie darf solches schwerfällig, erzwungen, hastig oder geräuschvoll geschehen. Vielmehr muß es ruhig, leicht und im wahrsten Sinn des Wortes gnadenhaft anmutig sein. Hat der Vogel die gewünschte Höhe erreicht, so gleitet er im Flug dahin und nur von Zeit zu Zeit schlägt er mit seinen Flügeln, um sich in der Luft zu halten. Genauso kann auch die Seele, wenn sie den Gedanken an Jesus in sich aufgenommen hat und von seiner Gegenwart erfüllt ist, aufhören, den Namen zu wiederholen und im Herrn ruhen. Die Wiederholung soll erst dann wieder aufgenommen werden, wenn die Gefahr besteht, daß das Denken an Jesus von fremder Vorstellung bedrängt wird. In diesem Fall sollte man wieder mit der Anrufung beginnen, um frischen Auftrieb zu bekommen.[46]

---

[43] Scharf: Herzensmeditation, 13f.
[44] Scharf: Das große Buch, 193f.
[45] Scharf: Herzensmeditation, 62f.
[46] Jungclaussen (Hg.): Das Jesusgebet, 23f.

Auf diese Weise geschieht es, daß das Denken und Anrufen des Namens abgelöst wird von einer ruheerfüllten Klarheit und von der sich verstärkenden Gewißheit der Gegenwart Gottes. So wird der Bereich des sinnhaft Wahrnehmbaren und Vorstellbaren überschritten und jene Öffnung möglich, durch die der Geist Gottes „Wohnung in uns nehmen“ kann, wie das in der orthodoxen Gebetstradition immer wieder formuliert wird. Der orthodoxe Mönchsvater sagt:

Die etwas Erfahrung darin besitzen, stimmen überein, daß sie sehr oft von einem Gefühl der Freude, der Wärme und Helligkeit begleitet werden. Man hat den Eindruck, daß man sich im Lichte bewege und einhergehe. Dieses Gebet ist ohne Schwere, ohne Trägheit, ohne Kampf.[47]

Und der russische Pilger erzählt über diese Erfahrung:

Das Herzensgebet erfüllte mich mit solcher Wonne, daß ich nicht glaubte, es könne jemanden auf der Welt geben, der glücklicher wäre als ich, und ich konnte es nicht verstehen, daß es noch größere und herrlichere Wonnen im Himmelreich geben würde. Dieses fühlte ich aber nicht nur im Inneren meiner Seele, sondern auch die ganze Außenwelt schien mir wunderbar schön, und alles verlockte mich zur Liebe und zum Dank gegen Gott; Menschen, Bäume, Pflanzen, Tiere, alles war mir unsäglich vertraut und an allem sah ich das Abbild des Namens Jesu Christi. Mitunter fühlte ich eine solche Leichtigkeit, als hätte ich überhaupt keinen Körper, und es war mir, als ging ich nicht, sondern als fliege ich selig durch die Luft; mitunter ging ich tief in mich selber hinein und sah mein Inneres klar vor mir und staunte über die weise Anordnung des menschlichen Leibes; mitunter empfand ich eine so hohe Freude, als wäre ich König geworden, und bei all diesen Tröstungen wünschte ich, Gott möge mich möglichst bald sterben lassen, um in Dankbarkeit am Schemel seiner Füße in die Geisterwelt mich zu ergießen.[48]

Worauf immer wieder hingewiesen wird ist, daß der durch die „Wendung nach innen“ gewonnene Abstand von der Welt letztlich eine neue Art der „Zuwendung“ zur Welt zur Folge hat. Der Mönch schreibt:

Vornehmlich den Menschen gegenüber können wir den Dienst der Verklärung und Verwandlung erfüllen. Der auferstandene Christus erschien seinen Jüngern mehrere Male in einer Gestalt, die sie bisher nicht gekannt hatten. „Darauf erschien er in anderer Gestalt“ (Mk 16,12), der Gestalt eines Wanderers auf dem Weg nach Emmaus oder der eines Gärtners in der Nähe des Grabes oder der eines Fremden am Ufer des Sees. Jedesmal erschien er in der Gestalt eines gewöhnlichen Menschen, wie er uns wohl jeden Tag begegnet.

[47] Jungclaussen: Das Jesusgebet, 25.
[48] Jungclaussen: Aufrichtige Erzählungen, in ders.: Das Jesusgebet, 15f.

Jesus verdeutlicht so einen wichtigen Aspekt seiner Gegenwart im Mitmenschen. Er vollendet auf diese Weise seine Lehre: „Denn ich war hungrig, und ihr habt mir zu essen gegeben; ich war durstig, und ihr habt mir zu trinken gegeben; ich war nackt, und ihr habt mich bekleidet; ich war krank, und ihr habt mich besucht; ich war im Gefängnis, und ihr seid zu mir gekommen [...] Ich sage euch: Was ihr für einen meiner geringsten Brüder getan habt, das habt ihr für mich getan" (Mt 25,35.36.40). Jesus erscheint uns jetzt in Gestalt von Männern und Frauen. Diese menschliche Gestalt ist in der Tat die einzige, in der jeder, wenn er will, zu jeder Zeit und an jedem Ort das Antlitz unseres Herrn erblicken kann. Die Menschen von heute denken realistisch; sie verlassen sich nicht auf Unwirkliches und Scheingebilde, und wenn ihnen die Heiligen und Mystiker sagen: „Wir haben den Herrn gesehen", so antworten sie mit Thomas: „Wenn ich an seinen Händen nicht die Nagelwunden sehe und wenn ich meine Finger nicht in die Nagelwunden und meine Hand nicht in seine Seite lege, glaube ich nicht" (Joh 20,25).
Jesus nimmt diese Herausforderung an. Er läßt es zu, daß er gesehen, berührt und angesprochen wird in der Person all seiner menschlichen Brüder und Schwestern [...]. Der Name Jesus ist nun ein konkretes und wirksames Mittel, die Menschen in ihre verborgene, innerste und letzte Wirklichkeit zu verwandeln. Mit dem Namen Jesu im Herzen und auf den Lippen sollten wir uns allen Menschen nähern – auf der Straße, im Geschäft, im Büro, in der Fabrik, im Bus, beim Anstehen – besonders aber denen, die uns lästig und unsympathisch sind. Über sie alle sollten wir den Namen Jesus aussprechen, denn das ist ihr wirklicher Name.[49]

3. Die Notwendigkeit der Wachsamkeit

Wenn vom „Einüben des Gebets" die Rede ist, darf die „Anfechtung", die „tentatio", die Luther neben Gebet und Meditation als drittes für das nennt, was den „Theologen" – und nicht nur ihn, sondern den Christen überhaupt – ausmacht, nicht übersehen werden. Die Widerstände, die sich dem Beten gegenüber einstellen, sind eine Realität und in unserer modernen Zeit besonders akut. Sie waren aber zu allen Zeiten etwas, womit der Beter kämpfen mußte. Sie stellen sich als Müdigkeit, Übersättigung oder Trägheit ein und machen eine bestimmte Wachsamkeit erforderlich, die als Zucht und Ordnung, als christliche Disziplin und Askese das Beten begleiten muß.

Der Apostel mahnt die Gemeinde: „Seid nüchtern und wacht, denn euer Widersacher, der Teufel, geht umher wie ein brüllender Löwe und sucht, wen er verschlinge. Dem widersteht, fest im Glauben." (1Petr 5,8f) Das geistliche Leben des Christen ist ein solches „Nüchtern- und Wach-Sein". Die Nüchternheit – die im „Fasten" eingeübt wird – hat ebenso wie die Wachsamkeit – die in der Ausdauer eingeübt wird – in der Gebetsordnung

[49] Jungclaussen: Das Jesusgebet, 47–49.

der alten Kirche Eingang gefunden. Sie ist ein besonderes Anliegen der Heiligen Schrift und der Gemeinde Christi und hat in der alten und mittelalterlichen Kirche eine beachtenswerte Tradition.[50]

Für das *Fasten* gibt es in unserer Zeit ein neues Verständnis, weil vielen Menschen klar geworden ist, daß ein vernünftiger und weitblickender Umgang mit der Essensweise, der Nahrungsaufnahme und den Speisen überhaupt eine entscheidende Voraussetzung für die Gesundheit und Gesundung des Körpers darstellt. „Fasten" allerdings meint nicht nur eine „Diätvorschrift" oder ein „Speiseprogramm", sondern eine mit der geistlichen Disziplin einhergehende „leibliche Disziplin", die das Beten und das christliche Leben begleitet.[51] Darum wird „Beten und Fasten" in der Bibel häufig zusammen genannt und die enge Verbindung beider Handlungen – als eines geistlichen und eines leiblichen Aspektes der gleichen Sache – zum Ausdruck gebracht. Schon im Buch Tobit (12,8) heißt es: „Gut ist das Gebet zusammen mit dem Fasten." Von der Prophetin Hanna berichtet das Lukasevangelium, daß sie Gott „diente mit Fasten und Beten Tag und Nacht" (Lk 2,37). Und Jesus sagt bei einer Dämonenaustreibung: „Diese Art fährt nur aus durch Fasten und Beten." (Mt 17,21, vgl. Mk 9,29) Er selbst hat vierzig Tage und Nächte in der Wüste gefastet (Mt 4,2par). Dabei wird ihm andererseits der Vorwurf gemacht, er sei ein „Fresser und Säufer" (Mt 11,19), während die Jünger des Johannes oft fasten und beten, wie auch die Jünger der Pharisäer, seine Jünger dagegen essen und trinken (Lk 5,33). Paulus spricht davon, daß er „im Wachen und im Fasten" (2Kor 6,5; 11,27) sich als Apostel erwiesen habe, und in der Urgemeinde wurde die Handauflegung zur Aussonderung der Apostel mit Fasten und Beten verbunden (Apg 13,3). Ausführungen über das Fasten finden wir in der Bergpredigt (Mt 6,16–18) in dem Sinn, daß es nicht zur Schau getragen, also um der Menschen willen geschehen soll. Für Jesus hat das Fasten aber auch Grenzen durch die Gegenwart des Christus: „Wie können die Hochzeitleute fasten, solange der Bräutigam bei ihnen ist? Es wird aber die Zeit kommen, da der Bräutigam von ihnen genommen wird, dann werden sie fasten." (Mt 9,15; Mk 2,19f; Lk 5,34f) Die Gegenwart Christi macht das Fasten unmöglich, weil sie seine Nachfolge auch ohne Fasten ermöglicht. Aber in der Gemeinde, die Jesus nur geistlich bei sich hat, muß das geistliche Leben mit Hilfe leiblicher Übungen aufrechterhalten werden, wozu das Fasten – besonders für die Wachsamkeit, das Gebet und die Meditation – hilfreich sein kann.

Heute hat das rechte Fasten – besonders in der evangelischen Kirche – seinen ursprünglichen Platz verloren, während es von katholischen und vor allem orthodoxen Gläubigen weiter gepflegt und ernst genommen wird. In

---

[50] Bunge: Irdene Gefäße, 83ff.

[51] Wallis: Ein Fasten, passim.

der siebenbürgisch-sächsischen Kirche war das Fasten vor dem heiligen Abendmahl strenge Vorschrift. Mancherorts ist das Fasten auch heute in der evangelischen Kirche üblich, besonders an großen Feiertagen, etwa am Karfreitag. Doch muß jeder Christ, vor allem auch der Beter, selbst eine Einstellung zum Fasten finden, die durch kirchliche Tradition, persönliche Gewohnheit, Alter, Lebensbedingung, vielleicht auch gesundheitliche Befindlichkeit bedingt ist. Möglicherweise wird ein Christ, der das Fasten an sich nicht pflegt, es zu bestimmten Zeiten in seinen Lebensentwurf einbeziehen. Der Heidelberger Theologieprofessor *Rudolf Bohren* berichtet, daß er seinerzeit *Karl Barth* nach seiner Einstellung zur Askese befragt habe. „Barth schwieg eine Weile, sog an seiner Pfeife und sagte dann: ‚Sehen Sie, für mich bedeutet Askese nicht, daß ich weniger rauche, wohl aber daß ich weniger rede ... Verzicht auf Vortragsreisen‘.“[52] Dieses Wort-Fasten, das in der Kunst des Schweigens eingeübt wird, sollte allerdings das Fasten im engeren Sinn nicht vergessen lassen. Aktionen wie „Sieben Wochen ohne“, in denen man auf das verzichtet, was einem dem eigenen Empfinden nach besonders lieb geworden ist (Alkohol-, Fleisch- oder Schokoladegenuß, Rauchen, Fernsehen u.a.) sind daher eine gute Möglichkeit in unserer heutigen Welt, das Fasten neu zu lernen und als gute christliche Ordnung zu schätzen, in seiner geistlichen Dimension zu erfassen. Das kann sich auch im Umgang mit persönlichen Lebenskrisen bewähren und etwa in Situationen großer Not, Anfechtung oder Krankheit segensreich sein.

Ähnliches gilt von der *Wachsamkeit.* Sie hat ebenfalls in der Heiligen Schrift und in der Praxis der alten Kirche eine lange Tradition. Damit ist zunächst das Wachsein im wörtlichen Sinn gemeint. Der Beter „sinnt über des Herrn Gesetz Tag und Nacht“ (Ps 1,2) und sucht Gott in der Zeit seiner Not, indem seine Hand „des Nachts ausgestreckt ist und läßt nicht ab“ (Ps 77,3). Schon in den Psalmen ist das Aufstehen zu Mitternacht bekannt, „dir zu danken für die Ordnungen deiner Gerechtigkeit“ (Ps 119,62). Jesus hat sich auch etwa auf einen Berg zurückgezogen, „um zu beten“ und die Nacht über im Gebet zu Gott zuzubringen (Lk 6,12) oder am Morgen, noch vor Tage aufzustehen, um an eine einsame Stätte zu gehen und dort zu beten. (Mk 1,35) In diesem Sinn hält er die Jünger in Gethsemane an: „Wachet und betet, daß ihr nicht in Versuchung fallt! Der Geist ist willig; aber das Fleisch ist schwach.“ (Mk 14,38) Im Lukasevangelium (12,37) wird das Bild von den wachenden Knechten für die auf Christus wartende Gemeinde angewendet: „Selig sind die Knechte, die der Herr, wenn er kommt, wachend findet.“ Und im Gleichnis von den klugen und törichten Jungfrauen wird die Gemeinde aufgerufen: „Wachet, denn ihr wißt weder Tag noch Stunde.“ (Mt 25,13; vgl. 24,42.44) Paulus, der – wie bereits erwähnt – ne-

[52] Bohren: Fasten und Feiern, 86.

ben dem Fasten das Wachen kannte (2Kor 6,5; 11,27), ruft die Gemeinde auf, zu wachen und im Glauben zu stehen (1Kor 16,13), im Gebet beharrlich zu sein und mit Danksagung zu wachen (Kol 4,2) „mit aller Beharrlichkeit im Gebet“ (Eph 6,18). Den Thessalonichern sagt er: „Laßt uns nicht schlafen wie die anderen, sondern laßt uns wachen und nüchtern sein.“ (1Thess 5,6)

Daraus ist in der Tradition der alten Kirche die Einrichtung entstanden, das Gebet mit dem Wachen zu verbinden. So wird empfohlen, vom Sonnenuntergang an zwei Stunden zu beten (also von 18 bis 20 Uhr), um dann sechs Stunden zu schlafen (20 bis 2 Uhr) und die verbliebenen vier Stunden bis zum Sonnenaufgang (also von 2 bis 6 Uhr) wieder zu beten.[53] Diese Ordnung findet Eingang bei den Asketen und Mönchen und führt auch zur Ordnung des „Stundengebets“. Der Hintergrund des Wachens während der Nacht ist bei den Vätern die Erfahrung, daß – während man am Tag abgelenkt wird durch die vielen sichtbaren Dinge der Welt – während der Nacht die geistliche Welt in aller Herrlichkeit zu sehen ist.[54] Heute wird eine solche geistige Übung schwerfallen. Doch in unserer Zeit wird es nicht unwichtig sein, um die Geheimnisse dieser geistlichen Erfahrungen zu wissen und gelegentlich – in besonderen Zeiten der Einübung im Gebet oder während einer sehr intensiven Gebetszeit – vielleicht auch in schlaflosen Nächten, vor allem angesichts von Leid und Trauer – darauf zurückzukommen und damit richtig umzugehen. Die deutsche Schriftstellerin *Gertrud von Le Fort* (1876–1971) sagt einmal:

> Nicht nur der lichte Tag, auch die Nacht hat ihre Wunder. Es gibt Blumen, die nur in der Wildnis gedeihen, Sterne, die nur am Horizont der Wüste erscheinen. Es gibt Erfahrungen der göttlichen Liebe, die uns nur in der äußersten Verlassenheit, ja am Rande der Verzweiflung geschenkt werden.[55]

Neben dieser Wachsamkeit im wörtlichen Sinn gilt es aber auch die Wachsamkeit angesichts der Anfechtung zu bedenken. Luther unterscheidet die „leibliche“ und die „geistliche“ Anfechtung, wobei er die letztere für die größere hält. In seinem „Sermon von dem Gebet und Prozession in der Kreuzwoche“ von 1519, einer frühen Schrift Luthers, in der er sein reformatorisches Verständnis des Gebets darlegt, werden darüber interessante Ausführungen gemacht. Am Schluß dieser Schrift mahnt er, auch darum zu bitten, „daß Gott wolle die Kreatur uns segnen, nicht allein zum Nutzen des Leibes, wie jetzt gesagt ist, sondern und mehr zum Nutzen der Seele, damit

---

53 Bunge: Irdene Gefäße, 85f.

54 Evragius Pontikus, bei Bunge: Irdene Gefäße, 88.

55 Zit. nach Klein: Am Ende das Licht, 191f.

die arme Seele nicht auch die Pestilenz und alle Plage sich darin hole." Damit meint er die Gefahr, in die Sünde zu verfallen. Er sagt dazu:

> Da findet man dann, daß das, worum wir in der Prozession gebeten haben, uns Gott zur Genüge gibt und läßt alles gesegnet sein dem Leibe. Aber der Seele ist es alles tödliches Gift und dient zum Mehren grauenhafter, schrecklicher Sünde. [...] Aber auf diese Pestilenz achtet niemand; vor der leiblichen flieht man, bittet und müht sich mit allen Arzneien. In diese geistliche Pestilenz aber stürmen wir geradezu hinein. [...] Wohl wäre es in unserer Zeit not, alle Tage mit aller Kasteiung des Leibes eine Prozession zu veranstalten wider solche schrecklich einbrechende Sintflut der verschiedensten Sünden, besonders in unseren Ländern des Fressens, Saufens, Müßiggangs und dessen, was daraus folgt. [...][56]

Diese Meinung Luthers wird in einem späteren Werk, den Vorlesungen über Jesaja von 1527/29, wieder vertreten und noch ausgeweitet, wenn er dort sagt:

> Solange die Menschen Frieden und Sicherung genießen, verachten und versäumen sie das Wort. Wenn aber die Anfechtung kommt, dann erst glauben sie, daß dasjenige wahr ist, wozu sie durch das Wort ermahnt worden sind. So empfinden auch die Frommen die Kraft und Frucht des Wortes nur in der Anfechtung.[57]

Das heißt: Erst der Umgang mit dem Wort deckt die Anfechtung als solche auf. Denn erst Gottes Wort macht den Menschen deutlich, daß es der Sinn der Anfechtung ist, ihm alle falschen Sicherungen zu nehmen und Gott als einzige Zuflucht in den Blick treten zu lassen. So ist auch Meditation eine umfassende Erfahrung mit dem Wort, doch nur, wenn der Mensch aus der Situation der Anfechtung heraus mit dem Wort Umgang sucht. Die Zeiten der Anfechtung führen demnach zurück in die Meditation und schließlich zum Gebet.[58]

In solcher Anfechtung eignet sich ein Gebet wie das folgende nach *Johannes Calvin*, dem Genfer Reformator (1509–1564):

> O allmächtiger Gott, da wir sehen müssen, wie deine Kirche heute so hart angefochten wird, so bitten wir dich, gib, daß wir uns bewegen lassen, unsere Sünden zu entdecken und uns vor deinem Thron zu demütigen. Laß uns die feste Hoffnung nicht verlieren und mitten im Tod das Leben von dir erwarten. Öffne uns in solchem Vertrauen die Lippen, damit wir nicht aufhören, unerschrocken deinen Namen anzurufen.[59]

---

[56] WA 2, 175–179.
[57] WA 25, 87f.
[58] Nicol: Meditation, 100.
[59] Scheele: Vater, die Stunde, 118.

Für die Einübung des Gebets ist demnach der rechte Umgang mit *Gebetsort* und *Gebetszeit* besonders hilfreich. Auch hier darf gesagt werden: Das Gebet ist weder an Orte noch an Zeiten gebunden. Überall und wann immer kann gebetet werden, auch während der Arbeit und in der Freizeit. Doch die Bedeutung der Orte und Zeiten des Gebets sollte nicht unterschätzt werden.

Jesus empfiehlt für das Beten „das stille Kämmerlein" (Mt 6,6), das ist der Ort im eigenen Haus, wo die größte Verborgenheit und Intimität im Hause möglich ist, die für das Beten – im Unterschied zum Gebet der Pharisäer in der Öffentlichkeit – erforderlich ist. Es wurde schon erwähnt, daß er sich selbst in die Einsamkeit, in die Wüste oder auf einen Berg zurückzieht. In seinem Gebet am Berge der Verklärung, ebenso wie in Gethsemane, läßt er seine Jünger, auch die, die ihm am nächsten stehen, zurück und betet allein. Dabei gilt, was er der Samariterin sagt: „Es kommt die Zeit, daß ihr weder auf diesem Berg noch in Jerusalem den Vater anbeten werdet [...] Gott ist Geist und die ihn anbeten, müssen ihn im Geist und in der Wahrheit anbeten." (Joh 4,21.24) In diesem Sinn heißt es 1 Tim 2,8: „So will ich nun, daß die Männer beten an allen Orten."

Man kann freilich Gott in der Natur, im Wald, auf einem Berg ebenso wie an einem anderen Ort aufsuchen und zu ihm beten. Der fromme Beter des 121. Psalm war auf seiner Wallfahrt beim Anblick der Herrlichkeit und der Bedrohlichkeit der Berge angeregt zu beten:

Ich hebe meine Augen auf zu den Bergen. Woher kommt mir Hilfe?
Meine Hilfe kommt von dem Herrn, der Himmel und Erde gemacht hat.
Er wird deinen Fuß nicht gleiten lassen, und der dich behütet, schläft nicht.
Siehe, der Hüter Israels schläft und schlummert nicht.
Der Herr behütet dich; der Herr ist dein Schatten über deiner rechten Hand,
daß dich des Tages die Sonne nicht steche noch der Mond des Nachts.
Der Herr behüte dich vor allem Übel, er behüte deine Seele.
Der Herr behüte deinen Ausgang und Eingang von nun an bis in Ewigkeit!

Heute ist die Natur nicht mehr garantiert ein Ort der Stille, und war es vielleicht auch früher nicht überall und zu jeder Zeit. Darum ist schon der Ruf nach Orten der Stille und Räumen für das Gebet verständlich. Kultstätten und Kirchen für den Gottesdienst haben selbstverständlich ihr unangefochtenes Recht, ja ihre bekannte Beliebtheit für jemand, der darin Geborgenheit und Heimat sucht. Wunderschön sagt es der Beter des 84. Psalms:

Wie lieb sind mir deine Wohnungen, Herr Zebaoth!
Meine Seele verlangt und sehnt sich nach den Vorhöfen des Herrn;
mein Leib und Seele freuen sich in dem lebendigen Gott.
Der Vogel hat ein Haus gefunden und die Schwalbe ein Nest für ihre Jungen;
deine Altäre, Herr Zebaoth, mein König und mein Gott.

Wohl denen, die in deinem Hause wohnen; die loben dich immerdar. (Ps 84,2–5)

Ähnlich klingt es in dem bekannten Psalmwort: „Herr, ich habe lieb die Stätte deines Hauses und den Ort, da deine Ehre wohnt" (Ps 26,8).

Solche Stätten der Stille sollten nicht nur dem gemeinsamen Gottesdienst, sondern auch der privaten Andacht und Meditation offen stehen. Die Frage ist aber, wie solche vom Menschen gebauten „Heiligtümer", wie Kirchen und Kapellen, der Einübung des Gebets am besten entsprechen. Die große Verlegenheit offenbart sich in der modernen Architektur, die sich mit dieser Frage beschäftigt. Der Blick auf die Modelle der alten Klöster mag darum hilfreich sein. Es ist bemerkenswert, daß in einem Kloster – nach den alten Regeln der Benediktiner – der Mittelpunkt der Anlage ein freier Hof ist, der vom Kreuzgang umrahmt wird. Nicht die Kirche, das Abtgebäude, die Gemeinschaftsräume oder die Bibliothek, sondern der freie Raum des Hofes ist das „geistliche Zentrum" für die Benediktiner. Hier scheint sich eine bestimmte Hoffnung und Absicht ausgedrückt zu haben. In ihr konnte der darin wandelnde Mönch Zeit und Ruhe finden zu beten. Doch er konnte auch hoffen, daß von der Ordnung, der Stille und Klarheit dieses freien Raumes etwas in das Leben der Gemeinschaft, in ihre Arbeit und öffentliche Wirkung eingeht. In der modernen Architektur macht sich dieser Wunsch nach einem „Innenhof" irgendwelcher Art bemerkbar. Der Mensch braucht „Freiräume des Lebens", wo er sich dem Zwang des Alltags für Stunden oder Tage entledigen kann.[60]

Hierzu noch ein Hinweis: Die christlichen Kirchen sind in ihrem Bau „orientiert", das heißt, sie führen den Blick zum Altar nach Osten, in den Orient. Das ist ein Hinweis darauf, daß in den Traditionen der alten Kirche das Gebet mit dem nach Osten gewandten Gesicht erfolgte, worauf schon Origines ausdrücklich hinweist.[61] Auch dazu gibt es viele biblische Hinweise. Eine der Antworten, warum das so sein soll, ist diese, daß sich das Paradies im Osten befindet (Gen 2,8) und im Gebet die einstige Heimat gesucht wird, wo Gott zu finden sei. Eine andere Erklärung sagt: Christus ist als das Licht der Welt und das „aufgehende Licht aus der Höhe" (Lk 1,78), Zentrum unseres Gebets. Die Ausrichtung beim Gebet mag für uns Heutige nicht entscheidend sein, aber der Hinweis, daß es im Gebet darum geht, mit Gott „von Angesicht zu Angesicht" zu verkehren, sollte durch die Bewußtmachung einer Gebetsrichtung in Erinnerung bleiben und das Gebet mitbestimmen.

[60] Zink: Gebet, IV, 22f.

[61] Origenes: De oratione, bei Bunge: Irdene Gefäße, 61.

Die Gebetszeit. Auch hier gilt grundsätzlich die biblische Weisung, daß man „allezeit beten und nicht nachlassen“ soll (Lk 18,1), beziehungsweise die Aufforderung „Betet ohne Unterlaß“ (1Thess 5,17). Es ist schon darauf hingewiesen worden, daß diese Weisungen ihre wörtliche Bedeutung haben und in diesem Sinne Beachtung finden können. Aber zur Verrichtung des Gebets bedarf es einer Regelmäßigkeit und eines Rhythmus, der überall dort erforderlich ist, wo jemand etwas lernen oder es gar zur Meisterschaft bringen will, wie der Sportler oder der Musiker, der der Übung („disciplina“) bedarf.

Der erste Hinweis auf einen Rhythmus des Gebets, und zwar der versammelten Gemeinde, findet sich innerhalb der Christenheit in der *Heiligung des Sonntags*. Er bestimmt in unserer Welt gleichzeitig den Rhythmus der regelmäßigen Ruhe von Arbeit und Beruf, und ist dadurch belastet mit „Freizeitgestaltung“ jeder Art. Diese ist heute entweder fortgesetzte Arbeit, anstrengende Entspannung (Fernsehen, Autofahren) oder ist anderen Belastungen ausgesetzt und darum nur selten wirklich Ruhe, körperliche Erholung und Kräftigung. Dadurch hat der Sonntag seinen Charakter als Zeit des Gottesdienstes und der geistlichen Übung, die eine ganze Woche prägen und bestimmen sollte, weitgehend eingebüßt.

Doch selbst wo der Sonntag diesen Sinn so gut wie möglich erfüllt – vom gemeinsamen Gottesdienst wird noch die Rede sein – muß man wissen, daß er allein nicht leisten kann, was wir damit verbinden sollten. Ein Sonntag kann nicht aufholen, was sechs Tage in der Woche vernachlässigt wurde, so wie sechs Stunden Nachtschlaf nicht die Anstrengung der übrigen achtzehn Arbeitsstunden wettmachen oder ein Monat Urlaub nicht die Kräfte der übrigen elf Monate nachfüllen kann. Darum bedarf es der „heiligen Zeiten“ während der Woche und an jedem Tag. Auch regelmäßige geistliche Freizeiten oder Retraits, die nichts mit Urlaub in unserem heutigen Sinn zu tun haben, sondern „stille Tage“, Stunden der Einübung in das Gebet und geistliche Leben sein sollten, sind zu empfehlen.

Von größter Wichtigkeit sind jedoch tägliche regelmäßige Gebetszeiten. Es ist schon darauf hingewiesen worden, daß in der alten Kirche gemäß biblischer Weisung der Tag eine Einteilung gefunden hat, die dem Gebet eine regelmäßige Übung zuweist. Solch eine regelmäßige Ordnung im persönlichen Leben ist eine unentbehrliche geistliche Hilfe. Von Daniel wird berichtet, daß er selbst in der Babylonischen Gefangenschaft – und das unter Gefahr – „dreimal am Tag“ auf seine Knie fiel und mit dem Blick in Richtung Jerusalem „betete, lobte und seinem Gott dankte, wie er es auch vorher zu tun pflegte“ (Dan 6,11.14). Die bevorzugten Gebetsweisen waren der frühe Morgen, wie wir aus dem Psalter wissen: „Ich will von deiner Macht singen und des Morgens rühmen deine Güte.“ (Ps 59,17) Ps 88,14 hören wir: „Ich schreie zu dir, Herr, und mein Gebet kommt frühe vor dich“

und Ps 92,2f lautet: „Das ist ein köstlich Ding, dem Herrn danken und lobsingen deinem Namen, du Höchster, des Morgens deine Gnade und des Nachts deine Wahrheit verkündigen." Ebenso bevorzugt war das Gebet am Abend (Ps 50,18: „Abends und morgens und mittags will ich klagen und heulen" oder 141,2: „Mein Gebet möge vor dir gelten als ein Rauchopfer; das Aufheben meiner Hände als ein Abendopfer"). Ähnliches gilt von der Nacht. Ps 77,3 heißt es: „Meine Hand ist des Nachts ausgestreckt und läßt nicht ab" oder 119,55: „Herr, ich denke des Nachts an deinen Namen." Ebenso Ps 134,1: „Wohlan, lobet den Herrn, alle Knechte des Herr, die ihr steht des Nachts im Hause des Herrn." In der frühen Kirche sind die drei Gebetszeiten morgens, mittags und abends (Ps 54,18), das heißt zur dritten, zur sechsten und zur neunten Stunde (Didache 8,3), also um neun Uhr, um zwölf Uhr und um fünfzehn Uhr festgelegt. Biblisch begründet wird bei den Vätern die dritte Stunde als Gebetszeit mit der Ausgießung des Heiligen Geistes zu dieser Zeit (Apg 2,15), die sechste Stunde mit der Vision des Petrus während des Gebets (Apg 10,9) und die neunte Stunde mit der Heilung des Gelähmten durch Petrus und Johannes im Tempel, wie sie Apg 3,1 berichtet wird. Es gibt aber schon früh fünf Gebetszeiten und zuweilen sieben (Ps 119,164: „Ich lobe dich des Tags siebenmal, um deiner gerechten Ordnung willen"). Für den Mönch gilt, daß er „ohne Unterlaß" betet, wie bereits ausgeführt wurde, so daß zwei regelmäßige Gebetszeiten genügen (zu Beginn des Tages und am Abend vor der Nacht). Die wahrscheinlich auf Hippolyt gehende Kirchenordnung „Traditio apostolica" schreibt neben Morgen- und Abendgebet das Gebet zur dritten, sechsten und neunten Stunde, zur Mitternacht und zum Hahnenschrei vor, womit die Siebenzahl erreicht wird.[62]

In der evangelischen Kirche hat im 20. Jahrhundert – besonders durch die Berneuchener Bewegung – das „Gebet der Tageszeiten" große Verbreitung gefunden, das das Morgenlob, das Mittagsgebet und den Abendsegen (entsprechend den klassischen kleinen Horen) bzw. – beim Chorgebet – auch die Frühlesung und das Nachtgebet aus der benediktinischen Ordnung umfaßt. Im Evangelischen Gesangbuch sind vier Stundengebets-Ordnungen, je eine für Morgen, Mittag, Abend und Nacht enthalten. Darin kommt das Bedürfnis nach Ordnung des Gebets, was den Inhalt und die Gebetszeit anbelangt, zum Ausdruck. Es macht deutlich, daß das Gebet Zeit erfordert, aber daß es „qualifizierte Zeit" ist, durch die der Tag gestaltet und ausgerichtet wird.[63] Es sollte bei jedem Christen nicht fehlen. Das *Morgengebet* als Ausdruck des Dankes für die vergangene Nacht und für das wiederkehrende Licht, zumindest als frühes Beten nach dem Aufstehen oder vor dem

[62] Bunge: Irdene Gefäße, 76ff.
[63] Vogel: Das Stundengebet, 278f.

Frühstück: im Blick auf das, was der Tag bringen wird. Der *Abend* gilt dem Dank für den abgelaufenen Tag, der Bitte um Vergebung, dem Gedenken an das Ziel des Tages, des Lebens und der Welt:

Herr, bleibe bei uns, denn es will Abend werden
und der Tag hat sich geneigt.
Bleibe bei uns und bei deiner ganzen Kirche.
Bleibe bei uns am Abend des Tages, am Abend des Lebens, am Abend der Welt.
Bleibe bei uns mit deiner Gnade und Güte,
mit deinem Wort und Sakrament,
mit deinem Trost und Segen.
Bleibe bei uns, wenn über uns kommt
die Nacht der Trübsal und Angst,
die Nacht des Zweifels und der Anfechtung,
die Nacht des bitteren Todes.
Bleibe bei uns und allen deinen Gläubigen
in Zeit und Ewigkeit.[64]

Auch hier kann man sich an Luther halten und schließlich an seine Anweisung: „Alsdann flugs und fröhlich geschlafen". Oder zunächst für die Mitmenschen beten, die lange aufbleiben und ihre Nachtarbeit verrichten müssen. Auch dem Mittag sollte unser Gebet gewidmet sein, zumindest als Tischgebet oder als Friedensgebet. Doch gerade in diesen Fragen muß jeder Christ seinen eigenen Weg finden, wobei vor allem gilt, daß er „nicht müde werden und ablassen soll" (Lk 18,1).[65]

---

[64] Dieffenbach, bei Zippert: Geborgen, 22.
[65] Barth, Wohin – woher, 200.

X. Die Dimensionen des Gebets

Am Schluß unserer Erörterungen über das Gebet soll uns nun noch eine wichtige Frage beschäftigen. Die „Einübung des Gebets" muß – wie im Verlauf unserer Darstellungen schon deutlich geworden sein mag – in bestimmten Bereichen praktiziert, „verwirklicht", realisiert werden. Es sind der persönliche, der gottesdienstliche und der öffentliche Bereich unseres Alltags. Aus dem Bisherigen war zu erkennen, daß es sich dabei nicht um gesonderte Räume handelt, sondern um eine Wirklichkeit, in der diese drei Bereiche eine Einheit bilden. Darum wird an dieser Stelle der Begriff „Dimension" verwendet. „Dimension" beschreibt – nach Paul Tillich – die Verschiedenheit der Seinsbereiche „in einer solchen Weise, daß diese nicht in Konflikt geraten können", vielmehr die „Einheit des Lebens jenseits seiner Konflikte sichtbar wird".[1]

Das ist für das Gebet besonders wichtig. In der Heiligen Schrift werden wir auf drei verschiedene Weisen oder „Dimensionen" des Bundes Gottes mit den Menschen hingewiesen: den „Abraham"-Bund, in dem Gott den einen und einzelnen Menschen Abraham persönlich und existenziell anspricht, sich ihm offenbart und mit ihm einen Bund schließt (Gen 15,18: „An dem Tag schloß der Herr einen Bund mit Abram"). Weiter ist vom „Sinai"-Bund die Rede, in dem Gott sein Volk anspricht und mit ihm einen Bund schließt (Ex 34,10: „Ich will einen Bund schließen vor deinem ganzen Volk"). Und es ist von dem „Noah"-Bund die Rede, den Gott mit der Welt und Natur schließt (Gen 9,9: „Siehe, ich richte mit euch einen Bund auf und mit euren Nachkommen und mit allem lebendigen Tier bei euch, an Vögeln, an Vieh und an allen Tieren des Feldes bei euch"). Diese existentielle, geschichtliche und kosmische Dimension des Gottesbundes mit den Menschen[2] betrifft demnach auch jene Beziehung zwischen Gott und Mensch, die sich im Gebet äußert, indem der Mensch (der Einzelne), das Volk Gottes (die Gemeinde) und die ganze Kreatur (die Welt) auf das Reden und Handeln Gottes re-agiert. Alle drei Dimensionen des Gebetes – das persönliche, das gottesdienstliche und das Beten im Alltag der Welt – haben ihre Berechtigung und Notwendigkeit, bergen ihr Geheimnis und ihre Verheißung und kommen aus dem Willen und Gebot Gottes.

---

[1] Tillich: Systematische Theologie, Bd. 3, 25f.

[2] Fritzsche: Dogmatik, Bd. 2, 308–336.

1. Das persönliche Gebet

Es ist biblisches Gedankengut, daß sich Gott in der Verborgenheit des menschlichen Herzens offenbart und darum auch das Gebet, das ein Hören und Antworten auf Gottes Reden ist, im Verborgenen geschehen muß. Eindrücklich wird das veranschaulicht in der Geschichte von der Erscheinung Gottes vor Elia: „Der Herr erschien Elia weder im Sturm, noch im Erdbeben und auch nicht im Feuer. Er erschien ihm im ‚Säuseln eines leisen Windes'." (1Kön 19,11f)

Darum ist nach Jesu Anweisung der Ort des Gebets – wie schon erwähnt – das „Kämmerlein": „Wenn du betest, geh in dein Kämmerlein und schließe die Türe zu und bete zu deinem Vater, der im Verborgenen ist; und dein Vater, der in das Verborgene sieht, wird dir's vergelten." (Mt 6,6) Das griechische Wort für „Kämmerlein" bezeichnet einen abgelegenen, vor Dieben sicheren Raum im Hause, die Schatz- oder Vorratskammer, die niemand sonst betritt. Dort ist der Betende allein mit Gott. Es heißt hier nicht nur, wie beim Almosengeben (Mt 6,4), daß Gott ins Verborgene sieht, sondern er im Verborgenen ist. Gemeint ist damit: Dort ist er dem Beter in besonderer Weise gegenwärtig. Gott ist freilich überall, doch gibt es bestimmte Orte, an denen man, vor Ablenkungen und Störungen geschützt, ihm leichter begegnen kann. Diese Aussage macht Jesus in der Auseinandersetzung mit der pharisäischen Gepflogenheit des öffentlichen Betens in den Synagogen und auf den Straßen, wo sie von den Menschen gesehen wurden (Mt 6,5: „Wenn ihr betet, sollt ihr nicht sein wie die Heuchler, die gern in den Synagogen und an den Straßenecken stehen und beten, damit sie von den Leuten gesehen werden. Wahrlich, ich sage euch: Sie haben ihren Lohn schon gehabt"). Das griechische Wort für „Heuchler" bedeutet „Schauspieler". Nach Jesu Worten soll sogar im Tempel – der ein „Bethaus" ist (Jes 56,7; Mk 11,17par) – so gebetet werden, daß das Alleinsein mit Gott möglich ist. „Denn er, der außerhalb unser ist, nimmt zugleich Wohnung in uns, im Verborgenen."[3]

In den Evangelien wird des öfteren erwähnt, daß Jesus einen einsamen Ort besuchte, wenn er beten wollte (Mk 1,35; Lk 4,42; Mt 14,13; Lk 5,16; Lk 9,18; Lk 9,28; Mk 9,2 und Mt 17,1.). Auch auf dem Ölberg sucht Jesus diese Einsamkeit. Lk 22,39 wird erwähnt, daß er sich dorthin „nach seiner Gewohnheit" begab. In Gethsemane folgen ihm die Jünger, aber er selbst geht noch „ein wenig voran", um zu beten (Mk 14,35; Mt 26,39), „ungefähr einen Steinwurf weit von ihnen" (Lk 22,41).

Aus diesen Anweisungen Jesu ergibt sich die Bedeutung des „persönlichen Gebets", von dem in den vorangehenden Kapiteln vornehmlich die

[3] Cullmann: Das Gebet, 27f.

Rede war. Heute kann die „Kammer“, von der Jesus sprach, eine „Gebetsecke“ sein, die man sich nach eigenem Wunsch einrichten kann, um seine stillen Gebete zu sprechen, dies also „im Verborgenen“ zu tun.[4] Das Gebet des Einzelnen, ohne anwesende Zeugen, ist „die Grundform des Betens“.[5]

Das Gebet des Einzelnen hat in der christlichen Gemeinde eine beachtenswerte Tradition. Die Jünger und Apostel haben das persönliche Gebet im Verborgenen ihrerseits übernommen. Apg 10,9 wird davon berichtet, daß Petrus „auf das Dach“ stieg, um zu beten, und das wohl, um allein und ungestört sein „Mittagsgebet“ („um die sechste Stunde“) verrichten zu können. Im Allgemeinen gilt, daß jedweder Ort für das Gebet geeignet ist, wie umgekehrt überall, an jedem Ort gebetet werden soll (1Tim 2,8: „So will ich nun, daß die Männer beten an allen Orten und aufheben heilige Hände ohne Zorn und Zweifel“). Origines empfiehlt später, daß jedermann sich in seinem Haus einen Ort auswählen möge, in dem er in Ruhe und ohne Ablenkung seine Gebete verrichten könne.[6] Das haben die ersten Christen auch getan, indem sie sich einen bestimmten Ort im Haus für die Verrichtung des Gebets aussparten, der später „Oratorium“ genannt wurde. Die Wüstenväter Ägyptens haben diese in besonderer Weise zu ihrer „Heimstatt“ gemacht. Für sie ist die Wüste selbst der Ort des Gebets geworden und die Einsamkeit der Zurückgezogenheit das entscheidende Element für ihr Gebetsleben.

Allerdings muß dazu gesagt werden, daß der Einzelne sein Gebet immer als Glied der Gemeinde, der Kirche verrichtet. Schon im Alten Testament ist diese Stellung des einzelnen Beters in der Gemeinde eindrücklich zu beobachten. Die Psalmgebete – auch die sogenannten „individuellen Klagen“ oder „Gebete eines Einzelnen“ – dürfen nicht so verstanden werden, als sei dieser Beter, der sein Gebet allerdings in der Einsamkeit seines „Kämmerleins“ spricht, ein einsamer Mensch. Der Beter ist im Alten Testament beständig von Mitgliedern der Familie, Besuchern und Freunden umgeben, die ihn unterstützen und trösten, wie es aus dem Hiobbuch deutlich wird (Hi 2,11–13). Der Beter mag als solcher ein Einzelner bleiben, doch er weiß sich eingefügt in die Gemeinde, die ihn umgibt. Er kann auch ein Vorbeter oder Vorsänger sein, ja auch ein Priester, Prophet oder König, der die Anliegen der Gemeinschaft stellvertretend vor Gott bringt. Wenn der Einzelne betet, betet er in innerer – nicht unbedingt äußerer – Gemeinschaft mit seiner Familie, Sippe und seinem Volk.[7] Auch die persönliche Frömmigkeit ist nicht ohne Gemeinschaftsbezug, denn sie wird im Schoß

---

[4] Katechismus der Katholischen Kirche, 676.
[5] Ebeling: Dogmatik Bd. 1, 201.
[6] Origenes: De oratione, bei Bunge: Irdene Gefäße, 57.
[7] Reventlow: Gebet, 295–297.

der Familie oder Sippe überliefert. Der Israelit betete niemals isoliert und auch nicht voraussetzungslos. Sein Vertrauen zu Gott beruhte zwar auf persönlicher, bereits erlebter Hilfe, aber auch auf einer hinter ihm liegenden Gesamterfahrung Israels mit seinem Gott in der Geschichte des Volkes.[8]

Das Beten in der Verborgenheit und Einsamkeit ist eine unentbehrliche Dimension des geistlichen Lebens, weil nur in dieser Weise die Intimität des Betens, die das persönliche Gebet nun einmal haben muß, gewährleistet werden kann und Konzentration, Inbrunst, Stille, Vertiefung und Versenkung nur so zu erreichen sind. Elemente des persönlichen Gebets wie Selbstbesinnung, Beichte, Selbstprüfung und Ausrichtung auf den Alltag, aber auch Haltungen und Gesten des Gebets sind eine so intime Angelegenheit des Menschen, daß sie nicht anders als im Verborgenen und den Blikken anderer Leute entzogen möglich sind. Diese Einstellung ist nicht darauf zurückzuführen, daß man sich des Gebets schämt, weil man sich in der Gegenwart anderer Menschen dabei ertappt fühlen würde, einen Akt des „Wahnsinns“ zu vollbringen, wie Kant und andere Verächter des persönlichen Gebetes meinten. Vielmehr äußert sich hier das natürliche Gefühl der Scham, das sich „gewaltsam Bahn bricht [...] in der Religion, in der der Mensch seine Einheit mit Gott sucht, wo also die Verhüllung durchbrochen wird... Kant übersah die fundamentale Bedeutung der Scham für die menschliche Existenz“.[9] Wo diese natürliche Scham künstlich überwunden wird, kommt es zum pharisäischen „Heucheln“, das – wie erwähnt – ein „Schauspielern“ und zur Schau-Tragen der Frömmigkeit ist, welches gerade dem eigentlichen Anliegen des persönlichen Gebets im Wege steht (Mt 6,5).

Das Beten in der Verborgenheit und Unsichtbarkeit des „stillen Kämmerleins“ hat aber auch den Sinn, daß man auf diese Weise lernt, „sich selber auszuhalten“. Das Ausharren in der Zelle war bei den Mönchsvätern eine Lebensregel für die suchenden und rastlosen Menschen, um dort das „Aushalten seiner selbst“ zu lernen, das heißt eine Situation zu erfahren, ohne Aktivitäten und ohne jede Fluchtmöglichkeit. Der weise Altvater *Arsenios* riet jemandem, der von seinen Gedanken gequält, keine Lust zum Fasten und ebenso zum Arbeiten hatte, nur dieses eine: Seine Zelle nicht zu verlassen. Damit wollte er den Angefochtenen dazu erziehen, sich selbst auszuhalten, um so mit seiner Seele in Ordnung zu kommen und heil zu werden. In ähnlicher Weise schrieb der französische Philosoph *Blaise Pascal* mehr als tausend Jahre später, es gehe den Menschen deshalb so schlecht, weil keiner mehr allein in seinem Zimmer bleiben könne. Wer

[8] Reventlow: Gebet, 315.

[9] Bonhoeffer: Ethik, 24.

sich aushält, stellt sich seinen Gedanken und Gefühlen, seinen Wünschen und Begierden; er begegnet sich selbst.[10]

In der Tat ist es in vielerlei Beziehung nicht einfach, sich auszuhalten und sich selbst zu begegnen. Es mag einerseits belastend, anderseits ermutigend sein. Man erkennt sich in seiner Würde und Freiheit als Mensch, der sich dessen bewußt wird, daß er für das Gebet Zeit, Phantasie und Aufmerksamkeit aufbringen muß. So betrachtet ist Gebet auch eine Tat des Willens, der immer neuen Entscheidung und des ständigen Entschlusses. Im Gebet nimmt man seine Freiheit wahr, etwas vielleicht Nutzloses zu tun. Man erträgt die Einwände und stellt sich den eigenen Stimmen, die gegen diese aufkommen.

Aber wenn es nun wirklich zum Beten kommt, dann wird dem Beter im Vollzug seines Betens immer mehr bewußt, daß es doch nicht seine Entschlußfreudigkeit oder Entscheidungskraft war, wenn er ins Beten gekommen ist. Wie im Glauben im allgemeinen, wo man sich selbst zum Schritt der Öffnung, der Bereitschaft, des Wartens „entscheiden", „aufraffen" muß, merkt man auch im Beten, daß dies letztlich nicht auf die Eigeninitiative oder menschliche Aktivität zurückzuführen ist, sondern daß sich der Betende als unfähig erfährt, dem „aufgeholfen wurde", weil der Geist ihn „vertritt" und ihm „durch Jesus" möglich wird, zum Vater zu beten.

Gebet ist darum immer Gnade, besonders in der Anfechtung und in Situationen der Bewahrung. Niemand kann sicher sein – selbst der treueste und inbrünstigste Beter –, ob er damit in allen, auch den schwersten Situationen durchhält, besonders angesichts von schwerer Krankheit, von Katastrophen oder in der „letzten Not". Darum kann der Beter immer nur neu ein Hoffender sein, der mit seinem Gebet nicht allein bleibt und durch das „unaussprechliche Seufzen" des Geistes vertreten, gestärkt und gestützt wird.[11] Luther sagt dem Meister Peter Balbierer in seiner Schrift „Eine einfältige Weise zu beten" von 1535 über sein persönliches, privates Gebet:

> Denke ja, daß du nicht allein da kniest und stehst, sondern die ganze Christenheit oder alle rechtschaffenen Christen bei dir sind und du unter ihnen in einmütigem, einträchtigem Gebet, welches Gott nicht verachten kann.[12]

Diese Vertretung, Begleitung und Stärkung der Christenheit vollzieht sich konkret im Gottesdienst. Darum ist die „gottesdienstliche Dimension" unseres Betens unentbehrlich. Kein Beter – abgesehen von den großen Heiligen, wie es die Wüstenväter und andere große Beter waren – kann sich mit dem

[10] Grün: Selbsthilfe, 11f.
[11] Barth: Wohin – woher, 182f.
[12] WA 38,362.

persönlichen Gebet in der Einsamkeit oder Stille des Kämmerleins oder gar der „freien Natur“ zufriedengeben. Er ist mit seinem Gebet eingebettet in den Gottesdienst der eigenen Gemeinde und Kirche sowie der großen weltweiten Christenheit und Ökumene. Das hat eine große Verheißung.

2. Beten im Gottesdienst

Das Anliegen dieses Buches über das Beten ist in erster Linie, den Zugang zum Gebet überhaupt zu erleichtern. Beten als eine eigene, individuelle, private Angelegenheit, und als eine unentbehrliche persönliche Lebenshilfe zu erkennen und zu akzeptieren, kann gelernt und erfahren werden. Das Gebet muß andererseits aus der Gemeinde kommen und zur Gemeinde hinführen, weil es letztlich aus der Gemeinschaft lebt und von ihr getragen wird. Darum ist die Gemeinde der Ort, auf den unser persönliches und individuelles Gebet letztlich hinzielt.

Wir haben aus der Gebetstradition des Alten Testaments ersehen können, daß die Gemeinde des alten Bundes den Raum ausmachte, in dem sich das Gebet des Israeliten entfaltete. Der Gottesdienst war die Heimat des Gebets, vor allem und häufig vermittels der Psalmen. Das Gebet war im Alten Testament eingebettet in den Kultus, der für alttestemantliches Empfinden keine vom Alltagsleben streng getrennte Angelegenheit darstellt, sondern der „Kristallisationspunkt“ ist, „wo sich Weltgeschehen und Menschengeschehen vor dem Angesicht Gottes verdichtet“.[13]

Der alttestamentliche Beter steht in einer großen Gebetstradition. Sie bedeutet für den Einzelnen und für die Gemeinde eine unentbehrliche Stütze. Der Psalter und andere Texte waren so etwas wie ausgefüllte Formulare, die ihrerseits auch nicht einfach sklavisch übernommen werden mußten, sondern eine Formulierungshilfe für den einzelnen Beter bedeuteten. Sie waren der Niederschlag der Glaubens- und Lebensführung der Gemeinde als Ganzes.

Das gilt auch für die Zeit des Neuen Testaments und die Geschichte der christlichen Kirche. Das Vaterunser, das Jesus seinen Jüngern anvertraut, ist eine Anlehnung an die jüdische Gebetstradition, das aramäische sogenannte Kaddischgebet oder das „18-Bitten-Gebet“. Jesus hat viel aus dem Gebetsgut des Judentums übernommen, wozu auch Psalmen gehören, die er mit den Jüngern gesungen (Mk 14,26; Mt 26,3) oder selbst gebetet hat, wie den Anfang des 22. Psalms am Kreuz: „Mein Gott, mein Gott, warum hast du mich verlassen?“ Das Vaterunser hat er die Jünger gelehrt, damit sie es in ihrer Gemeinschaft – vielleicht auch mit ihm – nicht als Liturgie, wohl aber

[13] Reventlow: Gebet, 315.

gemeinsam beten sollen. Lukas berichtet, daß die Bitte „Herr, lehre uns beten“ aus dem Kreis der Jünger kam, als sie erlebten, wie Jesus betete (11,1). Nach Matthäus umfaßt die Jüngerunterweisung auf dem Berg auch zwei Abschnitte über das Beten (6,5–15; 7,7–11). Die Urchristenheit verstand ihre Weise zu beten also nicht als Frucht ihrer eigenen Verarbeitung der neuen Situation, sondern als Gabe ihres Herren.[14]

Lukas unterscheidet allerdings zwischen dem Jüngerkreis in der Nachfolge des irdischen Jesus und der nachösterlichen Gemeinde. Ersterer findet seinen Niederschlag im „Jüngergebet“, dem Vaterunser (11,2–4).[15] Die nachösterliche Gemeinde steht hinter dem Gebet, das wir in Apg 4,24–30 vorfinden. Es ist ein Beispiel des Gemeindegebets, auch wenn es nicht dem gottesdienstlichen Gebrauch entnommen sein mag. Es ist nicht am Jüngergebet orientiert, sondern nimmt alttestamentliche Gebete auf (Jes 37,15–20 und Ps 2,1f). Daraus ist ersichtlich, daß sich das Gebet der Gemeinde Jesu Christi nicht auf das Vaterunser beschränkt. Neben diesem bleibt Raum für eigene Gebete. Das Beten in der Gemeinde geschieht also nicht so, daß das Gebet zu Jesus an die Stelle des Gebets zu Gott tritt, sondern so, daß das Gebet sich weiter an Gott richtet, doch in der Weise, daß nun das eigene Schicksal der betenden Gemeinde ganz aus ihrer Verbundenheit mit dem Schicksal Jesu heraus gesehen wird. Das christologische Reden steht in der Tradition des Alten Testaments. Wenn Lukas die ersten Christen so schildert, daß sie an der jüdischen Gebetsübung festhielten (vgl. Apg 3,1; 10,19; 20,16; 21,26f; 27,17), so spricht er damit den unverzichtbaren Zusammenhang mit der Tradition des Alten Testaments an.

Nach den ersten Ansätzen zur Ausformulierung beispielhafter Gemeindegebete bei Lukas und Matthäus finden sich ausgesprochene Gebetsordnungen erst in der nachapostolischen Zeit. Die apostolischen Gebetsmahnungen beschränken sich einzig darauf, die Situation zu verdeutlichen, in der sich die Christen Gott gegenüber befinden. Der Apostel Paulus hält Fürbitte für die Gemeinden, und auch die Gemeinden beten für den Apostel und seine Mitarbeiter und stützen sie so in ihrer geistlichen Vollmacht (2Kor 1,11: „Dazu helft auch ihr durch eure Fürbitte für uns.“).

Das Gebet des Apostels wird von der Dankbarkeit gekennzeichnet, mit der man sich in allen Anliegen an Gott wenden kann (Phil 4,5–7). Daraus ergeben sich die Mahnungen zu unablässigem Gebet: „Betet ohne Unterlaß, seid dankbar in allen Dingen.“ (1Thess 5,17f) Der Aufruf zur Beharrlichkeit im Gebet soll nicht von den Nöten des Nächsten ablenken, sondern die Bereitschaft zu helfen stärken. (Röm 12,12f)

---

[14] Vgl. hierzu und zum Folgenden Stolle: Das Gebet, 307–330.

[15] Die Literatur zur Auslegung des Vaterunser ist immens. Hier sei besonders hingewiesen auf Lochman: Unser Vater; Thielike: Das Gebet; Schneider: Das Vaterunser.

Später wird der Aufruf zum anhaltenden Gebet mit der Ermahnung zum Wachen verbunden (Kol 4,2; Eph 6,18), während das Gebet im 1. Thessalonicherbrief noch auf den „künftigen Tag“ des Herrn ausgerichtet ist (5,4–6). Die böse und bedrängende Weltsituation bewältigt die Gemeinde durch das vom Geist getragene Gebet. Das Gebet ist Lebensäußerung der Gemeinde, mit der sie sich der wirksamen Anwesenheit Gottes öffnet, wie sie sich in Jesus Christus in neuer Weise erschlossen hat.

Aufs Ganze gesehen kann gesagt werden, daß das Gebet der Gemeinde grundlegend ist für ihr Verhalten. Man rechnet mit dem Gebet und seiner Wirksamkeit, was besonders im Lukasevangelium deutlich wird, wo die wichtigen Heilsereignisse, aber auch Heilungswunder durch das Gebet eingeleitet oder begleitet werden. „Im Gebet lebt der Mensch im geistmächtigen Aktionsraum Gottes.“[16]

Heute ist die Frage, ob und wie sich die Gemeinde als betende Gemeinde verstehen darf, wie sich also das Gebet des Einzelnen zum Gebet der Gemeinde verhält, ein besonders schwieriges Problem geworden. In der römisch-katholischen und orthodoxen Kirche ist es selbstverständlich, daß die Kirche der eigentliche Ort des Gebets ist. Sie bietet den Gläubigen sich regelmäßig wiederholende Gebete an, um das ständige Gebet zu fördern. Einige davon sind tägliche Gebete (Morgen- und Abendgebet, Stundengebet u.a.). Der Sonntag mit seiner Ausrichtung auf die Eucharistie wird besonders durch das Gebet geheiligt.[17]

Für *Luther*[18] war es noch eindeutig, daß das Gebet zum Wesen der Kirche gehört und eine Grundfunktion der Kirche ist. In der Schrift „Von den Konziliis und Kirchen“ (1539) zählt er das Gebet zu den „Kennzeichen der Kirche“, den „notae ecclesiae“ – neben Wort, Taufe, Abendmahl, Amt, Schlüsselgewalt und Kreuz. Ähnlich geschieht das in seiner Schrift „Wider Hans Worst“ (1541). In diesem Sinn bezeichnet Luther zuweilen die Kirche als ein „Gebetshaus“ und das Gebet als den eigentlichen Zweck des gemeinsamen Gottesdienstes. Das Gebet der Kirche ist Ausdruck der Mächtigkeit Christi. Sie muß eine betende Kirche sein, nicht nur weil sie aus sündigen Menschen besteht, sondern auch aufgrund der Menschlichkeit Christi. Kirche ist nicht nur eine göttliche Aktivität den Menschen gegenüber, sondern auch ein menschlicher Akt Gott gegenüber. Das Gebet als Angelegenheit der Kirche meint in erster Linie das gemeinsame Gebet im Gottesdienst. Das „liturgische Gebet“ ist ein notwendiger Ausdruck des Gebets der Kirche, genau so wie das äußere Gebet Ausdruck des inneren ist. Die schwierige Frage des Verhältnisses zwischen dem Gebet der Kirche

---

[16] Stolle: Das Gebet, 329.

[17] Katechismus der Katholischen Kirche, 677.

[18] Vgl. zum Folgenden: Wertelius: Oratio continua, 317–332.

und dem des Einzelnen wird bei Luther unterschiedlich gedeutet. Einerseits weist er darauf hin, daß das wahre Gebet als eine persönliche Angelegenheit zu betrachten ist, die als Geheimnis zwischen dem Einzelnen und Gott zu verstehen ist. Andererseits bedarf der Einzelne Hilfe, um Beten zu lernen. Das gemeinsame Gebet hilft dem Menschen, sich von irdischen Sorgen zu befreien und sein Herz zu Gott emporzuheben. Darum betont Luther, daß jedes Gebet kirchlich und liturgisch ausgeprägt sein muß. Denn der Horizont des Gebetes kann nie auf die privaten Wünsche des Einzelnen beschränkt bleiben. Insofern ist auch das Gebet, das in der verschlossenen Kammer stattfindet, ein liturgisches Gebet, soweit es im Namen Jesu geschieht, dem „Ort", an dem sich alle Christen im Gebet treffen.

In seiner Auslegung des Vaterunser aus dem Jahr 1519 weist Luther darauf hin, daß Jesus nicht im Singular betet, wenn er „Vater unser" sagen läßt. Gott will nicht den Einzelnen, sondern die Gemeinde hören. Was für das Vaterunser gilt, muß für jedes Gebet gelten. Die Welt des Gebets ist für Luther kein Privatgebiet, sondern will den Einzelnen herausreißen aus seiner selbstischen Isolierung und ihn in die Gemeinschaft der Menschen und der Kirche einverleiben.

Wichtig ist die Frage, wie das Gebet des Einzelnen in das der Gemeinde eingeordnet werden kann. Für Luther wird das gemeinsame Gebet ein Geplapper, wenn das innere Gebet des Einzelnen fehlt. Andererseits verhindert das gemeinsame Gebet, daß der Einzelne vom Gebet abgehalten wird. Konkret ist es heute recht schwierig, beide Gesichtspunkte so miteinander zu verbinden, daß die Gemeindeglieder im Gottesdienst einem gemeinsamen Gebet folgen können. Es ist also grundlegend, diese Gebete besonders sorgfältig vorzubereiten. Eine Möglichkeit besteht darin, daß die übrigen Stücke des Gottesdienstes so vorbereitet werden, daß die Öffnung und Bereitschaft zum Gebet damit „erweckt" wird und andererseits das Gebet sich in die vorangehenden und nachfolgenden Elemente des Gottesdienstes entsprechend einordnet. Folgende Kriterien zur Beurteilung und Vorbereitung des gottesdienstlichen Gebets könnten dann beachtet werden[19]:

a) Schriftgemäßheit, besonders gegenüber dem betreffenden Sonntag und seinen Lesungen und Predigttexten;

b) Zeitgemäßheit bzw. Situationsgemäßheit, im Sinne dessen, was *Gerhard Ebeling* das „schlechterdings Entscheidende" am Gebet nennt: „Hier fügt der Beter Gott und seine eigene Lebenswirklichkeit in ein und demselben Satz zusammen. Deshalb könnte man das Gebet die Syntax des Glaubens nennen". Konkret bedeutet das:

---

[19] Vgl. zum Folgenden: Zippert: Das Gebet, passim.

Alles, was den Menschen bewegt, die Weltwirklichkeit um ihn herum und das, was in seinem Herzen vor sich geht, die eigenen Nöte und Wünsche und das, was die Nöte der anderen zu wünschen geben oder auch was andere zu wünschen und zu klagen Anlaß geben und an Not bereiten, die Ängste und die Freuden, das gesunde pralle Leben sowie das kranke und sterbende Leben, die Schönheit der Natur und des Menschseins im Beieinandersein und Füreinander-Dasein sowie die grauenhafte Zerstörung, die von Menschenhand durch Krieg und Wohlstandszivilisation in Gottes Schöpfung angerichtet wird, – all das gehört in unerschöpflicher Weise in das Gebet hinein.[20]

c) Der ökumenische Charakter der Gebete. Sie müssen sich der Vielfalt von theologischen und kirchlichen Traditionen wie auch der Vielfalt der Überlieferungen der Völker öffnen. Hierher gehört auch die „gerechte Sprache", die vor allem den Frauen in ihrer Eigenart gerecht werden soll, die ihren Niederschlag auch in den Agenden und gedruckten Gebettexten finden müßte;

d) Originalität, das heißt ein unverwechselbares Profil, als erkennbare Stimmen von verschiedenen, für viele brauchbare, aber eigenartige Stimmen;

e) Das Kriterium der Aufnehmbarkeit, nicht nur rational, sondern auch emotional. Die Gebete müssen gut sprechbar, gut hörbar, klar, durchsichtig und in ihrem Aufbau überschaubar sein. Sie müssen sich einer gewissen Einfachheit und Elementarität und Straffheit erfreuen und nicht kunstvoll, kompliziert oder künstlich erscheinen.

Das Beten der Gemeinde im Gottesdienst soll auf diese Weise zum Mitbeten verhelfen. Die Gemeinde soll in das Gebet des Liturgen, das inhaltlich und sprachlich schon gestaltet ist, einstimmen, es bejahen und aufnehmen können, mit ihm in den Gedanken und im Gefühl mitgehen und es als ihr eigenes nachvollziehen.

Damit das möglich wird, bedarf das liturgische Gebet einer sorgfältigen Auswahl. Die Gestaltung an Sprache, Aufbau und Inhalt muß gut vorbereitet werden. Das Gebet muß in der Spannung zwischen Tradition und Situation oder zwischen Kontinuität und Aktualität die rechte Mitte finden. Es soll Gedanken, Gefühle und Erfahrungen des Einzelnen enthalten, zugleich aber auch Anliegen, die das gesellschaftliche Zusammenleben, die Umwelt, die Schöpfung und den Frieden einbeziehen, in die der Mensch vor Gott gestellt ist und für die er auch Verantwortung trägt. Im Gebet übernimmt der Christ Verantwortung für den Zustand der Welt. Vor allem diejenigen, die öffentliche Verantwortung tragen, aber auch viele engagierte Christen verfolgen das öffentliche Leben und wollen im Gebet die „politischen An-

[20] Ebeling: Dogmatik, Bd. 1, 210.

gelegenheiten" ihres Landes oder ihres Umkreises vor Gott bringen. Dies ist eine besonders heikle Frage, weil sie das Problem des Verhältnisses zwischen Kirche und Politik beinhaltet. Das „politische Gebet" bedarf darum besonderer Sorgfalt in seinem Inhalt und seiner Formulierung.[21] Auf alle Fälle soll nie außer Acht gelassen werden, daß die betende Gemeinde in eine Tradition hineingenommen ist, die ihr helfen kann auch ihre gegenwärtige Situation besser zu verstehen und im Gebet zu artikulieren als in neuen, noch unerprobten Texten.[22] Das gottesdienstliche Beten ist darum so zu gestalten, „daß es den Menschen der Gegenwart erreicht, von ihm als lebensnah empfunden wird und doch zugleich Ausdruck und Zeugnis der monumentalen Gewalt überzeitlicher Wahrheit bleibt".[23] Im übrigen gilt für die Vorbereitung und Gestaltung dieser Gebete, was *Fulbert Steffensky* über die Liturgie sagt:

Die Liturgie des Gottesdienstes und die christlichen Lebensäußerungen sind keine taktischen Instrumente bei der politischen und moralischen Organisation der Menschen. Sie sind öffentliche Bekundungen von Lebenswünschen und damit auch ihre kollektive Einübung.[24]

3. Die Bewährung des Beters im Alltag

Sowohl das persönliche Gebet als auch unser Beten im Gottesdienst wird daran zu messen sein, ob es sich im Alltag bewährt. Wo Gebet als Hilfe zur Bewältigung des Lebens in dieser Welt verstanden und wirksam wird, da gelingt es als persönliches und ebenso als Anliegen der Gemeinde. Und umgekehrt: Nur wo beides lebendig miteinander verbunden ist – das Persönliche und das Gemeinschaftliche – kann sich Gebet im Alltag bewähren und Hilfe zur Lebensbewältigung sein. Luther geht sogar so weit, daß er in Anlehnung an ein Hieronymus zugeschriebenes Wort die Arbeit im Alltag als Gebet werten kann:

Wohl können etliche Werke vorkommen, die ebenso gut oder besser als das Gebet sind, besonders wenn sie die Not fordert. So geht ein Spruch unter dem Namen des St. Hieronymus: Alle Werke der Gläubigen sind Gebet; und ein Sprichwort lautet: Wer treu arbeitet, der betet zwiefach. Das muß aus diesem Grunde gesagt sein, daß ein gläubiger Mensch in seiner Arbeit Gott fürchtet und ehrt und an sein Gebot denkt, damit er niemandem Unrecht tun noch ihn bestehlen oder übervorteilen oder ihm et-

---

[21] Roser: Politische Gebete, 7f; Sölle: Politisches Nachtgebet, 7f.
[22] Köber: Die Elemente, 699.
[23] Nagel/Schmidt, bei Köber: Die Elemente, 699.
[24] Steffensky: Feier des Lebens, 91.

was veruntreuen möge. Solche Gedanken und solch Glaube machen ohne Zweifel aus seinem Werk ein Gebet und ein Lobopfer dazu.[25]

Das kommt auch darin zum Ausdruck, daß *Karl Barth* das Gebet in seiner „Kirchlichen Dogmatik“ im Rahmen der Ethik behandelt. Dementsprechend ist in der orthodoxen Theologie zuweilen von der „Liturgie nach der Liturgie“ die Rede. Es ist das Gebet, das zum Gottesdienst hinführt, das aber gleichzeitig dem Nächsten, der Welt und einem selbst hilft, das Leben zu „bewältigen“. Das ist die „diakonische Dimension der Kirche“, die im Gottesdienst und speziell im Gebet, ihren konkreten Ausdruck findet.[26]

„Lebensbewältigung“ bedeutet: Mit dem Leben fertig werden, sich von den Tücken, Schwierigkeiten, Nöten und Hindernissen, die sich einem entgegenstellen, nicht „unterkriegen“ lassen. „Bewältigung“ klingt freilich nach Leistung, Kampf, Mühe. Es meint etwas, das gelernt und anerzogen werden muß und Kräfte erfordert, die den Menschen in Bewegung bringen und an seine Fähigkeit und seinen Lebenswillen appellieren. Der Christ aber weiß, daß „Lebensbewältigung“ für ihn noch etwas anderes ist: Sie ist nie eine Angelegenheit des Menschen allein, nicht „seine Sache“. Aber es ist eine Sache, die sich an ihm vollzieht, die er erfährt und die ihn reich macht für sein Leben. Unter diesem Vorzeichen spricht auch der Christ von der Bewältigung des Lebens im Alltag und meint, daß Nöte, Leiden, Behinderungen, Krankheiten, ja auch Trauer oder Todeserfahrung „bewältigt“ werden sollen. Solche unerwarteten Situationen sind mit einschneidenden Veränderungen des Lebens, der Gewohnheiten, des Stils, der Intensität verbunden. Sie sind daher immer ein Anruf an unser Leben, eine Aufforderung, das Bisherige zu überprüfen und notwendige („Not-wendende“) Konsequenzen für das zukünftige Leben zu ziehen. Eine solche Konsequenz kann die Begegnung mit dem Gebet oder die Neugestaltung des Gebetslebens sein, durch die die eingetretenen Nöte „bewältigt“ werden sollen und häufig bewältigt werden können.[27]

Solche Bewältigung wird andererseits als „Höhepunkt“ erfahren. Aus einer schweren Krise heil oder gar gestärkt hervorzugehen, eine Krankheit zu ertragen oder gar zu überwinden, mit einer bestimmten Notsituation fertig zu werden oder an ihr zu reifen, vermittelt das Gefühl, einen Sieg errungen zu haben, und ist eine wichtige Erfahrung, ein seelisches oder – hoffentlich noch mehr – ein geistliches „Erfolgserlebnis“. Wer solches erlebt, will die gewonnene Erfahrung wie die ihm zugewachsenen Kräfte und Erkenntnisse für den folgenden „Lebenskampf“ fruchtbar machen und davon auch in den

---

[25] WA 38, 358f.

[26] Schmidt-Lauber/Bieritz: Handbuch der Liturgik, 660.

[27] Harbsmeier: Bewältigung, 496ff.

Tiefpunkten zehren. Es ist ein Wesenszug des Menschen, großen Augenblicken des Erfolges oder auch des Glücks Dauer verleihen zu wollen. In Goethes „Faust“ ist dieses Gefühl klassisch ausgedrückt in dem Wunsch, zu dem Augenblick sagen zu können: „Verweile doch, du bist so schön“.

Es ist nun einmal so, daß der Mensch in seinem Leben seelische Höhepunkte und ebenso Tiefpunkte erfährt. Er kennt Gefühle des Glücks, aber auch die Erfahrung, wie schnell diese umschlagen können in einen seelischen Tiefstand der Depression. Immer mehr Menschen nehmen diese Tatsache als schicksalhaft an. Sie kann biologisch gedeutet werden als eine Frage der Gene, des Hormonspiegels oder der vom Lebensalter abhängigen Vitalkräfte. Sie wird auch als eine Sache der Haltung, der Zucht, des Willens und der Selbstbeherrschung angesehen. Tieferes Wissen aber erfährt, wie wenig das von Willensakten oder Selbstanstrengung abhängt und Stimmungen oder seelische Zustände nur schwer oder gar nicht steuerbar sind. Um diese Fragen bemühen sich Ärzte, Psychologen, Denker und Dichter. Sie möchten Regeln aufstellen oder Hinweise geben, wie diese Vorgänge erkannt werden können und Hilfe zu ihrer Bewältigung anbieten.[28]

Gibt es eine „Schule des Lebens“ für den Christen, in der er mit solchen Fragen fertig werden kann und sie bewältigt? Oder ist alles „Gnade“, was dann auch eine christlich verbrämte „Schicksalsgläubigkeit“ sein könnte? Die Antwort auf diese Frage, die uns der christliche Glaube gibt, ist: Wir haben diese Hilfe zur Bewältigung im Gebet. Gebet ist für den Christen nicht ein Mittel zur Rettung aus der Not, eine wunderhafte Erfüllung bestimmter Wünsche, wie sie im persönlichen oder liturgischen Gebet ausgesprochen werden, sondern eine Schule zur Bewältigung des Lebens. Dies soll im Sinne der Ausführungen in den vorangegangenen Kapiteln hier abschließend verdeutlicht werden.

Vor allem in der Schule wird „gelernt“. Welches Konzept auch immer man für die Schule oder den Unterricht entwickeln mag, in unserer Zeit steht das „Lernen“ im Vordergrund. Dieses soll den Menschen von frühauf formen und prägen. Der Mensch will durch das Lernen dahin kommen, zu verstehen, was das Leben ist. Diese Auffassung hat sich so stark durchgesetzt, daß es zum Beispiel im Englischen für das, was im Deutschen „Ich habe erfahren“ heißt, gesagt wird: „Ich habe gelernt“. (Zum Beispiel: „Ich habe erfahren, daß du krank bist“ heißt im Englischen wörtlich: „Ich habe gelernt, daß du krank bist“.) So „lernt“ man heute alles: wie man sich zu verhalten, zu benehmen, wie man Vater und Mutter zu gehorchen hat. Man lernt später schreiben und lesen und vieles andere Wissenswerte. Lernt man aber auch, wie man zu lieben hat, zuerst die Eltern, die Geschwister und

[28] Riemann: Suche nach Glück, 129ff. Vgl. Pöhlmann: Das Gebet, 225–233.

Freunde und später eine Frau oder einen Mann? Möglicherweise wird auch das durch die Medien, das Vorbild und die Konvention eher gelernt als erfahren. Im Deutschen hat sich im Ausdruck „Ich habe erfahren“ etwas erhalten, was der ursprünglichen Weise unserer Aneignung von Kenntnissen, Weisheiten, Fertigkeiten oder Künsten näherkommt: der Hinweis auf die Erfahrung. Damit ist gemeint: Nicht durch Lernen im erwähnten Sinn, sondern durch „Fahren“ wird das Entscheidende vermittelt. Um sich etwas wirklich anzueignen, zu erkennen, darin zu wachsen, muß man selbst einen bestimmten Weg gehen. Das ist schon beim Kind so. Man kann das Kind lehren, den heißen Ofen nicht anzurühren und wird dabei nicht viel erreichen. Doch wenn es ihn einmal trotzdem angerührt und sich daran verbrannt und weh getan hat, hat es eine „Er-fahrung“ gemacht, die bleibt, ist es einen Weg selbst gegangen, der es einsichtiger, reifer oder wissender gemacht hat. Gewiß kann man sich durch das Lernen in wenigen Wochen, Monaten oder Jahren aneignen, was andere Menschen in lebenslangem Bemühen entdeckt, erforscht oder erkannt haben. Aber auf dem Gebiet des Innenlebens, im geistigen und vor allem geistlichen Bereich bedarf es – jedenfalls zusätzlich zu vielem, was wir lernen müssen – der „Er-fahrung“. Wir können Schreiben und Lesen lernen, und zwar eine Schrift, die in tausend Jahren geworden ist. Aber wir können nicht lernen, wie man mit dem Leid, mit Angst, mit einer Konfliktsituation, mit Ungerechtigkeit, Verletzung und Kränkung umgeht. Es ist nicht nötig, den pythagoräischen Lehrsatz nachzuweisen, wenn man ihn in der Mathematik direkt anwenden kann. Aber es ist nötig, über bestimmte Dinge selbst nachzudenken, sich mit ihnen auseinanderzusetzen und dazu Gespräche zu führen, auf Reisen zu gehen, Umwege zu machen, um „Er-fahrung“ zu sammeln. Auch Gesellen und Meister mußten früher außer dem Herstellen eines „Probestükkes“ auch eine Reise machen, um „Geselle“ oder „Meister“ werden zu können. Zu dem Handwerklichen muß auch ein „Horizont“ kommen, der erst die eigentliche „Qualifikation“ ausmacht.

Man hat darum mir Recht gesagt, daß die eigentliche Schule die „Schule des Lebens“ sei. Und was immer man davon hält, das Leben nimmt jeden früher oder später in die Schule. Die Bedeutung dieser „Er-fahrung“ bringen viele Märchen zum Ausdruck. In diesen handelt es sich dann um das „Ausziehen“, um das Wegreisen, aus dem Haus-Gehen: Ein Vater schickt seinen Sohn aus, etwas zu lernen, was er zu Hause nicht lernen konnte. Eine Erzählung, die dies in besonderer Weise darstellt und jene tiefe Weisheit enthält, von der hier die Rede ist, ist das „Märchen von einem, der auszog, das Fürchten zu lernen“. Arbeiten, Schreiben, Lesen, „Handeln“ im allgemeinen kann man erlernen, aber ein bestimmtes „Gefühl“ kann man nicht so lernen, wie der Schüler in der Schule oder das Kind im Elternhaus. Fürchten, Lieben, Vertrauen lernt man nicht, denn das sind Urgefühle, die

„er-fahren“ werden und unser Leben prägen. Genauso kann man nicht lernen, sich nicht zu fürchten, nicht erschrecken, nicht aufzubegehren, wenn einen diese Gefühle bestimmen. Aber daß es das gibt, muß „er-fahren“ werden. Der Christ sagt: Es muß einem geschenkt werden. Denn ich werde geschickt, genötigt, durch die Umstände „hinausgedrängt“ auf diesen oft beschwerlichen, gefährlichen, unangenehmen Weg. Es wird zwar auch im Märchen gesucht, was einem fehlt – das Wasser des Lebens, das jemand braucht, der krank ist, oder sonst ein rettendes Mittel in einer aussichtsloseren Situation. Aber dieses Gesuchte wird einem auf eine Weise gegeben, die man als „Geschenk“ erfährt: von anderen Personen, Kräften oder Umständen, die man nicht selbst gesucht hat, von denen man gar nicht wußte, denen man aber erst auf der Reise begegnet.[29]

So wie der Vater im Märchen, so führt Gott die Menschen auf seinem Weg und läßt sie ihn begegnen, zeigt sich, „offenbart“ sich ihnen als der Helfer, Retter und Ordner des Lebens. Das „geistliche Leben“ ist Einübung auf diesem Weg, durch die der Christ auf diese Begegnung, die zum Glauben führt, hingewiesen, für sie vorbereitet und auf sie eingestellt wird. Auf diesem Weg hat das Gebet eine entscheidende Rolle. Es ist das wichtigste „Instrument“ dieser Begegnung, obwohl – gemäß dem Augsburger Glaubensbekenntnis Art. V – die Gabe des „Heiligen Geistes“ durch die Wortverkündigung selbst dieses „Mittel“ darstellt. Das Gebet ist als Antwort auf dieses Wort Gottes, als Reflex auf die Vertretung unseres Gebets im „unaussprechlichen Seufzen“, als Einstimmen und Einbeziehen in das Geschehen und Wirken Gottes – der auf den Weg führt – die Weise, in der der Mensch diese Begegnung mit dem Vater in einem Geist durch Christus (Eph 2,18) erfährt und sie zur Wirklichkeit werden läßt.

Diese Begegnung mit dem dreieinigen Gott, auf dem Weg, den er uns zum Glauben führt, muß uns geschenkt werden, muß von Gott ausgehen. Aber *wir* müssen uns auf den Weg machen, wenn wir gesandt, gerufen, verordnet werden. Wir müssen – wie es in einem alten Abendgebet heißt – „stillehalten der Heimsuchung (der Heim-Suchung) unseres Gottes.“ Gott sucht uns auf dem Weg, er „sucht uns heim“ – das ist die Weise, wie er uns nachgeht und uns finden will. Es geschieht also durch die „Heimsuchung“ – wir aber müssen standhalten, annehmen, uns der „Heimsuchung“ stellen. Das ist die Weise, wie Gott uns hilft, unser Leben zu „bewältigen“.

Eine wunderschöne Veranschaulichung dafür ist die Geschichte von den Emmausjüngern (Lk 24,13–35). Die Jünger Jesu, die in der Nachfolge Jesu einen Höhepunkt erfahren hatten, erleben am Karfreitag einen totalen Tief-

[29] Vgl. Sölle: Die Hinreise, 64ff. „Erfahrung“ als theologischer Begriff ist in den letzten Jahrzehnten wieder legitim. G. Müller sagt darüber in Bezug auf Luther: „Der ‚Erfahrungsbezug‘ der menschlichen Theologie blieb dem Reformator zeitlebens wichtig“ (Müller: Die Mystik, 28).

punkt. Alle ihre Hoffnungen und Erwartungen sind mit dem Tod Jesu zunichte gemacht. Unter ihnen hat sich eine tiefe Traurigkeit ausgebreitet. Sie kehren in den Alltag zurück und wollen ihr Leben durch Arbeit neu bewältigen. Hier wird der typische Alltag beschrieben: der gemeinsame, anstrengende Weg von Jerusalem nach Emmaus, die bedrückenden Nachrichten über die Tagesgeschehnisse, die Müdigkeit und Depression durch das, was man erlebt. Die Jünger haben ihr „seelisches Tief" erreicht. Doch nun wird berichtet, daß Jesus, den sie für tot halten, auf ihrem Weg mitgeht, allerdings unerkannt, fremd und unauffällig. Damit ist gesagt: Wir können uns zwar von ihm entfernen, fliehen, weggehen. Aber er ist mit uns auf dem Weg, schaltet sich ein, spricht uns an. Er tut es allerdings so, daß er sich nicht aufdrängt, die Erkenntnis seiner Gegenwart nicht aufzwingt; darum sind ihre „Augen gehalten." Erst im Rückblick wundert man sich darüber, daß man ihn nicht erkannt, nicht verstanden, an ihm vorbeigesehen hat. Doch es kommt die Erkenntnis: Die Jünger sehen im Fremden den Herrn, in seinem Wort die Wahrheit, in der Begegnung mit ihm die Erfüllung der Verheißung, daß er lebt und mit seinem Frieden bei ihnen gegenwärtig ist: „Friede sei mit euch" (Lk 24,36). Aus dem seelischen Tief wird Freude, aus der Depression neuer Auftrieb, aus der Hoffnungslosigkeit Glaubenszuversicht, aus der Müdigkeit Bereitschaft zu verkündigen und weiterzugeben, was sie „er-fahren" haben.

Unsere Aufmerksamkeit soll zugleich auf das Ende dieser Geschichte gelenkt werden. Damit es zu der entscheidenden „Erkenntnis" in dieser Begegnung kommt, bedurfte es eines Zeichens, einer Handlung, eines „Rituals". Die Jünger hatten eigentlich nur getan, was sich schickte, was Brauch und Sitte erforderte, wenn sie ihn, den Fremden nötigten: „Bleibe bei uns, denn es will Abend werden und der Tag hat sich geneigt", ihn in ihre Mahlgemeinschaft einschlossen und mit ihm das Brot teilten. Aber es zeigt sich: In diesem gewöhnlichen, unscheinbaren, konventionellen Tun, in dieser Ordnung der gemeinsamen Mahlzeit, geschieht das Entscheidende. Sie erkennen ihn am Brotbrechen, während des Dankgebets, also bei einer kleinen, aber entscheidenden Geste: am Gebet.

Diese Geschichte wird als Beleg für die „Urgestalt des christlichen Gottesdienstes" betrachtet.[30] Denn hier ist das Wort- und Sakramentgeschehen als Einheit im gottesdienstlichen Geschehen vorgebildet.[31] Uns zeigt diese Erzählung des Lukasevangeliums aber auch, daß das Gebet seine Krönung in der Gemeinschaft findet, im gemeinsamen Fragen und Hören und im gemeinsamen Brotbrechen, das sich im Gottesdienst vollzieht.

---

[30] Stählin: Predigthilfen, Bd. 1, 346.

[31] Cullmann: Urchristentum und Gottesdienst, 18.

Die Emmaus-Erzählung zeigt schließlich, wenn wir sie weiter lesen (Lk 24,50–53), daß Jesus seine Jünger aus dem Haus, aus der engen Gebets- und Gottesdienstgemeinschaft hinausführt („bis nach Bethanien“), und sie als seine Zeugen in die Welt aussendet. Bei Matthäus (28,19f) lautet dieser Auftrag, alle Völker zu Jüngern zu machen, zu taufen und zu „halten“, was er ihnen „befohlen“ hat. Dazu gehört wesentlich das Gebet. Und dieses Gebet ist getragen von der großen Verheißung Christi:

„Siehe, ich bin bei euch alle Tage, bis an der Welt Ende.“ (Mt 28,20)

Literaturverzeichnis

AAGAARD, Anna Marie/BOUTENEFF, Peter: *Beyond* the East-West Divide. The World Council of Churches and the „Orthodox Problem", Geneva 2001.

Agende für evangelisch-lutherische Kirchen und Gemeinden, 1. Bd., Berlin 1955.

AKERHIELM, Hans: *Victorias Gebetbuch.* Deutsche Ausgabe, Stuttgart ^{3}1988.

BADEN, Hans Jürgen: *Die Kraft des Schweigens*, Hamburg ^{2}1977.

BALTHASAR, Hans Urs von: *Das betrachtende Gebet*, Einsiedeln ^{2}1959.

BARTH, Hans-Martin: *Der Geist* vertritt uns. Wege aus der Krise des Gebets, in: Una Sancta 4 (1998), 299–310.

—: *Spiritualität.* Bensheimer Hefte 74, Ökumenische Studienhefte 2, Göttingen 1993.

—: *Wohin – woher* mein Ruf? Zur Theologie des Gebets, München 1981.

BARTH, Karl: *Einführung* in die evangelische Theologie, Berlin 1966.

—: Kirchliche Dogmatik (*KD*) I, 2, Zürich 1960.

—: Kirchliche Dogmatik (*KD*) III, 2, Zürich 1961.

BERGENGRÜN, Werner: *Räuberwunder.* Erzählungen, Zürich 1964.

BERNET, Walter: *Gebet*, ThTh 6, Stuttgart/Berlin 1970.

BEYSCHLAG, Karlmann: *Dag Hammarskjöld* – ein protestantischer Mystiker unserer Tage, in: H. Reller und M. Seitz (Hg.): Herausforderung – Religiöse Erfahrung. Vom Verhältnis evangelischer Frömmigkeit zu Meditation und Mystik, Göttingen 1980.

BOECKEL, Johannes F.: *Meditationspraxis* und Methoden, München 1977.

BOHREN, Rudolf: *Fasten und feiern.* Meditationen über Kunst und Askese, Neukirchen-Vluyn 1973.

BONHOEFFER, Dietrich: *Das Gebetbuch* der Bibel, Berlin 1967.

—: *Ethik*, hg.v. E. Bethge, München ^{7}1966.

—: *Nachfolge*, in: Bonhoeffer-Auswahl, Bd. 3 (1936–1939), München/Hamburg 1970, 49–106.

—: *Widerstand und Ergebung.* Briefe und Aufzeichnungen aus der Haft, hg. v. E. Bethge, München ^{13}1966.

BRUNNER, Emil: *Der Mensch* im Widerspruch, Zürich/Stuttgart ^{4}1965.

—: *Die Mystik* und das Wort, in: J. Moltmann (Hg.): Anfänge der dialektischen Theologie, Teil 1 (Karl Barth, Heinrich Barth, Emil Brunner), München 1974, 279–289.

—: *Wahrheit* als Begegnung, Zürich/Stuttgart ^{2}1963.

BUNGE, Gabriel: *Irdene Gefäße.* Die Praxis des persönlichen Gebetes nach der Überlieferung der Heiligen Väter, Regensburg 1995 (Rum. Übersetzung: Practica rugăciunii personale după tradiția Sfinților părinți, Sibiu/Hermannstadt 1996).

CARETTO, Carlo: *Wo der Dornbusch brennt.* Geistliche Briefe aus der Wüste, Freiburg/Basel/Wien 1973.

CASPER, Bernhard: *Das Ereignis des Betens.* Grundlinien einer Hermeneutik des religiösen Geschehens, München 1998.

CRAINIC, Nichifor: *Sfințenia* – împlinirea umanului. Curs de teologie mistică (Die Heiligung als die Erfüllung des Menschlichen. Vorlesungen über mystische Theologie), Jassy 1993.

CULLMANN, Oscar: *Das Gebet* im Neuen Testament. Zugleich Versuch einer vom Neuen Testament aus zu erteilenden Antwort auf heutige Fragen, Tübingen ^{2}1997.

—: *Urchristentum und Gottesdienst*, Basel 1944.

DEMMER, Klaus: *Gebet*, das zur Tat wird. Praxis der Versöhnung, Freiburg i.Br./Basel/Wien 1989.

DIETRICH, Stephanie: *Das schweigende Gebet.* Zur Grundlage des Verständnisses von schweigendem Gebet in ökumenischem Blickwinkel, Leipzig 2000.

DÜRCKHEIM, Karlfried Graf: *Auf der Suche* nach dem inneren Meister. Ausgewählte Texte, München 1996.

EBELING, Gerhard: *Das Gebet*, in: ders., Wort und Glaube, Bd. 3, Tübingen 1975.

—: *Dogmatik* des christlichen Glaubens, Bd. 1, Tübingen 1979.

EINIGER, Christoph: *Die schönsten Gebete* der Welt. Der Glaube großer Persönlichkeiten, München 1964.

ENGELHARDT, Klaus u.a. (Hg.): *Fremde Heimat Kirche. Ansichten* ihrer Mitglieder. Studien- und Planungsgruppe der EKD. Erste Ergebnisse der dritten EKD-Umfrage über Kirchenmitgliedschaft, Hannover 1993.

—: *Fremde Heimat Kirche, Die dritte EKD-Erhebung* über Kirchenmitgliedschaft, Gütersloh 1997.

Evangelisches Gottesdienstbuch. Agende für die Evangelische Kirche der Union und für die Vereinigte Evangelisch-Lutherische Kirche Deutschlands, Berlin 2002.

EVDOKIMOV, Paul: *Das Gebet der Ostkirche*. Mit der Liturgie des Hl. Johannes Chrysostomos, Graz/Wien/Köln 1986.

FEURRBACH, Ludwig: *Das Wesen des Christentums*, Stuttgart 1969.

FRITZSCHE, Hans-Georg: Lehrbuch der *Dogmatik*, Bd. 2, Berlin 1967.

FÜRST, Walther: *Predigt und Gebet*. Theologische Beiträge, Göttingen 1986.

GARHAMMER, Erich/GASTEIGER, Franz/HOBELSBERGER, Hans/TISCHLER, Günter (Hg.): ... und führe uns in *Versöhnung*. Zur Theologie und Praxis einer christlichen Grunddimension, München 1990.

GRÜN, Anselm: *Lebenshilfe* aus der Stille. Heilende, befreiende Erfahrungswege der Wüstenväter, Freiburg/Schweiz 1996.

HAMMARSKJÖLD, Dag: *Zeichen am Weg*. Übertragen und eingeleitet von Anton Graf Knyphausen, München/Zürich 1965.

HARBSMEIER, Götz: *Bewältigung*. Totalillusion und Bewältigung in der neueren Seelsorge, in: EvTh 6 (1978), 496–510.

HEILER, Friedrich: *Das Gebet*. Eine religionsgeschichtliche und religionspsychologische Untersuchung, München [4]1921.

HEIM, Karl: *Leben* aus dem Glauben. Beiträge zur Frage nach dem Sinn des Lebens, Berlin 1932.

—: *Glaube und Denken*, Tübingen [6]1975.

HEINE, Susanne: *Bewußt beten*, in: BiLi 3 (1978), 179–188.

HILDEBRANDT, Jörg/MÜLLER, Christine: *Taizé* – Wege der Versöhnung. Gegenwart einer Gemeinschaft, Berlin [2]1986.

HOFHANSL, Ernst/NAGLATZKI, Herbert: *Evangelisches Stundengebet*. Beten im Rhythmus von Jahr und Tag, Hannover 1995.

HUBER, Wolfgang: *Kirche* in der Zeitenwende. Gesellschaftlicher Wandel und Erneuerung der Kirche, Gütersloh [2]1998.

JEREMIAS, Jörg: *Die Reue Gottes*. Aspekte alttestamentlicher Gottesvorstellung, BSt 65, Neukirchen–Vluyen 1975.

JÖRNS, Klaus-Peter: *Die neuen Gesichter Gottes*. Was die Menschen heute wirklich glauben, München 1997.

JUNG, Carl Gustav: *Erinnerungen*, Träume, Gedanken. Aufgezeichnet und herausgegeben von Aniela Jaffé, Olten/Freiburg i.Br. [2]1984.

JUNGCLAUSSEN, Emmanuel (Hg.): *Aufrichtige Erzählungen* eines russischen Pilgers, Freiburg i.Br./Basel/Wien [12]1974.

— (Hg.): *Das Jesusgebet*. Anleitung zur Anrufung des Namens Jesus von einem Mönch der Ostkirche, Regensburg [3]1980.

JÜNGEL, Eberhard: *Paulus und Jesus*. Eine Untersuchung zur Präzisierung der Frage nach dem Ursprung der Christologie, Tübingen [3]1967.

KÄHLER, Martin: *Dogmatische Zeitfragen*, Bd. 2. Angewandte Dogmatik, Leipzig [2]1908.

KANT, Immanuel: *Die Religion* innerhalb der Grenzen der bloßen Vernunft, in: Sämtliche Werke, Bd. 4, hg. v. K. Vorländer, Leipzig 1903

Katechismus der Katholischen Kirche, München/Wien/Leipzig 1993.

KELLER, Volker: *Auch der Leib* will beten. Die Entdeckung des ganzen Menschen, in: LM 3 (1997), 13–15.

KLEIN, Christoph: *Am Ende das Licht*. Die Geschichte eines Sterbens, Wuppertal/Kassel 1991.

KÖBER, Berthold W.: *Die Elemente* des Gottesdienstes – Wort Gottes, Gebet, Lied, Segen, in: H.-Chr. Schmidt-Lauber/K.-H. Bieritz (Hg.), Handbuch der Liturgik, Leipzig/Göttingen ^{2}1995, 689–714.

—: Protest und Proexistenz. Der Gottesdienst als Politikum, in: KuD 1 (1998), 3–24.

LEINEWEBER, Matthias: *Die Friedensgebete* von Sant'Egidio. Die Internationalen Treffen der Weltreligionen für den Frieden in der Nachfolge von Assisi, in: *Una Sancta* 4 (1998), 318–321.

LOCHMANN, Jan Milič: *Unser Vater*. Auslegung des Vaterunsers, Gütersloh 1988.

LUTHER, Martin: *Ausgewählte Schriften*, hg. v. Karin Bornkamm und Gerhard Ebeling, Frankfurt a.M. ^{2}1983.

—: Calwer Luther-Ausgabe Bd. 3, München/Hamburg 1965.

—: Werke, Kritische Gesamtausgabe, Weimar 1883ff (*WA*).

MACQUARRIE, John: *Paths* in Spirituality, Bristol 1972.

MAGONET, Jonathan: *Das jüdische Gebetbuch*, Bd. 1, Gütersloh 1997.

MELLO, Anthony de: *Meditieren* mit Leib und Seele. Neue Wege der Gotteserfahrung, Kevelaer ^{3}1986.

MELZER, Friso: *Innerung*. Stufen und Wege der Meditation. Grundlegung und Übungen, Kassel ^{2}1977.

MEZGER, Manfred: *Sprachgehalt* und Sachverhalt als Frage an die Auslegung, in: ZThK 64 (1967), 372–391.

MIETH, Dietmar: *Die Einheit von vita activa* und vita contemplativa in den deutschen Predigten und Traktaten Meister Eckharts und bei Johannes Tauler, bei: G. Ruhbach, Meditation als Meditation der Heiligen Schrift, in: ders., Theologie und Spiritualität, Göttingen 1987, 140–154.

MILDENBERGER, Friedrich: *Das Gebet* als Übung und Probe des Glaubens, Stuttgart 1968.

MISKOTTE, Kornelis Heiko: *Der Weg des Gebets*, München ^{2}1968.

MOSER, Tilman: *Gottesvergiftung*, Frankfurt a.M. 1976.

MÖSSINGER, Richard: *Zur Lehre des christlichen Gebets*. Gedanken über ein vernachlässigtes Thema evangelischer Theologie, FSÖTh 53, Göttingen 1986.

MÜLLER, Gerhard: *Die Mystik* oder das Wort? Zur Geschichte eines Spannungsverhältnisses, Stuttgart 2000.

NICOL, Martin: *Meditation* bei Luther, Göttingen ^{2}1991.

NIGG, Walter (Hg.): *Gott ist gegenwärtig*. Gebete evangelischer Frömmigkeit, München/Hamburg 1967.

NOUWEN, Henry I.M.: *Feuer*, das von innen brennt. Stille und Gebet, Freiburg/Basel/Wien 1981.

—: Ich hörte auf die *Stille*. Sieben Monate im Trappisten-Kloster, Freiburg i.Br. 1978.

OOSTERHUIS, Huub: *Ganz nahe* ist dein Wort. Gebete, Wien/Freiburg/Basel ^{8}1979.

OPPEN, Dietrich von: *Der sachliche Mensch*. Frömmigkeit am Ende des 20. Jahrhunderts, Stuttgart/Berlin 1968.

OTT, Heinrich: *Theologie als Gebet* und als Wissenschaft, in: ThZ 14 (1958), 120–132.

PANNENBERG, Wolfhart: *Christliche Spiritualität*. Theologische Aspekte, Göttingen 1986.

PETUCHOWSKI, Jakob J.: *Wie Juden beten*, Gütersloh 1998.

PHILIPPI, Paul: *Diaconica*. Über die soziale Dimension kirchlicher Verantwortung, Neukirchen–Vluyn 1984.

PLĂMĂDEALĂ, Antonie: *Tradiţie şi libertate* (Tradition und Freiheit), Sibiu–Hermannstadt 1983.

PÖHLMANN, Horst Georg: *Das Gebet* bei uns Theologen und in unserer Welt. Grundsätzliches und Konkretes zum Gebet, in: ThBeitr 5 (1986), Stuttgart 1986, 225–233.

QUOIST, Michel: *Herr, da bin ich*. Gebete, Graz/Köln/Wien ^{43}1966.

REICH, Christa: *Evangelium* – Klingendes Wort. Zur theologischen Bedeutung des Singens, Stuttgart 1997.

RELLER, Horst/SEITZ, Manfred: *Herausforderung*: Religiöse Erfahrung. Vom Verhältnis evangelischer Frömmigkeit zu Meditation und Mystik, Göttingen 1980.

REVENTLOW, Henning Graf: *Gebet* im Alten Testament, Stuttgart/Berlin/Köln/Mainz 1986.

RIEMANN, Fritz: *Suche nach Glück*, in: H.J. Schultz (Hg.): Was der Mensch braucht, Stuttgart 1977, 129–138.

RIESS, Richard: *Sehnsucht* nach Leben. Spannungsfelder, Sinnbilder und Spiritualität der Seelsorge, Göttingen ²1991.

ROBINSON, John A.T.: *Gott ist anders*, München ¹¹1966.

ROSENBERG, Alfons (Hg.): *Die Meditation* des Herzensgebets, Bern/München 1983.

ROSER, Hans: *Politische Gebete*. Ein evangelischer Beitrag, München ²1978.

ROTH, Gustl (Hg.): *Lege dein Herz* in deine Gebete. Gebete aus der Ökumene, Hamburg 1998.

—: *Wo Freiheit ist* und Lachen. Gebete aus der Ökumene, Hamburg 1999.

RUHBACH, Gerhard: *Theologie und Spiritualität*. Beiträge zur Gestaltwerdung des christlichen Glaubens, Göttingen 1987.

SAUTER, Gerhard: *Das Gebet* als Wurzel des Redens von Gott, in: Glaube und Lernen, Heft 1 (1986), 21–38.

SCHÄFER, Rolf: Glaube und Werk, in: ZThK 3 (1970), 348–393.

—: *Gott und Gebet*. Die gemeinsame Krise zweier Lehrstücke, in: ZThK 1 (1968), 117–128.

SCHARF, Siegfried: *Das große Buch* der Herzensmeditation. Theorie und Praxis mit zahlreichen Übungsbeispielen, Freiburg i.Br. 1979.

—: Die Praxis der *Herzensmeditation*. Ein Weg für den westlichen Menschen als Synthese christlicher Gebetspraxis und östlicher Meditationsweisen, Freiburg i.Br. ³1983.

SCHEELE, Paul-Werner: *Vater, die Stunde* ist da. Gebete der Ökumene, Freiburg/Basel/Wien 1964.

SCHMIDT-LAUBER, Hans-Christoph/BIERTITZ, Karl-Heinrich: Handbuch der Liturgik. Liturgiewissenschaft in Theologie und Praxis, Leipzig/Göttingen ²1995.

SCHNEIDER, Reinhold: *Das Vaterunser*, Freiburg i.Br./Basel/Wien ⁶1978.

SCHULTZ, Hans Jürgen (Hg.): *Theologie* für Nichttheologen, Stuttgart/Berlin ²1968.

SCHULZ, Frieder: *Die Gebete Luthers*, Bd. 44 der „Quellen und Forschungen zur Reformationsgeschichte“, hg. v. Verein für Reformationsgeschichte, Gütersloh 1976.

—: *Mit Singen und mit Beten*. Forschungen zur christlichen Gebetsliteratur und zum Kirchengesang, Hannover 1995.

SCHWEITZER, Albert: Die *Mystik* des Apostels Paulus, Tübingen 1930.

—: *Geschichte* der Leben Jesu-Forschung, Tübingen ⁶1950.

SEDLMAYR, Hans: *Verlust der Mitte*, Salzburg 1948.

SEITZ, Manfred: *Praxis des Glaubens*. Gottesdienst, Seelsorge und Spiritualität, Göttingen ²1979.

SELAWRY, Alla (Hg.): *Das immerwährende Herzensgebet*. Ein Weg geistiger Erfahrung, Otto Wilhelm Barth Verlag, o.O. ⁴1980.

SERRES, Michel: *Die Legende der Engel*, Frankfurt a.M./Leipzig 1995.

SIEGWALT, Gérard: *Das Gebet* und die physikalisch-technische Welt, in: KuD 4 (1977), 256–276.

SÖLLE, Dorothee: *Die Hinreise*. Zur religiösen Erfahrung. Texte und Überlegungen, Stuttgart 1975.

—: *Gebet*, in: H. J. Schultz (Hg.), Theologie für Nichttheologen, Stuttgart/Berlin ²1968.

—: *Mystik und Widerstand*. „Du stilles Geschrei“, Hamburg ⁵1999.

—: *Politisches Nachtgebet* in Köln, Stuttgart/Berlin/Mainz ³1969.

STÄHLIN, Wilhelm: *Über die Meditation* von Bibeltexten, in: Symbolon. Vom gleichnishaften Denken, Bd. 1, Kassel 1958, 400–410.

—: *Predigthilfen*, Bd. 1, Kassel 1961.

STĂNILOAIE, Dumitru: *Teologia morală* ortodoxă. Bd. 3: Spiritualitatea ortodoxă (Orthodoxe Moraltheologie, Bd. 3: Die orthodoxe Spiritualität), Bukarest 1981.

STEFFENSKY, Fulbert: *Das Haus*, das die Träume verwaltet, Würzburg ³1999.

—: *Feier des Lebens*. Spiritualität im Alltag, Stuttgart 1984.

—: *Wo der Glaube wohnen kann*, Stuttgart 1989.

STEPHAN, Lydia: *Der einsame Weg* des Dag Hammarskjöld, Kaisertraktate, München 1983.

STOLLE, Volker: *Das Gebet* der Gemeinde Jesu Christi nach dem Neuen Testament, in: KuD 37 (1991), 307–330.

STRECKER, Georg: *Der Weg der Gerechtigkeit.* Untersuchung zur Theologie des Matthäus, Göttingen ^{3}1971.

SUDBRACK, Josef: *Beten* ist menschlich. Aus der Erfahrung unseres Lebens mit Gott sprechen, Freiburg i.Br. 1973.

SUNDÉN, Hjalmar: *Die Christusmeditationen* Dag Hammarskjölds in „Zeichen am Weg". Aus dem Schwedischen übertragen von Siegfried Huber, Frankfurt a.M. 1967.

THIELICKE, Helmut: *Das Gebet*, das die Welt umspannt. Reden über das Vaterunser, Stuttgart ^{11}1963.

—: *Kleines Exercitium* für Theologen, Hamburg 1965.

TILLICH, Paul: *Das neue Sein.* Religiöse Reden, 2. Folge, Stuttgart ^{3}1959.

—: *Die verlorene Dimension*, in: GW V, 43–50.

—: *Natürliche Religion* und Offenbarungsreligion, in: GW VIII, 47–58.

—: *Systematische Theologie*, Bd. 3, Stuttgart 1966.

—: *Zwei Wege* der Religionsphilosophie, in: GW V, 122–187.

TRILLHAAS, Wolfgang: *Dogmatik*, Berlin ^{2}1967.

VAJTA, Vilmos: *Die Theologie* des Gottesdienstes bei Luther, Berlin 1958.

VISCHER, Lukas: *Fürbitte*, Frankfurt a.M. 1979.

VOGEL, Ingrid: *Das Stundengebet*, in: H.-Chr. Schmidt-Lauber/K.-H. Bieritz (Hg.): Handbuch der Liturgik. Liturgiewissenschaft in Theologie und Praxis, Leipzig/Göttingen ^{2}1995, 271–293.

—: *Neun populäre Irrtümer* über die Meditation, in: Amt und Gemeinde, hg. v. Bischof der Evangelischen Kirche A.B. in Österreich, 3 (1988), 63–67.

VOIGT, Gottfried: *Kleine Schule des Gebets*, Göttingen 1967.

WALLIS, Arthur: *Ein Fasten*, das Gott gefällt, Frankfurt a. M., o. J.

WALSER, Martin: *Halbzeit*, Frankfurt a. M. 1965.

WARE, Kallistos/JUNGCLAUSSEN, Emmanuel: *Hinführung zum Herzensgebet*, Freiburg i.Br./Basel/Wien 1982.

WEHR, Gerhard: *Mystik* im Protestantismus. Von Luther bis zur Gegenwart, München 2000.

WERTELIUS, Gunnar: *Oratio continua.* Das Verhältnis zwischen Glaube und Gebet in der Theologie Martin Luthers, Lund 1970.

WINGREN, Gustav: Luthers Lehre vom *Beruf*, München 1952.

ZERFASS, Rolf: *Wie geht es* Deinem Schalom?, in: E. Garhammer u.a. (Hg.), ... und führe uns in Versöhnung, München 1990, 282–292.

ZINK, Jörg: Wie steht es heute um das *Gebet*? Vorträge auf der Tagung über das Gebet, Leuenberg/Schweiz 1971 (Typoskript).

—: *Wie wir beten können*, Stuttgart/Berlin ^{2}1970.

ZIPPERT, Christian: *Das Evangelische Gesangbuch.* Anleitungen zum Gebrauch, Didaskalia Heft 43, Kassel 1994.

—: *Das Gebet* der Gemeinde im Gottesdienst, Vortrag bei der Synode vom 24.–26. April 1995 in Hofgeismar (Typoskript).

—: *Geborgen* im Lauf der Zeit. Gebete für alle Tage, Gütersloh 1992.

—: *Leben mit Gebeten.* Erfahrungen und Anregungen, Gütersloh 1978.

Sachregister

Namenregister

Forschungen zur systematischen und ökumenischen Theologie

Herausgegeben von Reinhard Slenczka und Gunther Wenz. Eine Auswahl:

Band 104: Karsten Lehmkühler
Inhabitatio
Die Einwohnung Gottes im Menschen
2004. 365 Seiten, gebunden
ISBN 3-525-56331-0

Band 103: Henning Theißen
Die evangelische Eschatologie und das Judentum
Strukturprobleme der Konzeptionen seit Schleiermacher
2004. 328 Seiten, gebunden
ISBN 3-525-56256-X

Band 102: Dorette Seibert
Glaube, Erfahrung und Gemeinschaft
Der junge Schleiermacher und Herrnhut
2003. 367 Seiten, gebunden
ISBN 3-525-56242-X

Band 101: Claus Schwambach
Rechtfertigungsgeschen und Befreiungsprozess
Die Eschatologien von Martin Luther und Leonardo Boff im kritischen Gespräch
2004. 397 Seiten, gebunden
ISBN 3-525-56239-X

Band 100: Per Lønning
Is Christ a Christian?
On *Inter*-Religious Dialogue and *Intra*-Religious Horizon
2002. 254 Seiten, gebunden
ISBN 3-525-56225-X

Band 99: Eeva Martikainen
Religion als Werterlebnis
Die praktische Begründung der Dogmatik bei Wilhelm Herrmann
2002. 215 Seiten, gebunden
ISBN 3-525-56218-7

Band 98: Heinrich Assel
Geheimnis und Sakrament
Die Theologie des göttlichen Namens bei Kant, Cohen und Rosenzweig
2001. XII, 412 Seiten, gebunden
ISBN 3-525-56211-X

Band 96: Bernd Oberdorfer
Filioque
Geschichte und Theologie eines ökumenischen Problems
2001. 628 Seiten, gebunden
ISBN 3-525-56207-1

Band 95: Friederike Nüssel
Allein aus Glauben
Zur Entwicklung der Rechtfertigungslehre in der konkordistischen und frühen nachkonkordistischen Theologie
2000. 366 Seiten, kartoniert
ISBN 3-525-56206-3

V&R
Vandenhoeck & Ruprecht